第四届《安徽古籍叢書》編審委員會

安徽古籍叢書萃編

蘭苕館外史

清・許奉恩 撰　諸偉奇 校點

黄山書社

图书在版编目(CIP)数据

兰苕馆外史 / (清) 许奉恩撰；诸伟奇校点. —合肥：黄山书社, 2014.1
(安徽古籍丛书萃编)
ISBN 978-7-5461-4326-2

Ⅰ. ①兰… Ⅱ. ①许… ②诸… Ⅲ. ①笔记小说-中国-清代
Ⅳ. ①I242.1

中国版本图书馆 CIP 数据核字(2014)第 005600 号

兰苕馆外史

出版人 任耕耘
策划 任耕耘 赵国华 汤吟菲
执行策划 汤吟菲 徐娟娟
责任编辑 赵国华 徐娟娟 范丽娜

装帧设计 未氓
责任印制 戚帅

出版发行 时代出版传媒股份有限公司(http://www.pressmart.com)
黄山书社(http://www.hspress.cn)
官方直营书店(http://hsssbook.taobao.com)
营销部电话:0551-63533762 63533768
(合肥市政务文化新区翡翠路 1118 号出版传媒广场 7 层 邮编:230071)
经销 新华书店
印制 安徽联众印刷有限公司

开本 880×1230 1/32 印张 13.5 字数 290 千字
版次 2014 年 9 月第 1 版 2014 年 9 月第 1 次印刷
书号 978-7-5461-4326-2 定价 150.00 元

序

黄德寬

值此《安徽古籍叢書萃編》編輯出版之際，欣逢新時期安徽古籍整理出版工作步入而立之年！三十年來安徽的古籍整理出版工作，很值得認真地進行一番回顧總結。

一九八一年，中共中央發布《關於整理我國古籍的指示》，成立了以李一氓同志爲組長的國家古籍整理出版規劃領導小組，正式拉開了新時期古籍整理出版工作的序幕。一九八四年，中共安徽省委決定建立安徽省古籍整理出版領導小組，由時任省人大常委會副主任魏心一同志挂帥，聯合了省新聞出版局等政府部門和安徽大學等高等院校、研究單位，正式啓動安徽省古籍整理出版工作。同年，安徽專業古籍出版單位黄山書社也宣告成立。安徽古籍整理出版工作由此翻開了嶄新的一頁。

三十年間，安徽省古籍整理出版工作堅持初衷，克服困難，在政府部門的支持和社會賢達的關心下，經過學者們的艱辛努力，取得了豐碩成果，其最有代表性的成果就是《安徽古籍叢書》的編纂出版。

《安徽古籍叢書》凝結了當代安徽傳統文化研究領域衆多學者與專家的心血和汗水。以吴孟復先生爲代表，組成《安徽古籍叢書》第一届編審委員會，賡續安徽先哲編刊地方叢書盛業，梳理文獻綫索，擬訂叢書子目，擘劃編纂體例。遵循嚴格的學術規範，《安徽古籍叢書》自一九八九年三月刊出第一種——《舊聞隨筆》，截至二〇一三年底，連同修訂再版，出版已突破百種，成爲我國當代古籍整理一個有影響力的品牌。

收入《安徽古籍叢書》的各類古籍，既有朱熹、戴震、俞正燮、凌廷堪、程瑶田、黄生、包世臣、楊仁山、吴汝綸等學術巨擘的著作，也有張孝祥、錢澄之、方苞、方文、施愚山、姚鼐、吴敬梓等文學名家的作品；此外，包拯、朱升、朱元璋、阮大鋮、姚瑩、方孝標、劉銘傳等皖籍著名歷史人物的著述也盡在其中。正是因爲歷代賢哲創造的精神財富，使得《安徽古籍叢書》一經出版即蜚聲海内外，産生了廣泛的社會影響。李一氓同志曾經撰文，欣喜地表示：

『現在有一個好現象，安徽要編印新的《安徽叢書》。』當代著名學者金克木、胡道静、張岱年、程千帆等先生稱道『這是安徽文化事業的一項盛舉』。法國漢學家戴廷傑也對《安徽古籍叢書》堅持嚴格的學術規範稱賞不已。

《安徽古籍叢書》的順利編輯出版，還因爲改革開放帶來的時代機遇。改革開放三十多年來，我國經濟文化繁榮昌盛，使得《安徽古籍叢書》能够得到有關方面的財力支持。上個世紀八十年代，《安徽古籍叢書》編纂在發軔之時，就不斷有項目入選國家古籍整理出版規劃，得到國家各方面的有力支持。最新公布的《二〇一一—二〇二〇年國家古籍整理出版規劃》中，包括《方以智全書》在内的新列《安徽古籍叢書》項目品種就多達四十八種。安徽古籍的整理編纂工作，正是在改革開放的大背景下，在全國古籍整理出版工作的大格局中，取得了突出的成就并展現着美好的未來。

《安徽古籍叢書》的編纂出版，安徽大學『省古籍整理出版辦公室』發揮了重要作用。古籍辦的同志們長期堅守在古籍整理出版崗位，甘於清苦，默默奉獻，辛勤耕耘，爲《安徽古籍叢書》的編纂和安徽古籍整理出版工作做出了突出的貢獻。二〇一〇年，在『全國專業古籍出版社社長年會暨全國優秀古籍圖書評獎會』上，時任國家新聞出版總署副署長鄔書林同志作題爲《無愧歷史 珍惜時代 出好精品》的講話，指出：『安徽是堅持地方古籍整理工作最好的省份。不少地方古籍辦幾乎都撤了，或名存實亡，安徽則堅持不輟，并做了大量工作。』

黨的『十八大』從戰略層面提出扎實推進社會主義文化强國建設，豐富人民精神文化生活，『建設優秀傳統文化傳承體系，弘揚中華優秀傳統文化』。《安徽古籍叢書》立足鄉邦文獻的整理編纂，因應了國家文化建設的宏偉規劃，是文化强省乃至文化强國建設事業的題中應有之義。這項事業遠非一兩代人所能完成，正如一九八一年中央三十七號文件所指出的，『整理古籍是一件大事，得搞上百年』。

《安徽古籍叢書》煌煌巨制，結構開放，歷時久遠。回顧過去，出版較早的圖書有些已經絶版；叢書版式、裝幀也屢經變更。爲適應集中展示、收藏和研究的需要，對已經出版的《安徽古籍叢書》進行階段性的集中梳理，適當遴選，統一版式，影印出版本套叢書是十分必要的。

作爲首套《安徽古籍叢書》選編本，我們希望通過這套書的出版發行，能使更多的讀者瞭解、認識和利用好《安徽古籍叢書》，有更多的皖籍、非皖籍專家學者參與到安徽地方歷史文獻的研究整理工作中來，讓《安徽古籍叢書》在未來不斷發展壯大。這是我們在新時期安徽古籍整理出版事業三十年之際的殷殷屬望！

二〇一四年六月

凡例

一、本編從二〇一〇年（包括二〇一〇年）以前出版的《安徽古籍叢書》中選取文獻資料價值大、校點整理質量上乘、學界仍有需求的圖書進行重印。

二、二〇一〇年以後出版者因市場上新書尚多，此次不復列入。早期所版《文學研究法》《舊聞隨筆》《桐城文學淵源考·撰述考》《桐城耆舊傳》《爾雅翼》等雖均爲叢書的中堅，因已有修訂新版，此次亦不復列入。《安徽古籍叢書附輯》整體不予列入。

三、所選圖書按初版時間先後順序編排。

四、采用原版掃描影印，不重新録排，儘量保存原書面貌。原書頁眉中的明顯編輯錯誤，逕改不出校；《竇山公家議校注》《康輶紀行　東槎紀略》兩種原書無頁眉，現統一補加。

五、重新設計製作封面，統一規格、工藝。一律采用大三十二開本，精裝。《説文假借義證》一書原版爲十六開，一個頁面放兩個中國頁，此次按統一開本重新排版，一個頁面放半個中國頁。

并新附《説文假借義證索引》於該書書末，以方便讀者檢索。《毛詩後箋》《吴汝綸全集》《田間詩學》《説文假借義證》等原書規模較大，爲方便讀者閱讀，現重新分册。另，《竇山公家議校注》保留原書西式裝訂方式。

六、收録叢書文獻由於各種原因，還存在這樣那樣的不足，請讀者批評指正。

第四届《安徽古籍叢書》編審委員會

二〇一四年六月

安徽古籍丛书

清·许奉恩 撰

兰苕馆外史

诸伟奇 校点

黃山书社

安徽省古籍整理出版规划委员会

顾　　问　丁继哲　刘永年　杜维佑　李广涛　陈基余　张立一　郑　锐　郑淮舟　胡　坦
　　　　　胡云龙　秦德文　侯　永　陶有法　崔剑晓　傅大章　潘锷镝

主　　任　魏心一

副 主 任　王　坦　龚存玲

委　　员　刘学锴　陈贤忠　余焰炉　周心田　汪石满　徐东平　诸伟奇　黄书元　黄德宽
　　　　　黎　洪

安徽省古籍整理出版基金会

理 事 长　余焰炉

副理事长　方俊文　季昌清

常务理事　丁光涛　仇贻王　卞兆龙　朱邦福　朱维芳　汤才欣　吴存心　张世云　张振明
　　　　　陈桂生　郑英保　赵敏生　钱　进　郭化兰　董学仁　穆建科

安徽古籍丛书编审委员会

学术顾问　任继愈　安平秋　许逸民　吴小如　金克木　周一良　周绍良　赵朴初　胡道静
　　　　　祖保泉　贾文昭　傅璇琮　舒　芜

主任委员　刘学锴

副主任委员　严云绶　黄德宽　韩西山

委　　员　孙文光　任弘毅　纪健生　余国庆　沙宗复　胡金望　夏秀流　陶新民　诸伟奇
　　　　　蒋国保　鲍善淳
　　　　　按姓氏笔画排列

安徽古籍丛书编印缘起

我国历史悠久，典籍丰富。我省地处南北之交，学术尤擅其盛。数千年来，哲学、史学、文学、艺术、语言、科技，作者辈出，著述如林，或自名一家，或蔚然成派，多为中华民族文化之菁华，有裨于社会主义文化之建设。允宜及时整理，以广流传。

粤自明清，以至近世，南北郡邑已有《泾川丛书》、《龙眠丛书》、《贵池先哲遗书》、《南陵先哲遗书》诸刻。一九三一年，复有《安徽丛书》之编刊，所收皆皖人著作，分期影印。出至第六期，以抗战军兴而中止。盛业未竟，论者惜之。

今者，中央倡导整理古籍，我省领导对此尤为关心。省古籍整理出版规划委员会几经商讨，决定编纂《安徽古籍丛书》。编纂宗旨是在历史唯物主义指导下，批判继承，古为今用，弘扬民族优秀传统文化，为建设有中国特色的社会主义服务。最其体例，约有数端：一、所收皆为历代皖人著作，时间一般以「五四」之前为限，根据内容，分类成辑。注意稿本、稀见本之搜辑与传布。二、整理方式包括辑、校、标点和注释、今译。校勘，力求采用善本为底本，校以他书，或加补辑、编次。标点，采用新式标点。注释，务求精确，但不作烦琐考证。整理中，尽量吸收国内外研究的新成果。三、先秦、两汉著作及文字、训诂之书，皆用繁体字；其余则多用简体字，版皆竖排，以期一律。四、凡热心于本丛书编印及捐资助刊者，得于书内题名。

安徽古籍丛书编审委员会

一九九四年六月修订

目次

卷三

卷　六

附录

前言

《兰苕馆外史》，又名《里乘》，清代许奉恩撰。

许奉恩（一八一六——一八七八），字叔平，室名兰苕馆，安徽桐城人。其远祖许道于明初由婺源迁居桐城黄华里（今安徽省枞阳县龙桥乡）。祖父许镄，乾隆四十五年举人，历任湖南安仁、安福等县知县。父许丙椿，岁贡生，有《易萃》、《敩园诗文集》、《敩园诗谈》等著作传世。

桐城为清代人文荟萃之区，许氏出生书香世家，从小受到良好的文化熏陶，少年时代即以其出众的才华，为学政沈维鐈、知府卞士云等官员所器重。成年后，诗文愈佳，其诗作曾得到包世臣、姚莹等前辈名士的品题。汤雨生称其诗：「求之当代，居然与船山、仲则抗衡。」然而其科举道路却很不顺畅，「偃蹇半生」，始终未能获得一官半职，只能辗转南北，为人做幕，曾先后被徽州知府张其仁、浙江学政李国杞、安徽巡抚程懋采、江苏布政史倪文蔚、两淮盐运使方濬颐聘为幕僚。许氏为人「真率无饰，恂恂然书生本色」；与人「论政治得失，多精创不敷。」其一生「博览群书」，「撰述宏富』，有『兰茗馆所著十馀种』。据不完全统计，刊刻传世的有《兰茗馆诗钞》十一卷、《兰茗馆外史》十卷、《桐城许叔平文品论诗合钞》二卷及《转徙馀生记》等数种；另有稿本《兰茗馆诗集》、《兰茗馆杂记》存世。

许氏生活于我国封建社会末期大动荡时代。他经历了鸦片战争和太平天国革命，目睹了清王朝从千疮百孔下的表面繁荣走向内外交困的全面衰落，『一生科举不达，为幕僚以终』的境遇，更使他对社会的腐败、官场的昏暗、民间的疾苦、世态的炎凉有着深切的体会。作者青年时代也曾意气风发，以天下为己任，与人『辨论古今，商榷得失』，往往『词锋雪雪，英光逼人』；无奈『久困名场』，岁月蹉跎，『迨遭离乱，间关转徙』，身心俱疲，『少年豪隽之气已消除殆尽矣』，唯有『以著书立说消磨岁月』了。『慈悲说法，寓草野之褒讥；穷愁著书，操稗官之笔削。』许星翼序言中的两句正是对作者创作背景的最好说明。

据作者自述，《外史》的写作始于道光二十二年其秋试落第，成于同治十三年，前后历时三十馀年。全书十卷，收录笔记小说一九〇篇，除卷九节录陈鼎《土司婚礼记》一篇，撷录郁沧浪《海上纪略》十一篇、金宗楚《豁意轩录闻》八篇外，其馀皆其历年见闻『援笔记之』而成。

自《聊斋志异》肇其端，清代笔记小说的创作出现了空前的繁荣。《外史》一书受《聊斋》和《阅微草堂笔记》的影响是明显的，如果粗略分一下，本书凡长篇，多直法《聊斋》（如《小卫玠》等）；短篇，多仿效《阅微》。『谈狐说鬼，无殊淄水之洸洋；劝善惩恶，犹是河间之宗旨。』昔人《笔记小说大观》近似广告语的两句提要，还是比较符合实际的。但，这只是问题的一个方面。与清代众多的笔记小说相比，《外史》在创作意旨、思想内容、艺术风格等方面都具有比较突出的特色。

本书有着明确的创作意旨——『为劝惩而作』。作者于卷首『说例』开头即宣传『是书义取劝惩』，并强调题材『多系实事』，与同时代的『类皆狐鬼，可凭意造』的其他笔记小说有所不同。书中直接写惩恶扬善的篇章占有很大比例，作者犹嫌不足，往往还在篇末以『里乘子曰』的形式，直接出面议论，以强化劝惩的效果。作者重视正面教育的力量，在全书编排上颇具用心，头两卷多记述积善生福的故事，从而为其『馀善馀殃，降祥降殃，皆由于善与不善』之义理张本。许星翼序曰：『实事求是，祖麟经之义严；修辞立诚，效狐史之笔直。』这一评价虽褒之嫌过，但确实揭示了作者『托义阳秋』、意在警世的用心。

作者的劝惩观，受儒家思想的支配，这与我们今天的时代显然已不合拍；但伦理道德具有继承性，基本的是非善恶观念古今有相同相通之处。人类对先人后己、不贪财色、扶贫赈困、孝顺父母、团结友爱等美德的赞扬，对贪赃枉法、奸淫暴虐、谋财害命、忘恩负义、以强凌弱、尔虞我诈等罪恶的抨击，决不因时代、阶级、民族的差异而不同。本书作者以鲜明的爱憎颂扬美善，鞭挞丑恶，使读者『懔然于福善祸淫之理，晓然于惠迪从逆之机』（方濬颐序），以有裨于世道人心。和其他笔记小说相比，作者更加重视正面形象的教化作用，书中以酣畅的笔墨描写了救人急难、不彰不显、善始善终的书生（《叶孝廉》），全人性命、隐人之过、成人之美的老翁（《姑苏某翁》），光明磊落、善解人意、行近侠义的『大盗』（《金钱李二》），不贪富贵、敢于斗争、才胜男子的妇女（《蒋柿姑》）……在人欲横流的封建末世，这些普通人的真情实意、高义善举，令人倍感珍贵，倍感亲切。象叶孝廉和姑苏某翁那样的义举，今天读来，仍然使人怦然心动，精神为之升华。本书的好处就在作者不是枯燥的说教，不是使人欠伸欲睡的老生常谈，而是将劝惩之理熔于可愕可欣、曲折动人的情节之中，仿佛冬夜围炉听一个阅经沧桑的老人在娓娓而谈，谈狐说鬼，亦真亦幻，诉说着他对尘世、对人生的体会……

本书在内容上很有份量。官场科场，民俗民风，家族矛盾，邻里纠纷，男女恋情，僧尼淫状，武侠怪异，神鬼精怪，均有涉及，作者以其广博的见闻和圆熟的笔法为我们描绘了一幅清末社会世相百态图。书中暴露了当时社会的种种弊端和罪恶，有为了敷衍上级，污良为盗，滥杀无辜的县令（《某令》）；有公然杀人越货，淫辱妇女，行为之残暴令江洋大盗所不及的总兵（《雷击某总戎》）；有居为民牧，夜为盗魁的按察使（《褚祥典》）；有贪污赈款，致灾民水深火热于不顾的「父母官」（《当涂令》）；有借办团练而勒捐敛财，鱼肉乡民的官绅（《小喜子》、《某甲》）；有以官仗势，逼迫少女裸体蒙羞，饮恨自尽的恶少（《吾乡张生》）；有藏奸行淫，残害人命，无恶不作的僧众（《活佛》）；有以色骗人，淫欲无度，毫无廉耻的群尼（《欧公子》）；有道貌岸然，骗财骗色，视无耻为合理的府学教授（《柯寿鞠》）；有为「五十万金」将国家文书私自抽出卖给外邦的礼部书吏（《礼部书吏》）……

可怕的还不是这些现象本身，而是造成这种现实的体制。《吴和甫侍郎轶事》中，咸丰皇帝与吴存义（和甫）的一段对话很有意思。吴一次在南书房当值，咸丰看他穿的貂皮衣服很旧，就问：「怎么穿这么旧的衣服？」吴答：「我自任编修以来仅有这一件貂服，已经穿了二十年了。」翰林院编修是清苦的京官，一般没有外快。听了这话，「上微笑颔之。」不久就命他出任云南学政。吴氏任职期间，赶上云南省发生民变。吴任满还京，咸丰问：「你到了哪几郡？」吴答：「因为道路受阻，各郡均未能去。」咸丰叹道：「苦煞汝矣！」第二天即任命他代理顺天府丞，说：「顺天府丞，每届考期，卷资例有千金，聊偿在滇之苦可矣。」做官有俸禄，非法收入不能取；额外收入亦不应有，起码国家制度上不能使额外收入合法化。「千里做官只为财」。看来咸丰对做官敛财的套路很熟，朝野弊端他不是不知道，但体制如此，积重难返，只能无可奈何，还不如公开做做人情，倒落个「优眷如此」。需要说明的是，吴存义是个清官，作者的记述也是正面颂扬，而如此则愈加表明政治的腐败、制度的混乱已经到了上下皆习以为常的地步。这样的体制、这样的统治，还能维持得久吗？

封建王朝为巩固政权，无不强化其专政手段。清廷因少数民族入主中原，又加上一层禁忌，统治手段亦愈加残酷。自文字狱始，有清一代冤狱不断，荦荦大者就有数十起之多。一些地方官员为迎合圣意，往往不惜无事生非，小案构成大案，置无辜者于血泪之中。文学作品是现实的反映。清代笔记小说几乎没有一部不涉及到案狱，而《外史》一书则尤为鲜明。作者对案狱问题极为重视：『吾儒出膺民社，听讼最难，如遇人命所关，尤当慎而益慎。』（《说例》）并将记述案狱的篇目单独集中为一卷（卷八），这在以往的笔记小说中还是颇为罕见的。书中揭示了社会的黑暗和罪犯的凶残；强调了慎刑恤民，除暴安良的刑法思想；充分肯定了重证据、重调查，执法公正，尽心折狱的清官能吏；强烈谴责了主观臆断、罪以刑求、案以贿结、草菅人命、大搞冤假错案的酷吏昏官。谆谆告诫听讼官员：一不可忽，二不可动气，三不可执己见。无疑，这些都是有进步意义的。

除上面所说的，书中还很有几处写得比较深刻，如《伊莘农相国言》通过伊里布的宦途际遇，将当时官场惰性守旧的风气和人际阴暗势利的心态，揭露得颇为淋漓。又如《俞寿霍》中写阴间也有冤假错案，也有能糊就糊不负责任的作风。那个阴府皂隶的形象就挺可笑，先是抓错了人（本应抓余寿鹤但错抓了俞寿霍），继又糊差事（送俞还阳不成则唆其做所谓的『地仙』）；一边抢狐仙的宝丹，一边却一本正经地劝戒别人不要干犯天谴。

许奉恩的小说创作，是在一定的文艺思想指导下进行的。作者认为清代笔记小说的创作存在着四大流弊：

先生尝谓小说家言，厥弊有四：其或刻划怨旷，组织因缘，东墙窥臣，西厢背母；盟要啮臂，叙闺阁之幽情；事胜画眉，绘床帷之媟态，狂荡鲜耻，其弊也亵。或屈指英雄，倾心任侠，把臂伏莽，吹唇揭竿；智远韬名，牛角挂书之辈；扶馀创业，虬髯得意之秋，犷悍藐法，其弊也横。至若设森罗之恶狱，造纣绝之幽宫，袭左氏之豕人，述阿尼之猫鬼；野狐拜月，影幢幢而悸心；山魈吟风，声魒魒而竖发，离奇变怪，其弊也诞。他如拈花呈佛，采药求仙，宝筏回头，金丹换骨；五百道小夫人之乳，何等神通；四百门大昆仑之城，尽堪游戏，渺茫恍惚，其弊也荒。（许星翼《兰苕馆外史序》）

许奉恩精于诗文评，其《论诗绝句》九九首吟咏了自汉初至唐末百馀名诗人，评价很有特色，诗句也很精彩。以上看法是别人组织的文字（骈体），难免与本意会有点出入，且显得有些迂气，但确实指出了《聊斋》类小说末流立意不高、格调庸俗、手法粗糙，乃至有淫秽描写的弊端。与「亵」、「横」、「诞」、「荒」四弊相对，作者崇尚的风格是平实、敦厚和雅洁，本书的实践正体现了这一风格。如《柯寿鞠》中，作者以完全白描式的对话，将一个不断与命运抗争又不断遭受致命打击的妇女和一个道貌岸然、骗财骗色、虚伪透骨、无耻至极的「名士」的形象毕显于纸上，实在令人叫绝。

必须说明，平实、敦厚，指的是本书整体上的创作风格；在具体写作中，全书不乏亦真亦幻的巧妙构思（如《林妃雪》、《俞寿霍》），波澜起伏的生动情节（如《仙露》、《袁姬》），栩栩如生的性格塑造（如《姑苏某翁》、《金钱李二》），状景绘物的细腻笔触（如《怒睛鸡》、《蚁阵》），机锋犀利的精辟论说（如《某太史鬼求代》、《柯寿鞠》等篇的「里乘子曰」）。读此书如嚼橄榄：初入口时觉得平淡；一嚼，有味；再嚼，则满口生津，其味无穷。

本书卷十主要记述太平天国之事，作者是站在反太平军的立场上据道听途说所写，多污蔑不实之词；另外，书中对封建伦理道德的完全肯定、对本阶级人士特别是与作者有某种关联的仕绅的着意美化，以及对多妻制的欣赏等等，亦属糟粕。凡此，读者自有鉴别。

综上所述，《兰苕馆外史》是一部以劝惩为意旨，兼有《聊斋》和《阅微》优点的笔记小说佳作。『不将名氏著千秋，至味咀含妙莫求。』作者感咏《古诗十九首》的作者汉代无名氏的两句诗，也不妨视为是对其自己创作追求的写照。

本书初版于清同治十三年，为十卷，由作者同乡方锡庆助资付梓。后有光绪五年常熟抱芳阁刊本，亦为十卷。民初上海进步书局刊《笔记小说大观》本，八卷，系删十卷本之后二卷而成，然未作说明。另有民国十二年中华书局石印本，八卷，线装四册；《扫叶山房丛抄》本，四卷，仅收十卷本中的二十四篇；又有民国时红格抄本，一卷，线装一册，收《张相国祖》等四十六篇。此次点校以光绪五年抱芳阁本为底本（该本每卷首页作者名除署『桐城许奉恩』外，分别出现了『叔平』、『勖屏』、『项伻』、『熟凭』、『束萍』、『术频』、『旭伻』、『勖坪』、『赎娉』、『秫瓶』十个字号）；并参校各本，择善而从。点校中一些技术性问题皆依古籍整理常识而行，兹不赘述。

诸伟奇

乙亥六月初稿戊寅四月修订

自序

小说在汉时已称极盛，西京以来，大儒多为此体，类皆光怪陆离，择言尤雅。魏、晋六朝踵之，作者愈繁，修洁亦复可贵。厥后，唐代丛书，大放厥词，间多巨幅，放纵不羁，殊具奇气。沿及宋、元，渐流粗率；明则自郐无讥矣。至我朝，山左蒲留仙先生《聊斋志异》出，奄有众长，萃列代之菁英，一炉冶之，其集小说之大成者乎！而河间纪文达公《阅微草堂笔记》，属辞比事，义蕴毕宣，与《聊斋》异曲同工，是皆龙门所谓「自成一家之言」者也。

嗟乎！小说虽小道，岂易言哉！夫编氓生长穷乡僻壤，耳不闻先圣遗训，而同此秉彝，同此好恶。岁时伏腊，报赛虆弄，遇演忠臣、孝子、仁人、正士，无不肃然起敬，津津称叹者；遇演权奸、忤逆、佥壬、宵小，无不决眦恚愤，交口唾骂者；甚至演生天成佛、及地狱种种变相，又无不羡怖交集，以为福善祸淫，报施不爽，而互相劝戒不置者。于以见人心好恶之公，而秉彝之未泯也。其或农功之暇，二三野老，晚饭杯酒，暑则豆棚瓜架，寒则地炉活火，促膝言欢，论今评古，穷原竟委，影响傅会。邪正善恶、是非曲直，居然凿凿可据，一时妇孺环听，忽不自知其手舞足蹈。言者有褒有贬，闻者忽喜忽怒。事之有无姑不具论，而藉此以寓劝惩，谁曰不宜？

予一介腐儒，幼习畎亩，喜观爨弄，又爱听野老丛谈，择其事之近是者，编为《里乘》一书，间亦杂以说鬼搜神。干宝苏髯，偶尔游戏，姑妄言之，姑妄听之可也。惟笔墨藞苴，不足供大雅一噱，岂敢望鼎立于蒲、纪二公间哉！阅者不以语怪悖圣见责，幸甚！幸甚！

同治十三年岁次甲戌重九前五日，兰苕馆主人自序。

说 例

一、劝惩之书，不啻汗牛充栋，阅者嫌其老生常谈，往往览不终卷，辄即欠伸欲睡。是书义取劝惩，名之曰《里乘》。凡遇耳闻目见、可愕可欣之事，间亦登之，非敢自乱其例，盖欲藉以醒阅者之目也。

一、馀善馀殃，降祥降殃，皆由于善与不善，载于经书者最详，此即说因果之祖也。大抵世家大族，其先类皆积有厚德。予每有所闻，即乐而吮墨登之，以证因果之说不谬。

一、士子束发受书，非得科第不能成名，而科名得失，半由于祖功宗德，半由于己身功过。每闻科场报应，亦必登之，所以为有志科名者劝。

一、神仙有无，原属渺茫，说部所载最多。兹载林妃雪事，谓求仙必先行善，可见求仙并非难事，特患人不肯多行善事耳。至吴真人事，吾乡妇孺皆能言之，以孝注名仙籍，尤信而可征。愿以告世之谈道者。

一、鬼神之德之盛，先师曾反复道之。是书所载俞寿霍事，真实不虚，勾贼殃民，冥罚炮烙无已，可见阴律严而且当，梗化者能无寒胆？他如神之最灵显者，莫如雷部，是书所载较多，蚩蚩之氓，能不闻而恐惧乎？

一、说部所载狐仙，类多子虚之言。是书间登一二，皆实有其事，以其足以警世也。

一、说部所载闺阁儿女私情，往往刻划尽致，未免有伤风化。是书间登一二，皆发乎情，止乎礼义。至逾墙钻穴、狂荡苟且之事，概不录焉。

一、说部所载淫情媟状，类多凭空结撰，尤伤心术。是书『三十六花禅』一则，以系实事，俾少年子弟见之，庶知有以自警也。

一、绿林之徒，法所不贷。是书间登一二，以其所言所行盗也，而几近于道矣。葑菲刍荛，皆有可采，阅者当亦以为然也。

一、吾儒出膺民社，听讼最难，如遇人命所关，尤当慎而益慎。予每闻奇狱，辄笔之，另为一卷。凡为民父母者，其留意焉。

一、述而不作，先师且然。予每阅丛书秘册，与故老遗编可扩闻见者，或为之删繁就简，或全录其文，亦汇成一卷，愿公同好。必标出作者姓名，以不敢掠美也。

一、粤寇之乱，十馀年来生灵涂炭极矣。予流离转徙，间关数万里，每有所闻，辄笔志之。书成，名曰《风鹤途说》，意留待承平，俾輶轩之采择焉，惜武林失陷时其稿散佚。幸吾乡左阶训茂才曾录有数篇，函寄归予，汇成一卷。赖其嗜痂之癖，助予享帚之珍，俾是书如塔合尖，亦左君之赐也。

一、忆予少不更事，读书每信口雌黄，喜攻人短。既粗学作文，始知布局造句、起伏照应、经营接构甚非易易，因复取前书读之，乃不敢妄置一喙。事非经过，不知其难，大抵然也。是书仓卒付梓，字句间多疵纇，大雅君子，幸赐纠正焉。

一、近时说部，佥推《聊斋志异》为巨擘，其所纪载，类皆狐鬼，可凭意造。是书多系实事，叙次较难。忆自癸卯秋试报罢，毷氉无聊，听客述伊文敏相国言，戏援笔记之，厥后岁有所增，积久居然成帙。乃迄今三十馀年，所得仅此。良以闻见太隘，征事甚难耳！倘天假我以年，尚愿再撰《里乘》一书，以续其后。伏望四海同志，遇有可欣可愕、足资劝惩之事，不吝邮寄大略，俾得捃摭成编，幸甚！幸甚！

兰茗馆外史卷一

张相国祖

儿时在塾，家大人训之曰：「士人读书，尤宜积德。即以吾邑而论，其先积德愈厚，其后发祥亦愈炽。」因言张文端公之封翁。初，梦神送一衣冠人至，谓为晋朝王处仲。是夕果生一子，封翁甚喜。稍长，器宇魁梧，性亦聪慧。十岁忽殇，封翁悲恸綦切。越数年，又梦前衣冠人至，曰：「吾周览天下，福德无如翁家，今再来，不复去矣。」俄顷公生，言貌举止与前无异，故字曰敦复。予小子识之，不敢忘，尔时童稚，不敢请问翁家之先有何功德。后闻吾师张子畏观察寅言，始略知其大概。

先是，明季张氏之祖有诸生某公，生二子，具读书立品。公老不得志，家计日窘。一日锄圃种菜，忽见窖藏，白镪充斥，不下百万。自念：「书生福薄，骤得巨资，何以堪之？」遂如旧掩好，将留作善举。乃老而疾革，始告二子，命：「必俟荒年，掘以赈饥。尔曹务须善成吾志，倘背吾训，妄存贪念，子孙不昌！」二子泣涕受命。

公卒后数年，适遇奇荒，二子遵公治命，发圅觇之，信然。遂谒邑令，敬陈遗训，愿出窖救荒。令故贤者，正苦赈济无术，闻言大喜，自督役亲往发之，果得藏镪百万，尽以赈饥，所活无算。事竣，将为请奖，二子坚辞不受。后某甲早行，见人肩担二筐，内盛珊瑚、青精、水晶、砗磲之属，大如杏实，累累如贯珠，不知何物，试问：『何往？』曰：『送往张家去也。』恭逢国初定鼎，文端、文和两公父子相继拜大学士，一时兄弟子侄由科第而跻显秩者，指不胜屈。始知所见珊瑚等物为各色顶戴也。

里乘子曰：闻诸故老言，此次赈饥，皆吾邑校官毗陵赵广文督其事，毕毫不入私囊，饥民皆沾实惠。彼革甲早行，见人担二筐送往张家，内另着一小筐，亦盛如杏实各物，问：『此为何？』曰：『此送赵校官者也。』未几，其后嗣熊诏果大魁天下，子孙后亦多显宦云。

方老宫保

家大人又言，吾乡方恪敏公，生性孝友。封翁以事戍边，卒于戍所。恪敏年甫逾弱冠，闻耗，跣足徒行数万里，至塞外负父骸骨归。后以布衣获马周之遇，官至直隶总督。其子勤襄公葆岩宫保、犹子来青宫保，先后相继，均官总督。时人荣之，以为恪敏平时存心孝友之报。

里乘子曰：《易》谓：『积善之家，必有馀庆。』所积愈厚，则其庆亦愈大且久。吾邑巨家显族甚多，然未有如张、方两姓之赫赫者。观张氏之祖所积之善，宜其科甲至今不绝。且自文端公而后，一脉相传，六代翰林。潘文恭公笔记载之，谓为古今所罕有。至方氏，自明初及今，显秩相承，间出文人理学。其先非有盛德，曷克致此？即恪敏公孝友一节，已可略见大概矣。

文字竹叶

广东某寺一老衲，贫苦清修，持戒甚严。尝暑月有游方道士日暮来求寄宿，僧曰：『无论荒刹湫隘，不足辱鹤驭。即仙师不弃，而此地恶蚊甚多，嘬人最毒，往往有受创溃腐而不能瘥者。贫僧仅一敝布帏，别无以应客，可若何？』道士曰：『倘师慈悲，肯假一袈裟地暂容栖止，得避虎狼，幸矣。他非所虑。』僧以其言恳切，遂愿让己榻款客。道士谢曰：『蒙师见留，受惠已多，何忍迫师露宿，致饱蚊吻。』僧曰：『师行路甚惫，非帏不得安寝，不必过让。』彼此推逊久之，道士乃宿僧榻。僧竟夕亦幸不为蚊所厄，心窃讶之。

诘旦，道士起谢曰：『昨蒙假榻，感不敢忘。然师夜间得毋受创不？』僧曰：『幸托仙庇，夜间竟无一蚊，不知何故？』道士笑曰：『缘感慈悲，略用小术，将蚊尽驱于后园竹叶上矣。师须切记，凡蚊所栖之叶，已化文字，皆可避蚊，慎勿轻视。』僧异而趋验，果见园竹数百竿，叶上各栖一蚊，俱化文字。大喜，出谢，道士不知何往，盖仙人也。从此遂无蚊患。后，远近好事者闻竹叶能避蚊，争购求之，每叶钱数十文。不逾年，园竹为空，僧由是致富。爱大庀材，创修兰若，居然金碧庄严矣。吁！向非老僧一念慈悲，安能幸缔仙缘，为我佛之光哉！

里乘子曰：常州汤贞愍公雨生先生贻汾宦粤时，闻有此叶，特造其寺，求之不得，心殊怊怅。归途，暂憩村塾，与塾师言及。师云：『向与僧善，曾得数十片，为人攫夺殆尽，今存无几，请分馈二叶。』公喜，如获异宝。一赠友人，一用颇黎二片，将叶夹其中，四围镶以紫檀。叶上文字固系篆体，亦于叶旁署款篆书『甲申春日雨生』六字配之，以篆体两面一致，俾把玩者泯其反正之迹。公心灵巧，凡日用什物，无不精妙，即此可见。尝觞予于狮子窟别业，出以见示，并述其缘起如此。

一文钱

一文钱者，姑苏布店也。

初，徽商甲乙二人合伙，挟重资至苏贸易，各昵一姬，不吝挥霍。两姬固奇女子，尝半夜无人时，谓二人曰：『从古勾栏中鸨媪无好相识，有钱则奉为上宾，无钱即摽诸门外，比比皆然。日来窥二君囊金渐次萧索，君等挟重资，背乡里，为权子母。今为妾等耗费殆尽，脱不早为计，其何面目归见家人？愿熟思之。」甲乙亦以为然，以恋恋不忍割爱，苟且安之。鸨媪每有所求，必百方谋画，以厌其欲。

无何，典质既罄，遽为鸨媪齿冷，将下逐客之令。两姬曰：『何如？君等不听妾言，早知有今日矣。妾等不幸，身堕下流，实非所愿。蒙君等割臂要盟，刻铭心髓。观二君意气，不过暂时落莫，必不久困，不如暂歌别鹤，努力以图恢复。妾等当誓死待践昔约，报君有日矣！」各馈白金五十两，趣令早去。甲乙无可如何，不得已，受金挥泪而别。

时岁将暮，二人姑就酒垆，对酌御寒，并市饦饦、寒具等物充饥。心绪烦冤，饮罢，忘携馈金，归寓始觉，急觅不得。逆旅主人促索税资，勉强典衣以应。行李一空，二人计穷，日则行乞，夜则寄宿古刹。耻过两姬之门，避道而行。

会除日，薄暮，二人拾得枯枝，就地燃火，相对欷歔。甲于腰橐摸得一钱，掷地叹曰：『重资散尽，留此一钱何益！不如抛去。」乙忽心动，急拾取曰：『此硕果也。天幸存此一脉生机，安知非剥极而复之兆？」遽携钱出，曰：『君姑待之，我自有计。」甲莫喻其意。少顷，乙归，手携竹片、草茎、败纸、鸡鸭毛等物，甲问：『何为？」乙笑出面粉，索水调浆。就地火光中，将草缠竹片上，蒙以败纸，又遍粘鸡鸭毛，畀甲视之，宛然各种禽鸟。甲曰：『君处此愁城，尚何作此儿戏？」乙但笑而不言。竟夕，约成二三百具。平明，以半付甲，邀同至玄妙观，自有料理。甲姑与俱往。

观为姑苏游观之薮，春日尤盛。比至观，士女云集。妇孺见甲乙所携禽鸟，以为酷肖，争来购买，顷刻俱尽。每具十数钱，共计五千有奇。甲至是始叹乙心思灵巧，乐不可支。因问：『一钱何用？』曰：『竹片、草茎、败纸、鸡鸭毛等物，皆系拾诸市上，以一钱市面粉，岂不惬敷所用耶？』相与大笑。自是购添各色纸张、杂鸡鸭毛，以肖人物花草等状。两人夜间分制，日至观求售。

自春徂夏，才百日，计敛钱三千馀缗矣。因变计，居积货物，往无不利。不两年，积资数万。遂于阊门开设布店，大书『一文钱』三字榜于门，志不忘所自也。乃各具千金为两姬脱籍。姬各出私蓄，相助经营。不数年，财雄一方。爰遣人至徽，迎到眷属。两家相约，世为婚姻，迄今二百有馀岁矣。阊门外泰伯庙前『一文钱』三金字，大如栲栳，犹煌煌照人目云。

韩文懿公轶事

韩文懿公菼，貌寝陋，而髯丛如猬。年逾四十，甫领乡荐。计偕北上，膏秣无资，袱被徒行。尝日暮失路，寄宿人檐下。少间，一叟笼烛至，见问：『谁何？』公具告邦族。叟瞿然曰：『是慕庐先生也耶？老朽向读大文，向慕已久，今不知惠临，亵慢勿罪。』公谦词致谢。叟叩门，肃客入，为具酒食，款洽甚恭。就厅事西偏设榻，请公安寝。

叟入，公甫就枕。厅上故供祖先木主，残灯尚明。时正月中旬，灯节初过，月明如昼。忽闻窸窣作声，一女从门隙入，靓妆高髻，径至祖先案前，伏地跽拜。已，出一物置香炉下，冉冉由门隙入内。公知有异，悄起，于炉下摸得一物，就灯下谛视，形类篾丝，上缠红线一缕，腥臭刺鼻，乃携压枕下，倚枕假寐以觇之。

无何，又闻窸窣声，前女从门隙出，后随一女，相将至祖先前，伏地交拜。前女起索炉下物，不得，意甚惶急。后女立待良久，复独由门隙入内。前女便至榻前问曰：『顷炉下一物，公见之否？』公披衣起坐，曰：『良有之，汝需此何为者？』女曰：『实告公，妾非人，乃缢鬼也。合于今夕得替投生，非此物无以为信，乞公怜而赐还为幸。』公拈髯冷笑曰：『若然，汝利人之死，以图己之生。我实不愿遂汝之生，而不救人之死。物固在此，吾决不汝还矣！』女再三哀之，公瞪目拈髯，冷笑不答。

女惨然变色曰：『公不畏鬼耶？如再不掷还，妾将现变相矣！』公笑曰：『汝纵现变相，是汝本来面目，吾何畏哉？』女魏魏有声，长袖一拂，蓬发垢面，帚眉突睛，舌出唇外长尺有咫，怒目相向，意殊狞恶。公笑曰：『汝技止此乎？汝试亦观我变相何如？』相传公固奎星化身，时宿酲未解，酒气尚醺，急起赤足，索得只履，夔跃而前，须髯怒张，盛气向女面一嘘，其状俨然世俗所绘奎星也者。女不禁悲啸扑地，幻为云烟，顷刻澌灭，竟不能复聚形矣。

公乃叩内室门，叟出，备告所以。先是，叟有子出外，妇不得于姑，日间适以小事勃溪。叟闻公言，知有变，急入告媪，相与破妇房门，果见妇悬梁上，气尚未绝。解缳以水灌之，顿苏。公谕叟与媪好善视其妇，一家感泣，从此称慈姑孝妇焉。天明，公出炉下物火之，并将灰投圊中，以绝其患。

是科，公登会状，官至大宗伯。

里乘子曰：相传吴门有星者，决人吉凶，百不爽一。许缪殿撰彤登会状，果验，一时神之。文懿公往求推算，则曰：『子一第已属幸事，尚望捷南宫乎？死期且到矣，奈何！』公闻而决快，无意北上。友人力破其惑，又薄助其资，甫克黾勉就道，竟继缪公而登会状。星者闻之，惶愧遁匿。

又《聊斋志异》载元少先生曾设鬼帐一事，因思古之不得志于时者，或为路鬼揶揄，或受小人奚落，正复不少。若公既见重于冥王，又能气慑恶魄，可见公平日为人，为天人之所钦瞩，较之寻常与鬼物为伍者不同。彼星者，本小人之尤，以公貌陋家寒，预挟一穷儒不能发迹之见，不待推算，遽加菲薄，是炎凉之心中之，非其术数之或验或不验也。其智识不又出鬼物下哉！噫！

富翁子

富翁某，群雌粥粥。中年举一雄，喜甚。儿甫周晬，忽终日啼哭，滴乳不食，举家忧皇，急延多医商治，并云但求儿愈，不吝厚酬。群医筹商立方，药不下咽，束手无策，次第散去。

中有某医者，素专治小儿，其术甚精。再四谛视指纹，知儿固无病，窃希厚酬，独留不去，而展转思维，卒不喻其啼哭不乳之故。偶游后园，见乳姆于荷池为儿洗濯衣裤，蓬头悲泣。问其何泣之哀，答曰：『妾一家老幼，不下十口，皆赖妾在此乳儿，得不冻馁。今儿疾不治，一家断难存活，那得不哭！』

医闻是乳姆，其心忽动，乃曰：『我医也。再四谛视指纹，儿实无病，但不喻其啼哭不乳之故。汝若知之，可悉告我，我当设法治之。若是，则汝家温饱，我亦得厚酬矣。未审汝知之否？』乳姆闻之，皇遽投地，稽颡有声，悄谓之曰：『先生必秘勿告翁，妾乃敢言。』医曰：『诺。』乃曰：『前日抱儿戏池畔，儿掬石上生螺，纳诸口中，妾急以指掏之，已骾喉际。从此啼哭，滴乳不食。此致病之由，惟妾一人知之，先生慎勿多言，未审果能治之否？』医抚掌笑曰：『得之矣！』以好言慰乳姆，并誓不泄言，乳姆叩谢而去。

医特见翁，笑贺曰：『连日为郎君故，几忘寝食。顷思得一良法，疾可立效。但不知郎君愈后，所谓厚酬者几许耳？』翁喜，拈髯笑曰：『小儿果愈，请以五百金为先生寿，可乎？』医笑曰：『请益之。』曰：『倍之，何如？』医点首曰：『可矣。』乃嘱翁速购肥鸭百头，绳系其足而倒悬之，以盎承鸭嘴所流馋沫若干，用铫频挹注儿口中。不炊许时，儿啼哭顿止，且以手索乳哺矣。翁顾而狂喜，以千金酬其医。

里乘子曰：昔扬州鹾商某，中指顶螺纹中忽生一红毛，根围红盘大于豆，毛锐如针，触之痛彻心髓。医治罔效，且稽古方无是症，群医无可如何，相率辞去。吾邑严肇基，名医也，适游广陵。商耳其名，礼延诊治。严稽群医所立方，或败毒，或泻火，俱无少效。默思：中指属心，毛乃血之馀，其色赤，属火，必心火与肾水不能既济。君火动而血无所统，致酿此患。治当滋肾，以金匮肾气老法加减。三日，而毛色顿黑，痛顿减；又三日，而色黄，痛渐止；又三日，而色黄转白；越日，毛随盘结痂俱落，疾良瘥。所谓医者，意也。彼小儿髋螺，以鸭见螺必嘬，取其馋以淪之，故立愈。证以严医之法，益知医以意为之，较执古方，不更可操胜券乎！

吴生

唐卢龙节度使李公，精星学推算，穷通殀寿，百不爽一。有爱女美且慧，公推算当封夫人，非公侯之命不许占凤，故及笄犹未字也。

有吴生者，固世家子，素游惰而性儇巧。涎欲系援，又不敢遽通媒妁。密以百钱賄日者，为捏造一极贵之格，书于红笺，乘公出行，故犯卤簿。公怒叱虞侯拘至舆前，厉声问故。生叩头曰：「小人以贫困不能自存，特占休咎于日者，谓「贵不可言」。自念一寒至此，何由发迹？缘俯观所评命纸，沉吟犹豫。不虞节钺忽临，致误冒犯，罪万死。」公索评笺，推之良然，颜色顿霁。详诘世族，大喜，命载之后车归，为薰沐更衣，问：『娶妻否？』对曰：『以贫故，尚未婚配。』公益喜，遂筮吉，以爱女妻之。一介措大，一旦坐享富丽，顿增骄蹇。左右之人妒而且恨，交谮于公。久之，公亦察其无他能，阴悔而厌薄之。欲杀之，苦无其法。

会吐蕃大入寇，朝廷忧之，诏各路节度使举将才，公遂抗疏：『特荐婿吴生，固世家子，素习韬略，可胜将帅之任。』疏上，召生告之。生知将借刀杀己，然不敢辞，且佯喜再拜，深谢汲引。及谕旨下，生拜辞公，内与妻诀。女固贤淑，以父将不利于婿，心殊不慊。乃勉生曰：『男儿志在四方，死生有命。此行安知非福！努力为之，不立功归，无相见也！君其懋哉！』生曰：『诺。』

既至戍所，谕部曲将弁：诘旦登场阅武，有不至者杀无赦。至期，一一阅毕，各厚犒之。且笑谓诸将弁曰：『尔曹各有所长，果同心戮力，蠢尔蕃虏何难殄灭！幕府少不更事，颇好驰马试剑，敢献薄技，以助诸君一笑。』佥曰：『唯唯，愿幸寓目。』少选，数健儿共舁一大刀至，约重千钧。生乃着戎服，跨骏马，持所舁大刀，下抑上扬，左荡右决，轻如挥扇，易若折枝。舞毕下马，毫不竭力。合营罗拜，欢声雷动，贺曰：『公神威，真天人也！』生命以刀悬诸营门，择日挞伐。

初，生阅武时，吐蕃潜遣谍者侦之，见生舞刀，大惊，舌挢几不能下。深夜，悄就营门举之，直如蚍蜉撼树，牢不能动。谍报，吐蕃闻之，相顾失色。君臣筹议，以为不早自量力，强与交绥，是螳臂当车，徒自取死。急上表谢罪，愿岁岁朝贡，永誓不反。

捷闻，朝廷嘉悦，以李公所荐得人，晋左仆射，封代国公；以生征虏有功，授岭南节度使，封万户侯，妻封凉国夫人。至是，生得官归，遂为翁婿、夫妇如初。后，女问生，始知前所舞大刀，以木片饰锡箔为之；又预如式铸千钧铁刀，使悬营门。故令其谍者侦报，以慑其心，而投诚输款也。

里乘子曰：或谓吴生一生工于用诈，始也，以诈得妇；卒也，以诈得功，亦何狡狯乃尔也。予谓必其命应如此，故天牖其衷，福至心灵。向使吐蕃之役应变无谋，则翁将借刀以杀其婿。夫且不能终有其妻，匪寇婚媾能不为生危乎？方入赘时，公虽信命，竟不免为人言所摇。赖女也能贤，安命不贰，「安知非福」，一言幸中，果尔塞上捷闻，朝中命下，翁既徵宠，妻亦分荣。自是生得官归，遂为翁婿、夫妇如初，是盖有幸词焉。

子旧过卢生祠，见题壁诗甚夥，类皆艳羡卢生得遇吕仙，作此一场好梦。予谓卢生若无封侯骨，何能入梦？因口占三绝以调侃之，有云：「卢生自有封侯骨，才得邯郸梦一场。」即此意也。武侯尝言：「谋事在人，成事在天。」天即命也。否则，命之不犹，而妄希非分，天下之「百般奸巧百般穷」者，岂少也哉！况就用兵而论，所谓兵不厌诈，此事即采入《智囊》，亦奚不可？

姑苏某翁

姑苏某翁，赴饮夜归，见邻人某甲河畔磨刀，诧问：「何为？」不答。再三研诘，始勃然谓：

『妇与某生有私，适瞰生来，将掩执而并杀之，以洗门户之羞！』翁把玩其刀曰：『此固当杀，奈刀不利何？我有宝刀，如新发于硎，请暂相假，何如？』甲谢曰：『甚善。』翁笑问：『汝曾杀人也未？』曰：『承平世界，焉敢妄杀人？』曰：『然则汝初次杀人，亦须薄饮壮胆。』

乃邀甲至家，出酒一瓶，佐以菹豆，嘱其自酌无躁。爰托如厕，悄往呼妇，告之故，妇与生惶愧叩谢。翁急麾生曰：『去，去！毋缓！』生仓皇遁。翁又嘱妇扃户。归，视甲酒甫罄，问：『尚需酒乎？』曰：『足矣。』遂假刀别翁急归，破扉而入，索生不得。意翁漏泄，恨甚，返叩翁。

翁笑曰：『良然，汝且稍安，试听老夫一言。窭人子娶妇不易，因泄一朝忿杀之，固差快意。但杀之必须鸣官，鸣官即不免笞责，且须薄费。为汝计，亦甚不利。今为汝画一万全策：妇既不贞，不如鬻去；籍得其资，亦可再娶，不较为尽善乎？汝其思之。』甲沉思久之，曰：『翁计诚善。倘其父兄不肯，奈何？』翁谓：『但坐以私生一事，即指老夫为左证，计无不偕。』甲如言往诉妇之父兄，果耻其不贞，听甲处分。遂将妇鬻去。

越数年，翁以岁饥家落，丐食如秦，藁宿寺中。一日，见群婢拥一丽人，珠冠绣帔，入寺礼佛。健仆三五辈，皆华服，着吉莫靴，伺立门外，屏息耳语，意是命妇。少选，礼佛毕，丽人升舆，瞥见翁。命从者诣翁，备问邦族，遽令携翁归。见其阀阅闬闳，粉垩焜耀。其良人出，年可三十许，容止甚都。丽人谓翁是表叔行，良人慰问殷情。翁谛视丽人非他，即某甲之鬻妇也。以其良人在侧，彼此约略寒暄，两心默喻，不敢絮说。良人命左右为翁具汤沐，更衣进馔，栖以精舍。

漏二下，两婢秉华烛，导妇至翁寝所，裣衽叩地。翁急掖起，妇喟然叹曰：『妾曩以一时之误，微翁，白骨已朽。妾之身，翁之赐也！再生之恩，久恨未报，今幸相遇，谨先具黄金二百两为翁寿。』乃命婢列金几上，谓：『不腆微物，出自私忱，聊酬万一。翁请安心宽住，他日言旋，良人自别有馈贶也。』翁喜出非望，凡妇所言，竟不知所答，唯唯而已。

先是，其良人以无子，命纪纲吴下买妾，适得妇归；连举双雏，良人大喜，使乳母字之。前岁嫡死，妇已正位，逑好甚敦。良人富固敌国，以妻党故，遇翁甚厚。翁居此半载，左右给役，皆二八俊童，饮食起居，靡不称心。心不自安，屡欲辞归。夫妇以翁年老，不敢久留，为具四时衣服，裘葛单袷悉备。其良人又贶以三千金，命仆马送归，行色甚壮。

抵家后，知子为人佣工，招归，出资命其贸易。不数年，居然巨富，往来江湖，称为大贾。后子至楚北，以人命株连逮系，苦不能脱。会堂上官虑囚，阅爰书，见其子姓氏籍贯，问：『翁是否同族？』答谓：『是罪人之父。』官色顿霁。不日，出子于狱，且谓之曰：『汝可速归，烦寄语而翁，某生问讯矣。』其子再拜而出，心甚德之，而莫知其由。又念父固乡民，平日未尝与显者交，何得官言及此？而翁闻子系狱，深以为忧，忽见子归，悲喜交集。子乃述官问讯之言，翁瞿然惊曰：『是矣，是即与某妇有私之某生也。今贵也耶？』遂为子具告往事，父子交庆，设两人木主，尸祝之。

里乘子曰：本夫诛奸，世间尽有，使朴诚畏祸者闻之，恐波及其身，则必掩耳疾走矣；使忠厚不忍者闻之，或谏劝阻止，而不善立言，当其人盛怒之下，必致反唇相稽，不惟不能阻止，且可增其忿焰矣；抑使浮躁好事者闻之，则必幸灾乐祸，从旁哓哓，撺掇怂恿之不暇矣。虽本夫诛奸，律所不禁，而见死不救，亦非所以体上天好生之心。我不预闻，于我无尤也；我闻之，固不必谏劝阻止，以逆彼之听，又何必撺掇怂恿，以助彼之虐乎？某翁洞悉人情，窥某甲怒气方张，愿假刀以利其用，又劝饮以壮其胆，语语中肯，甲焉得不有堕其术中？而于是托如厕，悄往告妇，寓谏劝阻止于撺掇怂恿之中，斟酌可谓尽善矣。及甲恨而返叩，即直承不讳，并为剖陈利害，策画万全。甲妇与某生之命，固赖翁而生；即甲他日苟得再娶，而幸延一线之嗣者，亦出翁之赐也。大抵遇此等事，谏劝阻止者少，撺掇怂恿者多，有损于人而无益于己，不知是何居心也！问有能不动声色，排难解纷，如翁之热肠为人，从容周密者乎？予尝谓：人心即天心也，顺天者昌。观翁后日，父子两受其报，天心不大可见哉？

余徐二公轶事

徽州黟县余公梦岩，名毓祥。微时授徒，馆谷甚菲。岁除，无资祀先，夫妇枵腹，愁对太息。公身仅着一敝缊袍，一旧羊皮短褕。鸡鸣而起，拟趁早墟，贳短褕可得三千钱，市牲酒薪米之属，聊以卒岁。独行五里许，路经一岭，隐约见树林中有人影，叱之不答，固疑是鬼。迫而视之，则一男子投缳树枝也。大骇，急解缳放卧地上，移时顿苏。诘其自经之由，其人忸怩泣对曰：『小人负佃租若干，主人迫索，倘不急偿，便攞取妻相抵。妻去，儿在襁褓，失乳必死。小人既不忍妻之生离，又不忍儿之短折。左右思维，不如先填沟壑为得也。』问：『租值须钱几何？』曰：『三千足矣。』公乃以短褕付之，曰：『速将去贯钱偿主人，慎勿出此下策。』其人崩角在地，叩问姓名。公麾令速去：『勿多言，吾不责尔偿，问姓名何为者！』其人叩头起，携短褕而去。公日晡归家，夫人问：『衣已贯乎？』曰：『否否，吾不自慎，为人窃取去矣。』夫人亦无怨词，反以笑言相慰。

时夫妇年俱逾五十，尚无子。未几，夫人竟有娠，生辛伯司马兆元。是年为嘉庆丙子科，公领乡荐。丁丑，联捷成进士，观政礼部，擢郎中，在官有政声。生平不苟取予，不轻然诺，乡人以贤者称之。

后，投缳男子贸易小阜，欲报曩德，苦不知姓名，遍访乡党，群悬揣非公不能。姑备仪诣谢，公峻拒之曰：『若误矣，我无是也。』公年登大耋，告归林下。易箦时，辛伯叩问是事，曰：『此盛德事，吾何能为？大抵乡人以我平日迂方，或拟议及之耳。』予与辛伯交最昵，问之果然。

嗟乎！观余公已事，叹造物试验贤者，可谓至巧至酷。彼索逋者，必须钱三千，若暗中计，短褕之值恰以相抵；少一钱不可，多一钱亦不可。在凡人处此，岂能一钱不留，竟如公慨然持赠，空拳而归，直行所无事乎？而夫人闻之，绝无怨言，反以笑语相慰，亦可以谓难矣！世谓行阴德事不使人知，余公有焉。

后，吾友汉军徐公可司马同善，言其尊人铁孙观察为孝廉时，岁暮，存馆金三十两。归家途中，值索逋鬻妻事，价恰符馆金之数，亦慨以相赠。徐公平生乐善不倦，笔难尽述，以此与余公相似，故连类及之，而不特书也。徐公讳荣，丙申进士。由县令起家，洊晋福建汀漳龙道。抑予闻之，我朝黟县进士，自余公始；广东驻防汉军举人，自嘉庆丙子科徐公始。余公五十后始得子，且多孙焉。考终，祀乡贤、名宦等祠。徐公居官，善政不可枚举。其最著者，守绍兴时，创修塽堤，活数十百万生灵，万世利赖。公尝曰：『吾所在有功德于民，子孙必昌！』信然。公督兵新安，殉难黟县之渔亭，赐恤甚厚，凡建专祠尸祝者数十处。今长子伯安虑善，权浙江金华府知府；次公可同善，即选通判，并加同知衔；次春漪传善，现官四川会理州知州。孙十人，皆能以诗书世其家。

里乘子曰：予尝谓天下至善之事，非有厚德厚福者不能遇。二公福德过人，故所遭若合符节。当其初时，造物之所以试验之者，不可谓非至巧至酷，而其所以报之者，不可谓不厚。若我辈庸碌无奇，造物不甚留意，遂亦不必试验。予自知德凉福薄，断不能几及二公之万一，然不敢不勉也！

杭城某翁

杭城某翁，富埒王侯，而艰于子。姬妾甚众，卒无兰兆。翁年已逾曰艾，自念无嗣何需多金，遂矢行善事，且不求人知。

逾年，某姬果举一雄，方颐丰下，贺者群称英物，翁心颇慰。儿七岁就傅，徇齐殊众，一家珍爱之。无何，儿环唇生七疔，痛彻心髓，症甚危殆。凡精岐黄者，皆罗致家中，翁署券：『患愈，酬白金三千镒。』诸医涎其赏，商榷立方，卒无效。创且日甚，水浆不入。医谓唇疔最毒难治，此多至七枚，遍稽古书，皆无此症。群谢无能，相率辞去。翁愁思无策，惟率诸姬环榻相向而泣。儿仅存息一丝，坐待其毙而已。

忽有媪丐于门，聒求无厌。阍者以少主垂危，谯呵之。翁闻，出责阍者，如言给媪。媪合手称谢，见翁泪承睫，诘知儿疾，曰：『老妇有儿，幼亦患此，曾遇异人，谓名「七星攒月」，危症也。惟十二岁内小儿所下蚘虫百条，捣饼叠敷之可治。试之，良瘥。后以方传人，皆效。今公子得遇老妇，合是有缘，敢为翁贺。』翁喜，如媪言，悬格征求。凡有小儿者，咸以药下蚘虫争献求赏。敷之果愈。

先是，翁闻媪言，入谕于众。比出延媪，不知所往，而所给之物固在。或谓翁素虔奉天竺观音，此盖菩萨化身，以旌善人云。儿弱冠成进士，事亲不仕。生子五，皆读书成名。至今科第不绝，尚称素封焉。

里乘子曰：翁年已逾曰艾，忽自念无嗣何需多金，是天牖其衷也。其矢行善事，难；其不求人知，尤难。盖初存心固施不望报，而天必报之，彼苍苍者，何尝丝毫负人哉！观此，叹『为富不仁』是阳虎之说耳，而天下之为富翁者，闻此翁之风，亦可以兴矣。

左生

邑诸生左泰，年少，才貌双俊，而苦无行。邻翁某走无常，性方正，喜规人过。尝谓生曰：『昨至阴司，窃觇吾邑士人禄籍，君贵居极品，寿享期颐，子孙昌盛。以曾挑某寡妇致失节，又与某处女有私，干怒冥王，已镌禄秩二级，减寿二纪矣。君宜自爱，后福尚未可量也。』生闻而骇惧，迹为少敛。

未几，故态复萌，荡检益甚。翁见之，愠曰：『前老夫为郎君言，将以为妄耶？昨又见君籍，不但淫恶甚多，且又唆某甲健讼，某翁倾家，兼毙多命。冥王大怒，镌君五级，寿仅花甲矣。不速悔而痛改之，不可挽也！』

无何，又遇翁于途，责之曰：『君不听吾言，冥王以积恶多端，罚仅以布衣终，子孙亦不能显达。是真不可以救药矣！』生俱漫应之。

即而又遇，翁直唾生面曰：『孺子真不可教，今死期至矣！可若何！』生始大恐，跽叩其由。翁曰：『昨见冥王稽君籍，令鬼吏权衡功过。吏检君恶籍，每恶以寸纸书之，纸片累累，堆积如山。冥王立叱勾摄君魂，削君寿禄，且斩嗣续。吏称：「左某尚有善籍可抵。」王颔之，命稽善籍。须臾，吏呈寸纸，大声唱曰：「左某生平奉事继母至孝，仅此一善。」王令试权其轻重，见吏持一天平至，将恶籍纸片数百张堆置于左，复置善籍寸纸于右，权之轻重相埒。王色顿霁曰：「孝之为德，如此其盛乎！」旋命吏但削君禄寿，于某年月日时勾摄结案。姑念事继母孝，留一子以延宗祧。」生闻，赧汗如雨，自言：『愿痛自改过，尚可挽回否？』翁曰：『悔已晚矣。』掉头不顾而去。

后生果如期而卒，三子仅存一焉。

里乘子曰：『左生幸遇邻翁，屡进药石，以攻其疾，诚为难得。乃始闻骇惧，继则故态复萌，且加甚焉，一误再误，六州铁直不能铸此大错。天罚所及，孽由自作，夫复何怨？而一念之孝，权其轻重，善恶两平，卒赖此以延一线，可见天道赏罚之公也。信乎冥王之言曰：『孝之为德，如此其盛乎！』』

雷击二女

江苏葛菊人言，太湖西洞庭山有村，曰后堡，人烟辐辏，多以织绵绸为业。绵绸以茧网为之，谓茧面第一层茸丝，其薄如网也。

先是，有湖州某叟，每年蚕熟，辄舟载茧网至后堡贩卖。村有某媪，其子外出佣工，家惟孙女十二岁、外孙女十四岁，相依过活。

道光十三年六月，某叟来贩茧网，担货到村，子十三岁，留以守舟。二女恒至舟，与叟子戏，日久益密无猜。叟售货既罄，将归，以风逆不能解缆，敛佛番十二元，纳橐置舟中。仍携拣剩残网到村，贬价卖讫。旋舟，索橐不得，怒诘其子，鞭之几死。岸人佥为缓颊，咎叟疏虞，不能专责乃子。叟无词，含泪刺舟，怏怏而去。

是月二十四日，某媪将午炊，以石敲火不得，出门乞火。忽烈风暴雨，雷电大作，村民某甲见媪宅火起，趋报媪。媪詈曰：『促狭儿，无妄咒人！我敲火不得，始出求火，家中哪得火发？』甲曰：『此何等事，敢作诳语！谓予不信，可自觇之。』

媪急冒雨趋归，果见火焚屋内。哭央村众扑灭，火顿息，雷雨亦止。入视，二女手扶瓷坛，跽死院中，两太阳穴各洞如针孔，血水涔涔然流出，面不改色。众甚讶之，坛故盛爆豆，试共发之，则豆下叟之橐资存焉。

村民多与叟善，急遣人驰送湖州。至，则叟与妻已于昨夜投缳死矣。盖叟归途，复痛责其子，逼迫投河。到家，妻询得其故，既痛子死，又以失资无以为生，夫妻交谪，半夜俱自经云。村人回，始知雷击两女为有由也。吁！可畏哉！

里乘子曰：或谓二女憨稚无知，戏攘橐资，初未尝出于有心，天之所罚，无乃太刻。予谓不然，大抵上天好生，于人命尤极轸惜。无论二女有心无心，而某叟一门由失资绝灭净尽，则惨莫惨于此矣！似此恶作剧，天怒已极，虽在童稚，顾可恕哉？

雷击某氏子

皖城怀宁某媪，孀居。一子年弱冠，貌甚朴愿，为某官傔从，服役勤慎，能得主人意。同治七年三月十八日，夜漏二下，其子启户为主人瀹茗，忽暴雷一声击死，僵踣户外。媪闻之来，抚尸哭曰：「吾儿素朴愿，天乎冤哉！何罪而遭此惨也？」雷又震震有声，佥戒媪勿妄语干神怒，雷乃止。

后有人言其子曾盗贩陶器某甲钱五百文，甲夫妇诟怨，无以营生，俱投缳死。事已隔一年，雷始击之，尚是恕也。吁！以五百钱毙二命，天怒之烈，不亦宜乎！

里乘子曰：此子盗某甲钱，岂其母不知也耶？观母之呼天鸣冤，且言无罪，是其平日貌为朴愿，不惟欺人，且直欺其母矣！而以五百钱毙二命，致干天罚，谚谓「雷惯击老实人」，信然。

叶孝廉

陈西堂言，其中表清苑叶孝廉某，家居，忽有人赍书至。函签写叶某开拆，姓名与己相符，发函视之，盖母与子家报也。略云：『闻汝登贤书，甚喜。但数年未接汝只字，心甚悬念。我日形衰老，盼汝甚切。汝妇贤孝，经营菽水，心劳力竭，目下益难支持，若不将汝妇改醮，势必俱死。然汝妇不忍去，我亦不忍舍也。兹乘便特寄汝知，有信即给原人带回。盼切盼切。汝妇去留，亦候汝信定夺也。』云云。

孝廉得书，心知误投，以书词迫切，不从权周济，恐他日其子归，不免破镜之悲。遂备白金二十两，并具复函给来人带回。略云：『自违膝下，无日不思。白云在天，瞻望泣血。顷奉慈谕，欣悉起居康健，下怀顿慰。儿幸叨一第，急欲回家，因事纠缠，猝难遄发，兹备白金二十两，托原人带回，付儿妇暂供甘旨。目下窘况，不言可喻，儿妇贤孝，素所深认，姑且耐贫，儿归自有料理。团聚不远，决不再事稽迟，致劳倚闾盼望也。』

其母得回书，以为果己子也者。乃以二十金作资斧，携妇到清苑，径投某宅。相视愕然，孝廉具陈崖末，爰另屋居之，并给日用。嘱姑妇安居，勿事忧虑，当留心为访其子音耗。

后，其子果领顺天乡荐，回家访母与妻不得，迹至清苑。母子夫妻相见，悲喜交集。母为道孝廉高义，其子感泣，与孝廉约为兄弟。从此休戚相关，有逾骨肉。孝廉子若孙，今已相继举于乡矣。谓非好善之报哉！

里乘子曰：人心即天心也。初误以姓名之同，鬼神使之，径投其书，情词迫切，惨不忍闻。天意以为：安得阅书者善为行权，巧事斡旋，庶不使鸾凤分飞乎？乃孝廉果能暗合天意，函金婉答，措词不即不离，极为得体。他日其人果领乡荐归来，母妻团聚。询知孝廉高义，不惟其人感泣，即百世后耳其事者，亦无不为之同声感泣也。天道报施善人，子孙世济其美，不蓍可券矣！

僵尸

家大人尝训之曰：『尔曹客游日多，如遇生地，必使僮仆同室宿，且切不可灭灯，以防不测。』因言壮年客姑孰，寓某庵中，时方初秋，天气嫩凉。夜就枕，反侧不能成寐，目微启，见案上灯光暗如萤；距榻尺有咫，一物从地出，半身长尺许，黄毛绒绒，状类猕猴，掉头望榻上，气咻咻然，目碧色，炯如猫睛。其半身尚藏地下，闻人转侧声，欻遁不见。大骇，以为目昏而所见不确，起挑灯，再就枕。心烦躁，复不能寐；姑启目觇之。灯复暗，前物复自地出，闻人声，依旧遁去。如是者三。灯光益暗，前物出地益高。遂不敢复就枕，起呼仆叩僧门，告以所见。僧点首笑曰：『良有之。老衲以君文星，当无患。不虞其亦敢乃尔也。』爰为移榻别室，方得安寝。越数岁，闻姑孰人言，前室地下故有枯棺，年久成僵尸，今已掘去矣。然当日幸未睡熟，且未灭灯，故不致罹意外患也。

何相国兄弟

吾家有石屋寺，在青山之阳。相传吾乡何文端相国如宠与兄方伯如申，微时读书其中，穷困几无以自存。

会除夕，闻家家祀祖爆竹声，兄弟以难备牲酒，竟不能归家度岁，相对愁叹。忽闻声震如雷，急同出视之，则青山中裂，金光璀璨。就视，皆白镪累累，充牣其中。方伯大喜，以为天怜其穷，将谋运归。相国急止之曰：『不可！君子当固穷，暴得此横财，不祥。且安知非天之所以试汝我也？子姑赖之。』方伯曰：『唯唯。虽然，穷甚矣，第暂假少许，何害？』遂取白金五十两，而书券投其中，山顿合如故。

后方伯官布政时，稽核库帑，少白金五十两。正诘责间，吏忽见畸角一纸券，上书『某年月日，何某假天帑白金一铤，计重五十两』，以呈。方伯大惊，验之，盖即前所自书投山中者。因备述前事，自如数出金偿库中。一时闻者，莫不称叹。观此，益信货财有定，不可苟得也。

相国字芝岳，晚年告归，号西畴老人。

傅青主征君轶事

山右傅青主征君山，以书画著名一时，而不肯轻为人作。尝有执友某求画，请之谆谆，意不可却。征君谓：『画虽末艺，然必须笔补造化。我每作画，先择其时，非遇良辰，不肯下笔。今重违君意，约以中秋夕为期。如是日天气晴爽，风定月明，当准备纸笔，惟命是听。』其友笑诺。

待至某日，果晴爽如所言。友大喜，知征君善饮，乃备肴酒，迎与痛饮，自晡至晚，始罢席。征君命侍者为研浓墨，骈两几，铺丈长玉版纸其上，又取铁界尺镇纸四角，谓俟月上东向秉烛为之作画。

少焉，月出东山，光鉴毛发。征君乐甚，命侍者取所研浓墨一巨钵置旁几，屏退诸人，独自命笔。友遥遥窃窥，但见征君步舞足蹈，或踊或跃，其状若狂。友大惊，径趋至背后，以手力抱其腰。征君狂叫，叹曰：『孺子败吾清兴，奈何！』遂掷笔搓纸，竟作罢论。

友见征君发鬓须眉满头皆墨，竟体汗下如雨，以征君酒醉，不能强事丹青，急取水为之浣濯，遣人送归。所画废纸上，惟浓墨一团，大于釜口。以征君手笔，不忍捐弃，姑叠折庋诸架上。一夜，天阴月黑，室内隐约放光，急往察之，见光出自废纸，始悟征君画果通神，可惜败兴中辍，未竟厥事也。

京师打钟庵募修落成，僧慕征君名，丐书庵额，以僧无行，辞不许。僧稔某甲与征君善，啖以重金，求为转乞。甲知征君为人，不敢遽达。又虑无以报僧，既思得一法，乃沽佳酝，招征君饮，又预作五绝诗一首，将『打钟庵』三字嵌于诗中，乘征君微醺，自握笔书此诗，屡书屡自拉弃之，征君睨之而笑。甲曰：『家有屏，欲书此诗刻其上，顾不善涂鸦，致贻君笑。』时征君已醉，笑曰：『我为汝代笔如何？』甲喜曰：『本不敢相烦，果尔，幸甚！』征君遽索纸，纵笔为之一挥，较常尤胜。甲请曰：『既蒙赐书，即求署款，以为蓬舍光，尤深欣感。』征君笑而许之。后甲刓此三字授僧，榜于门，征君偶过庵前，讶额署己款，笔意确是。注视沉思良久，忽忆前为甲书屏中有此三字，始悟为甲所卖，遂与绝交。

征君精医，今所传世者仅妇科书，顾不徒精妇科也。有同乡某客都中，忽患头痛，经多医无效。闻太医院某公为国手，断人生死不爽，特造请诊视。公按脉毕，命之曰：『此一月症也。可速归家料理后事，迟无及矣。』某闻，怏怏归寓，急治任，兼程旋里。

会征君入都，遇诸途。问某归意，以疾告。曰：『太医院某公，今国手也。盍请治之？』某叹曰：『仆此归，正遵某公命也。』乃具告所言。征君骇曰：『果尔，奈何！我试为汝诊之。』按脉良久，叹曰：『某公真国手也！其言不谬。』某固知征君技不在某公下，泫然泣曰：『诚如君言，某真无生望矣！然君久著和缓名，竟不能生死人而肉白骨乎？』征君又沉思久之，谓曰：『汝疾万无生理。今思得一法，愈则不任功；不愈，亦不任过。汝如法试之何如？」某大喜，求方。征君命归家，遍觅健少所着旧毡笠十馀枚，煎浓汤，漉成膏，旦夕服之，当有效。「万一幸愈，可速至都中谒某公，当云何也。」某谢诺而别，归家如法治之，疾果瘥。

寻至都中，见征君，喜慰异常，趣往谒某公。公见某至，瞿然曰：「君犹无恙耶？」某具以征君所治之法告之，公叹曰：「傅君神医，吾不及也！吾初诊汝疾，系脑髓亏耗。按古方，惟生人脑可疗，顾万不能致，则疾亦别无治法。今傅君以健少旧毡笠多枚代之，真神医！吾不及也！若非傅君，汝白骨寒矣！谓非为鄙人所误耶？然则医虽小道，攻之不精，是直以人命为儿戏也！吾尚敢业此哉？」公送某出，即乞休，闭门谢客，绝口不谈医矣。

里乘子曰：予幼时喜玩征君妇科书，见前胪载轶事数则，今刻本已不载矣。犹忆载征君所为《艳词》，有「欢床如天，欢身如云。登天抱云，欢堕侬身」之句，叹其不愧为才人吐属。后觅得所著《霜红龛全集》，阅之多不称意。或谓征君稿多散佚，其《霜红龛集》乃村伧凑缀为之，是或然欤？征君书画传者甚少，予曾见方子箴方伯藏所书大草立幅，笔意在张颠、米颠之间，洵可宝贵；而画则未之见也。

曩在京城，与李子皆同游琉璃厂，见青主墨画牡丹立幅，甚精妙。子皆以京钱十二千购得之。方子箴识。

兰苕馆外史卷二

陈太封公

山右陈翁，相国文贞公祖也。家贫，以舌耕为业。年至不惑，计累岁所积修金共四五十金，熔小铤十馀枚。每夜灯下，一一摩挲，聊以自娱。媪尝戏而揶揄之，亦不以为侮也。

村有族子某，困厄无以自存，素知翁所积，尝伏窗窥之，欲胠箧窃取，而苦无间。一夜，媪启户如厕，某乘间潜入，稔知积金固置褥下，急探手暗中摸索。翁睡固未熟，觉而揽其袂，就炕炉取火烛之。见是某，大惊，仍息其烛，低声问曰：『汝胡为者？奈何作此丑事，为宗族羞！』某愧且栗，答曰：『岁暮，饥寒交迫，实逼处此。』翁曰：『汝休矣！』遂取所积金尽付之，麾令：『速去，好为之。我不汝瑕疵也。』某不遑叩谢，匆匆携金径去。翁乃大声呼曰：『有贼！』媪闻急返，问：『如何？』曰：『适有贼入室，已惊窜矣。未知失物也未？』命媪烛之遍察，惟失积金。失色懊怨，翁谓得失有命，反慰籍之。

时翁方苦无嗣，自后，媪忽有娠，连举数子，家亦渐裕。

某自得金后，勤俭经营，居然小康，娶妻甚贤。某尝向妻述旧事，欲报翁德，苦未得当。会秋谷将登，某防盗获，夜起侦伺。时月明如昼，见二人称行娖阡陌间，意是盗瓜豆者，姑屏息觇之。但闻哝哝小语，一曰：「在此。」一争曰：「否否，吾审之最确，毕竟在彼不在此。君如不信，试折枝插之，十日不枯，便验真伪。」一人曰：「诺。」又相将行数武，插枝而去。

某知二人为形家者流，急迹其插枝处，固己新购之业。留心识之，果十日其枝不枯，大喜。商之妻，将谋葬亲。妻尼之曰：「吾侪小人，猝得吉壤，恐无德以堪之。君尝言欲报翁德，闻翁所葬亲地甚凶，将谋改葬，不如即以此穴相赠，我亲附葬其旁足矣。」某曰：「汝言良是。但翁长厚，明言相赠，彼必不受，奈何？」夫妻沉思久之，某忽跃起，拊妻背笑曰：「得之矣。翁昔葬亲，掘穴不深，我所目见。趁夤夜人静，我两人潜为迁葬，附亲其旁，仍将旧穴填好，不使翁知，不亦可乎？」妻曰：「善。」遂如言部署讫，而翁果竟不知也。

越岁，相国生，以年少登科甲，跻显秩。翁年期颐，矍铄异常。每春秋展祭，尚在旧穴，凡精形家术者，皆谓此地子孙不当发吉。又有为翁谋者，谓某之某地最吉，如改葬，莫善于此。翁亦甚欲之，以前事恐某介意，反赧于启齿。后另择数处，皆云不吉。不得已，托人风意于某，某笑曰：「若然，则小子已代翁改葬久矣。」遂宛转向来人告其颠末，使转达翁。翁感激往谢，酬以重金，不受。再延形家相之，佥谓封拜之地。乃伐石封墓，气象益尊。不数年，相国入阁，果如形家言。

里乘子曰：此金铁杉太守为予言者。谚云：「阴地不如心地。」观陈封翁之遇族子某，所谓阴德者非耶？若某者，亦可谓善于报德者矣。闻某亲附葬其旁，至今子孙亦甚繁衍，且多殷富。在翁与某，一则施德不望报，一则受德不忘报，两贤相遇，皆足以风世。

刘封公

山东诸城刘封翁，素饶于财。值岁荒，斗米千钱，民不聊生。封翁计：「拥厚资，饥民未必甘心坐视而不发难者。」遂决意毁家救荒，活人无算。后其子文正公统勋、孙文清公墉，相继为宰相；曾孙文恭公镮之，官至尚书。仕宦科第，至今不绝，佥谓为善之报。

里乘子曰：封翁决意毁家救荒，可谓卓识。向使封翁当日稍事悭吝，其家业亦未必能保，反得为富不仁之名。由是观之，人不亦乐得为善乎哉！后直隶宝坻李封翁毁家救荒，大略相同，子孙科第仕宦，亦一时称盛。

程太封公

江西新建程太封翁，性耿介，躬耕自食其力。娶太夫人某氏，井臼亲操，雍雍然有梁孟、鲍桓之风。后家道日裕，夫妻力行善事。所制升斗，俱有复底，粜则加板一层，籴则去之。晚年盈资累万，儿孙绕膝。双庆古稀，是日，戚党毕集，太夫人受贺毕，忽入房端坐，仰药而逝。时方暑月，举家悲泣，惶恐无措。以天热不能备礼，草草殡殓；又虑被人口实，仓卒葬于田垄。后有形家过其地，见之，叹曰：「此吉穴也。必热葬易于得气，子孙发祥乃速，且贵不可言。」

不数年间，其孙晴峰先生裔采，辛未进士，官至两湖总督；憩棠先生楙采，甲戌翰林，官至浙江巡抚；霁亭先生奂采，庚辰翰林，官至江苏藩司，兼摄巡抚。其他曾孙，科第仕宦，至今不绝。益服堪舆之言不谬。憩棠先生巡抚吾皖时，予馆于署中，亲为予言之。

里乘子曰：予尝谓天生吉壤，非福德兼隆者不能享；如葬不得法，即发祥也亦不速。程太夫人伉俪甚敦，子孙贤孝。向使非变出意外，其家决不肯草草殡殓，仓卒葬于田垄。可见其仰药时，正天之促其享此吉穴，且使葬之如法也。吁！吉穴讵可妄求哉！

倪封公

吾皖望江倪封翁，为濂舫方伯之父，次郊大令之祖也。尝客金陵。有星者善观气色，决吉凶，百不失一。相公之面，谓气色晦暗，不出一月寿终，促早归部署，迟则无及。公闻之，心甚怏怏，急买舟归。

过芜湖，杖舟江浒。薄暮，登岸野眺。见一少妇抱婴儿，垂涕临江，意欲投水。公问：『汝何人？欲寻短见？』妇拭泪曰：『妾生不辰，良人嗜博。昨赌败，将鬻妾以偿博徒。妾上难舍慈姑，下难抛幼子，展转思维，不如一死。』公问：『身价几何？』曰：『言定二十千矣。』公曰：『此亦细事，汝第抱子回家，我明早携钱给汝夫偿债可也。』妇犹豫不信，公指江为誓，并问姓氏及里居甚详。妇具告之，拭泪叩谢而去。

公归舟，戒榜人勿遽解缆。天明，怀数十金，访至妇家。妇正盼望，见公至，大喜，顾谓姑曰：『此即江干所遇善人也。』公急命其夫遍招博徒来，为偿其资，且戒以后勿再与其夫同局，免致夫妻分离。佥诺诺，连声称叹而去。公又出银三十两，付其夫曰：『此给汝，聊为生计。汝好为之，一家数口庶不致冻馁。汝妇贤孝，予爱而敬之，不揣冒昧，愿寄为吾女。予岁常上下往来，过此必来问讯，有无尚可相通也。』一家闻之，环拜地下，叩公姓名，以便尸祝。公笑曰：『久自知之。』后，公过芜湖，必往探之，举家奉公如神明。其夫已戒赌，善权子母，居然小阜矣。

越岁，公再如金陵，访星者，诘其言何不验。星者见之，惊曰：『公阴骘纹满面，不惟延寿，后福且不可量。』问：『别后作何善事？』公殊茫然，默思：岂即芜湖救妇事乎？再十二年乃终，年已将八十矣。次郊大令为予总角交，尝历历言之最详。

里乘子曰：淮阴侯谓：小人也，为德不卒。观倪封翁，既为偿博资，又给银使为生计，然则为德能卒，斯真君子矣。越岁，星者再见公，惊谓阴骘纹满面，不惟延寿，后福且不可量。谚云『相随心变』，亶其然乎！

李封公

吾皖合肥李玉泉封翁文安，道光戊戌进士。生平笃于天性，躬行君子也。官刑部提牢时，例各囚每饭一勺。公散饭，必期满勺，生熟必亲尝之。又自捐米煎粥，以济晚饭。后收到人犯，狱中瘟疫易作，公恳切为文祷于神；因病俱起。又预制药材以济急。夏，则捐颁蒲扇；每秋，各司捐棉衣，公于每所更添棉被十二件，以备病犯发汗养病之用。种种善事，不可枚举。

公著《愚荃》、《敝帚》二种，上卷《贯垣纪事》，下卷《村居杂景》，每事各纪七绝诗一首，予多采入诗话。而《贯垣纪事》一卷，不惟可备掌故，而后之人踵而行之，功德真非浅鲜。所谓哀矜勿喜，好生之德，洽于民心，封翁有焉。

里乘子曰：闻之萧山汤敦甫相国云，凡事实事求是，即是为圣为贤学问。观李封翁官提牢时所为，真可谓实事求是矣。由是推之，其平日居心行事可知，似续显贵，方兴未艾，其所由来者，不信而有征乎？

叶封翁

吾邑叶封翁凤奎，生性孝友，慷慨好施。母抱痼疾，手奉汤药者，五年如一日。弟客塞外，乃短衣匹马，出关觅之，手足把晤，欢喜过望。兄宦蜀，无嗣，仅一女，卒后，所遗宦囊颇充，一以付女。或谓宜少留作归柩资，公谢曰：『女为兄钟爱，何忍较锱铢，伤骨肉情耶？』遇亲友贫者，不吝推解。有商缓急者，必展转称贷以应。坐此，负累积千金，簏券盈寸，人甘心负约，辄焚去。

方壮年，以事泊镇江，见邻舟一少年色惨变，手持碗饮泣。诘之，哭曰：『家姑苏。从亲故丐数金，被盗路绝，只合仰药死。』公夺掷江中，招之同归，为措资使还。生平好善不倦，多类此。

今公之长子树南，官湖北知县；次毓桐，己未进士，官吏部文选司主事；次树棠，即选教谕；次湛元，辛酉副举人；次毓荣，乙丑进士，官工部屯田司郎中。予昔游蜀，公视如子侄。予又与诸郎君交如兄弟，故得备闻公懿行云尔。

里乘子曰：叶封翁存心忠厚，见人之急，不惜转为称贷以济之。箧中借券恒满，负约者甚多，亦不与较。以故，寄居蜀中数十年，受累不少。予昔游蜀，翁日就谈乡前辈事，娓娓不倦，真不愧先正典型。此摘挺生吏部所撰翁行略中数事，其居心待人，亦可概见矣。

黄勤敏公

乾隆某科，当涂黄勤敏公左田钺入闱，坐某字第一号。薄暮，见号门外一女郎频来窥觑，讶之，以文场那得有女子至此？试危坐以觇其异。更柝初报，女来益数，似欲进号而不敢者。公素有胆略，迫而察之，果一女郎，乱头粗服，而姿色妖丽，颇带怒容。心知非人，因大声叱问：「何处妖魅！到此何事？」女敛衽频蹙，曰：「妾抱沉冤，请命于帝，特来寻第几号某生索命。尚书公请赐垂悯，毋阻妾路幸甚！」

公念某生为同乡社友，倘放女去，性命休矣。又以女称己尚书公，胆益壮。遂谓女曰：「某生系我故人，有何负汝？盍为我言之。」女靦然曰：「妾某氏，父佃生田，征租尝至妾家，屡以游语挑妾。会生失偶，指天信誓，聘妾为继室，决不相负。妾信为真，苟且从之，来往年馀。屡促通媒妁，但漫应之。妾既体孕，又力促之，生遂绝迹不来，且论婚某氏，置妾不齿。无何，妾将分娩，父诘知其由，往告，生坚不肯承。父归诃责，妾力疾自踵生门，将面诘之。生预戒门者，拒勿为通。妾进退无归，乃投缳死。」女且泣且诉，并曰：「人孰无情？似此薄情郎，誓必报之！」

公曰：「汝言固是，然冤宜解不宜结。论生负心，不特汝衔恨九原，即闻者亦无不发指。但系我友，又不忍坐视不救。我今善筹一调停之法，必使服汝心，汝肯从否？」女曰：「公试言之。」曰：「汝与生以怨终，固以恩始。生固难宥，汝须念当初恩好，姑宽一线。当令生对汝书券，约定场后负荆，诣汝父请罪，仍定翁婿，并请汝骨归葬祖茔，册为继配。所娶某氏，生子先祧为汝子；某生倘贵显，诰典当先及汝。并请高行僧道，讽经超度。似此，庶可稍纾汝恨，汝意云何？」女俯首沉思，良久曰：「妾当一遵公命，但未免徼幸薄情郎矣！」

公乃呼生至。骤见女，翼公肘下，骇欲死。公先数其罪，次具道其调停之法，问生允否。生击齿诺诺，连声应曰：「谨如公命。」并向女叩首乞恕。女麾令起，曰：「君休矣！非遇黄公，妾与君一重公案，不知几世方能了结也！」

场后，公恐负女，督生往农家订翁婿，其馀一如所约。是秋，公与生俱捷。后公官大宗伯；某生官至河帅，女封夫人。

里乘子曰：某生薄情已甚，鬼之临场索命，原是应得之罪。幸遇黄公为之调停，竟叨宥恕，鬼始终可谓多情矣。或曰：「某生福命好，所以能遇黄公力为调停，虽鬼极厉，亦无如何。」予曰：此究是某生徼幸而免，向使不遇黄公，又将奈何？即遇黄公，而袖手不为调停，又将奈何！福命虽好，可恃乎哉？况福命有不能尽如某生者乎？文人薄幸，今古甚多，每届临场，无不获报。少年闻此，亦当有以自警矣。

张叔未先生

嘉兴张叔未先生廷济，乾隆丙午秋试，侨居武林。故事，试期多有携杂物踵各寓求售者。某甲至张寓卖货，去时遗布帕一，内裹番饼十饼。先生见为同寓某生拾去，默识不言。少选，某甲踉跄来寻，意甚仓皇，询之某生，怒唾其面，以为诬己，将纠众缚而鞭之。先生急出排解，且谓甲曰：『而物固吾所拾，业将去市物，而勿妄诬人也。』以好言劝慰某生勿与甲较。复自解囊，如数付甲。甲大喜，感激叩谢而去。

先是，甲父以株连逮系，得番饼廿饼便可释归。甲称贷戚友，仅得其半，馀俟售物以足其数。自计失饼，父罪莫释，则己亦不欲生，盖将问诸水滨矣。乃是科先生发解。越六十年道光丙午，其子庆容字稚村，亦登贤书第一，士林荣之。

里乘子曰：叔未先生博学能文，仪征相国阮文达公极所赏识。予弱冠游浙，犹及见之。时先生年已逾七十，身颀而长，白髯垂胸，语言和婉，望而知为有道之士。即此一事，亦可知其胸次超拓，迥异恒流。夫以番饼十饼得两解元，似此便益，谁不愿作？但苦临时吝财难舍耳。或曰：『造物弄人甚巧，安知是科非同寓生解首，暗中即坐此事，竟为先生夺去乎？』予抚掌笑曰：『信如君言，以天道断之，固应若是。」

姚孝廉

吾邑姚孝廉某，耿介醇正，诚笃不欺。某科秋试，苦无资斧，试期既迫，无所为计。忽梦父责其何不赴试，姚以无资对。父曰：「上帝以汝为人不苟，今科应予一第。我三日内于东门外紫来桥下，赐汝元宝一枚。汝勿惮劳苦，连日昧爽自往觅取，勿使旁人拾去也。汝须谨识勿忘。」姚寤后，初以为妄。甫交睫，又梦父来，责其违训不孝，词色甚怒，醒而异之。计姑往觅，即不得，何害？

有粮胥某甲，素善掊克，家于东门，苦热早起。窥姚连日经过其门，踯躞徬徨，不解何故。试叩之，姚附耳遂以梦告，且曰：「今已二日矣，明晨尚须一往，知君无须此戋戋，故敢相告。得否不可知，但须秘之，勿贻外人笑。」抑亦虑其攘夺也，坚嘱再三而别。

甲窃腹嗤其迂，遂以锡熔元宝一枚，将送置桥下给姚，以供一噱。适有友来访，猝藏匮中。友去，匆匆携置桥下。诘旦，又瞰姚踽踽然出东门去，须臾而返，喜容可掬。甲戏低声迎问曰：「今晨可得宝否？」姚点首笑曰：「得之矣。」甲戏相贺，益腹嗤之，因密遣人，伺姚归作何部署。

少选，复命曰：「姚不知何处得一元宝，业兑钱若干，半作家用，半作川资，定于明日买舟赴试矣。」甲大骇，试启匮觇之，则锡宝依然尚在也。急诘纪纲，则曰：「昨曾收某户纳粮元宝一枚，置匮中，公未见也耶？」甲瞪目顿足叱曰：「竖子误我矣！奈何！」盖甲启匮取赝鼎时，初不虞内有真鼎，而误携以去也。急往姚处细告其由，且索返璧。姚让之曰：「我以公长者，故敢质言相告。今乃饰词诈索，何无赖也！」甲语塞。姚是科果领乡荐。

里乘子曰：姚孝廉平日为人，只「耿介醇正，诚笃不欺」八字，天固已尝佑之矣。观其对猾吏附耳密告所梦，亦可见其坦率。乃某甲戏弄腐儒，方自喜其得计，不知己方戏弄人，而天即藉之以戏弄己乎？吾邑当承平极盛之时，凡猾吏之居室衣食，务极奢华，享用过于王侯，挥掷阿堵物如泥沙然，不甚爱惜。将此等不甚爱惜之财以济寒畯，最为得当。吾尤笑某甲误真为赝之后，公然往索返璧，呆蠢极矣。嗟呼！造化默相正人，骗罚狡吏，亦何巧哉！

某公分校

某公分校礼闱，夜阅一卷，文甚平庸。方将弃置，所闻窗外诵云：「火楼火，裸妇躲，狐裘裹，秉烛达旦，尔与我。」声甚宏朗，怪之。复取前卷细玩，真无佳处，又弃置之，窗外诵如前。三置三诵。异而伏窗窥之，见一伟丈夫，赤面长髯，类世所塑汉寿亭侯，后随一女子，徘徊月下。知此卷必有盛德事，爱加评语呈荐，并将所闻所见，婉达主司。主司夜阅其文，颇不惬意，而窗外亦闻有朗诵前语者，窥之，果如某公言，遂拔殿一军。

榜后，其人谒见房师，公谓：『吾之所以取君子者，以德不以文。君究竟作何盛德事？』其人答言：『无有。』公因述所见闻，其人恍然叹曰：『是矣。先是计偕北上，舟泊村市。会市有火灾甚烈。时已夜半，闻有人踉跄上舟，启户视之，见一赤体妇人，蹲伏暗陬，羞栗堪怜。乃脱狐裘，掷使遮裹，呼入船房避寒。妇人固少艾，问知其夫亦系孝廉，益敬而矜之。秉烛达旦，呼舆送归。夫以迹涉可疑，颇相龃龉，且逼令大归。以试期既迫，匆匆解缆，后事不知如何。意者今科徼幸，其以是乎？』

言毕，坐间一同年生，崩角在地，感且泣曰：『吾过矣！吾过矣！吾即夫夫是也。微君言，疑团莫释。今而后乃知世间真有狄梁公，而天道之果不爽也。』公闻之，抚掌称赞，谓：『非盛德君子，焉能若是？』乃命两生缔交，欢逾骨肉。后同年生旋里，喜迎妇归，遂为夫妇如初。

里乘子曰：其人与夫夫出自同门，又同时谒师，足见造物暗中联络之巧，何尝愦愦？即味神所诵之语，质朴大似古繇词，断非凡人所可拟议。

乡场显报

道光乙未科湖南乡试，某生写七律一首于卷上，曰：

千里来观上国光，卷中潜被火焚伤。半生只为淫三女，七届谁怜贴五场。
始信红颜为鬼蜮，悔从黑地结鸳鸯。而今敢告青云士，休道残花艳且香。

闻此生在闱得狂疾，寻卒。

又浙江丁巳补行壬子乙卯两科乡试，一生入闱，在号壁题二绝句，掷笔大叫一声而绝。诗曰：

记否花阴立月时？倚栏偷赋定情诗。而今观试秋风冷，露湿罗鞋君未知。
黄土无情玉骨眠，可怜欢意杳秋烟。何须更织登科记？修到鸳鸯便是仙。

此两生事，皆刘小馨司马亲见者，书以告予。少年子弟，当以为戒。

里乘子曰：福州梁敬叔观察《劝戒续录》亦载前条，系湖南甲午科事。又后一条，林若衣大令云，浙江女鬼系山阴张细娘。

吾乡张生

吾乡张生，巨族也。少美风仪，才华丰蔚。甫成童，入邑庠，长老均以远大期之。父为金匮县令，生随任读书，下帷攻苦，自谓科名可拾芥视之也。

县绅有某公者，典学时，以赇败。令奉檄率弁役，籍没其家，生亦偕往。绅有名园，擅花草竹木之盛，亭台池馆，接构极工。生乘间一游，正流览间，瞥见及笄女郎称娖入山洞去，意其身藏珠宝，亟蹑迹追之。既入洞，以袖拂女郎面，谛视之，盖绝色也。心动，迫与求合。女怒叱曰：『汝何人也？我乃某绅之女，汝敢犯也耶！』生冷笑曰：『汝某绅女，岂不畏我张公子耶？汝父有罪，我知汝身藏珠宝，得失在我掌握，汝敢不畏我耶！』女益怒曰：『我闻「罪人不孥」，经之训也。纵父有罪，何预我事？即身藏珠宝，一弱女子能藏几何？况身藏之物，法所不禁，汝又将奈何我耶！』

生恨其语不逊，勃然怒曰：『汝谓我奈何汝不得，我偏要奈何汝！看汝又奈我何也！』乃叱众役褫去女裳衣，并缓内重私小结束，且褪及行缠，几至不留一缕。见女胸乳菽发，肌白如玉，竟体所藏缠臂金及他珠宝无算。生拊掌大笑，搜掠罄尽而去。女羞忿啜泣，遂投缳死。

越岁秋试，生入闱，各艺起草甫毕，将秉烛缮真。忽闻窸窣声，见一女子搴帘入，视之，即绅女也。大惊，携卷踉跄欲遁。女摇手，嫣然笑曰：『轻薄儿，何其怯也？妾非祸君者，何遁为？』生察其意不恶，心稍壮。叩其来意，女笑曰：『君畏妾，岂以前事未能去怀耶？以前事论之，君固爱妾，非有他意，可惜妾命薄耳。妾不幸枉死，命也，于君何尤？且稽君冥籍，前程远大，感君爱妾私意，特来预贺，今科必中魁选。惟首艺中权遣词尚未妥适，必如此修饰，方为完璧。』生细思之，良然，果如女言，重加改订。女并为斟酌数字，始称尽美尽善。女笑曰：『得之矣。二三场好自为之，但求无弊，便可高枕坦卧，静听捷音，妾去矣。』欻然遽逝。

生怅然神痴者久之，深感女意，又自悔前事孟浪，未免薄情太甚，然已无可如何矣。及揭晓，果中经魁。时生父已罢官家居，闻生闱中事，窃幸女不念旧恶；既得捷报，老怀愈增快慰。贺客阙门，乐不可支。献岁即趣子束装，计偕北上，以谓指日可作老封君矣。

生去不数日，乃翁日晡假寐胡床，倏见女子披发伸舌来前，怒容满面，戟手指而詈之曰：「老贼尚在此梦梦耶！汝子乘人之危，无礼于妾，致死非命。汝初既失义方之教，后又无悔祸之心，犹痴顽无耻，妄想作老封君耶！妾在闱中，非不能索汝子之命，然等闲措大，犹不足以大伤厥考心，必令其小有得意，使老贼快慰之馀，愈生奢望，然后妾乃得而甘心焉。则厥考之心伤矣。实告老贼，汝仅此子，妾稽其冥籍，秩居极品，寿臻期颐。妾请命于帝，已罚削殆尽，许妾于芦沟桥旅次报仇泄忿矣。汝尚梦梦，妄想作老封君耶？」遽前批其颊曰：「汝如不信，不日当有好音至矣！」其父惊觉，知其不祥，亟遣使兼程追生归。使至中途，见傔从已扶生柩南旋，果于芦沟桥旅次自经云。乃翁闻信，怨懊自挝，郁郁不乐，寻卒。其嗣以斩。

里乘子曰：初女与生抵悟，其言理直气壮。生稍有天良，即当引咎自责，谢过不遑。乃恶其不逊，窘辱不留馀地，反拊掌大笑，自鸣得意，是诚纨袴恶少之所为，岂复成读书君子哉！致女饮恨枉死，其不能甘心于生也审矣。「乘人之危」四字，诛心之论；订生爱书，可谓铁案。顾女欲报怨于生，先乃显斥其父，良以生之轻薄，必其父平日骄纵怙恶，有以酿成。所谓「初失义方之教」、

「后无悔祸之心」二语，又是老吏断狱，以此归咎，乃翁虽百喙不能辞责。女言「汝仅此子」四字，最为刺心；且告以冥籍云云，更属恶极。意谓汝子前程远大，非寻常措大可比，姑令小有得意，以为明效；然后于乃翁妄存奢望时，下一辣手，使老怀快慰，乐不可支者，转而伤心怨懊，郁郁不乐以死，且斩其嗣，报亦惨矣！观女闱中绐生之言，玩弄孺子，直同儿戏，的是妙人。但不知芦沟桥旅次报仇泄忿时又作何状，想必另换一副面孔，不似前嫣然含笑矣。惜张生一去，不能起于九原而问之也。此事予儿时即习闻之，晤我友张南耕大令光甲，询之良然。大令与生同族，并言其领乡荐时，年才十有八耳。

张玉常观察

吾乡张玉常观察曾飏，大学士文端公曾孙，少司空讳廷瑑之孙也。未达时，赴金陵秋试，舟次牛渚，见上流一女尸，赤体浮水面。观察恻然，亟命榜人援置岸上，以红氍毹裹之；又出钱市棺，殡瘗义山，树碣识之而去。

是科，房官某公与典试官在闱，每夜阅卷毕，就寝甫交睫，即见一红衣女子立帐外，口诵「且士林有气节，而后朝廷有功名」二句。及阅观察卷，开讲恰此二语，首题乃「宪问耻，子曰：邦有道穀」也。房官、典试官俱窃异之。阅其文，通幅称是，意是名手，且系盛德君子，故一经呈荐，即拔冠多士。既揭晓，房官、典试官话及前梦，彼此相符，叹为奇事。及观察谒见，俱以所梦询之。观察沉思良久，意是葬女一事，因具以告，始各恍然。

里乘子曰：似此等善事，所谓易如折枝，人人能为，乃守钱奴视若无睹，诚为可叹耳。

张南耕大令言，先是有怀宁县宿儒赵汝谐者，前科落第，以来岁有庆榜，决意不归，僦居兰若，下帷待试。除夕，梦至佛殿，闻数人聚语，姑伏暗陬侦之。闻一人言：「明秋江南乡试，未审名数定否？」一人答曰：「定矣。」曰：「十八魁何人也？」曰：「第一名解元，桐城县张曾飏。」后历数至十八名，其第九名则系赵名，心窃喜之。又闻问曰：「闱艺何人所拟？」答曰：「拟者系方望溪先生及某某诸公。」曰：「颇识之否？」曰：「颇能识之。首艺题「宪问耻，子曰：邦有道穀」。」乃历将所拟十八魁文一一朗诵毕。赵澄心定神，一一默识。忽闻寺中钟鼓声，惊觉，见东方已白。诧为奇梦，亟披衣起，濡笔默书第一名文，却一字不复记忆，惟记得第九名一篇，姑录藏行箧，以观后验。

及入闱，果是此题，赵大喜，爰走笔录就。时号门未开，不能交卷，偶至第几号，见其人正缮首艺，以后二比有出无对，思索殊苦。赵觇卷面籍贯姓名，恰是桐城张某，又窥其文，前幅果即梦中所闻第一名之作。以有所触，后幅遂复记忆。因抚其人肩曰：「公何思之苦耶？」其人怒曰：「我自苦思，干卿甚事！何相嬲也？」赵笑曰：「公请息怒，此文小子仿佛识之。」索笔一挥而就。

张读之，愕然曰：『公何由知我心也？顷构思正复如是，但苦未就耳。』赵附耳密以梦告，并戒勿泄，张亦窃喜。揭晓，果然。两人由是订交，较他同年，情谊倍觉亲厚云。由此观之，足征科名自有定数，岂人力所能为耶？

余镜湖太史

咸丰己未秋，粤寇尚窃据金陵，暂借浙闱，举行江南乡试。婺源余镜湖太史鉴，时为诸生，寄居如皋。资斧无措，几不能应试，赖各友醵助，始克束装就道。将至浙省，停车河畔待渡，见前舟渡人甚多，半是赴试者。中流大风骤起，溜疾舟重，遂致覆溺。

太史恻然，亟以手指车大声呼曰：『我带路资甚丰，有能援一人上岸者，酬白金百镒。』濒河居民多习泅水，时方秋获，农人贪财，咸辍业从田中趋至，争脱衣下河，将所溺之人尽拯置岸上，俱庆再生。众向太史索酬，太史又笑指曰：『我资具在车上，尔曹自取可也。』众展其衾被，惟铜钱十馀千文；又启视箱中，则旧衣数袭、破书数本而已。

众索然失望，问曰：『君资何在？』曰：『我资具在此，不汝欺也。』曰：『然则一人百金之说何谓也？』太史笑曰：『我姑妄言之耳。尔曹如谓我食言，所拯诸人俱在，生死惟君，既援之上岸，再推之下水如何？』众哗然曰：『君颠也耶？天下只有救命，那有戕命之理！』太史笑曰：

『若然，尔曹即当行一善事，请不必再较锱铢矣！』遂取钱十千给众曰：『戋戋薄敬，聊以塞责。』众相视无可如何，瓜分其钱而去。是科，太史登贤书第一名。此亦张南耕大令为予言者。

里乘子曰：大令并言，太史素抱不羁之才，兄升，字见龙，幼举武孝廉。其封翁正行先生，精越人术，侨居如皋四十馀年，为人治疾，遇贫穷者不惟不责谢，且施药饵，历久不懈。即此阴德不小，彼苍能不默有以报之哉！观太史仓猝应变，指车一呼，众人云集。似此急智，亦人所难及；况倾资分贶，毫无吝色，谓非豪杰之士乎？宜其弁冕贤书而簪毫词馆也。

甲乙偕试

甲与乙偕赴秋试，袱被同车。日暮失路，见前有茅屋数椽，因往叩门，闻内哭声甚哀。久之，哭声甫辍，一老妇手篝灯开门，问：『客胡为者？』甲乙以失路借宿告。老妇曰：『我家无男子，屋又湫隘，奈何？』甲乙恳曰：『便假容膝地，得免露宿，受惠不浅，他无求也。』老妇曰：『既不嫌亵，敢不如命。』

甲乙大喜，命仆解装，同随老妇入，展被于地，将坐以待旦。乃问老妇：『姆家男子何往？顷闻哭声，何哀之深也？』老妇叹曰：『亡夫亡儿，俱为诸生，颇负微名。前岁大疫，不幸相继而逝。今将服满，孀姑孀妇难以存活。况亡人去世时，殡殓绌资，不无债负，不得已将儿妇改醮。昨甫有成说，姑妇难分，是以哀耳。」

甲乙闻之恻然，问：「身价几何？」曰：「已说定白金四十两，择日人财两交矣。」曰：「汝妇毕竟愿守愿去？」老妇泣曰：「我妇素贤孝，如愿去，不待服满矣！今实逼处此，难再迁延，那得不悲！」甲乙又问其父子姓名，知无虚妄，不胜太息。因附耳筹议，谓老妇曰：「我二人敬汝妇贤孝，又怜汝姑妇难分，愿赠白金四十两，免汝妇改醮，何如？」老妇闻言，裣衽伏地，泣谢曰：「若此，恩同再造，结草莫报。」甲乙急掖老妇起，启箧出金，如数付讫。天明兴辞而去。

时七月中旬，新秋残暑，晴雨不时。一日晡后，暴雨如注，薄暮始霁，泥淖，车艰于行。方踌躇间，月出东山，皎若晶镜。路旁有一小屋，门外二人徘徊，若有所待。见甲乙至，拱手前迎曰：「两先生辛苦哉！如不嫌蜗居，敢请税驾。」甲乙就视，前一老者，苍髯垂胸，年可五十许；后一少者，年约三十以来。亟与为礼，曰：「吾侪正苦栖止无所，荷长者高谊挽留，感甚！惟仓猝干扰，未免太率。」老者曰：「二公休得谦让，蜗居狭陋，勿罪为幸。」遂肃客入。

屋止一楹，东西对设二榻，馀无长物。命仆解装宿西榻，请甲乙展被东榻。宾主席地环坐，老者命少者出酒肴列地上，笑曰：「执炊无人，暮夜不能举火，有屈两先生冷啜，殊愧人也。」甲乙谢曰：「天气尚暖，冷啜何碍？」彼此酬酢，谈笑甚欢。甲乙叩问主人姓名，笑而不答。

少选，月至中天，明河横练。老者笑曰：「良夜逢嘉客，闷饮殊属无趣。两先生志切观光，何妨各拟三艺，以消良夜？」少者曰：「诺。」爰出纸笔，拈四书题三，强甲乙同作。甲乙构思颇苦，见老者少者走笔风驰，顷刻三艺各就。老者汇付甲乙曰：「我二人遁迹荒郊，不谈此调久矣。草草急就，敢求斧正。」甲乙读之，叹为杰作，自愧不及。老者曰：「夜将阑矣，两先生请少寐，以待明发。老夫亦倦欲眠，不能久陪矣。」言毕，与少者枕藉地上，倏已熟睡。甲乙以行路劳乏，一偃仰便入黑甜。

无何，仆醒，见己身与甲乙各卧厝柩上，大惊，亟呼甲乙起，互相骇愕，拂视前和，书有姓名，盖即老妇之夫若子也。心知有异，喜夜作各艺俱在，分藏箧中。入闱，果此三题，录之，果同中式。春闱，复联捷成进士。甲乙不忘鬼德，又各馈老妇百金，并为其子妇请旌于朝，以表贤孝焉。

里乘子曰：鬼知报德，足征杜回结草之言不妄。此定远方芷春茂才为予言者。芷春并能历举其姓名，惜予不复记忆矣。

林妃雪

熊生瑞缥，字凡庵，姑苏太湖厅人。性倜傥，容止甚都。读书邓尉山中，冬夜，漏二下，霜月满天，清辉皎洁，顾而乐之，徘徊忘寐。忽闻管弦声，抑扬盈耳，若远若近。信步迹之，数武，见深林中楼台窅霭，气象庄严。石兽当门，双扉未阖，堂皇灯烛辉煌，人影幢幢，往来蹀躞。潜蹑足，次且入内，伏窗窃窥：一美人宫装上坐，年可三十许；右侧坐一美人，齿亦相等，着淡黄绡衫，手弹箜篌；联肩坐一美人，年二十以来，着葱绿水云之裾，两腕约金玉条脱，手摩玉笛；对坐一美人，衣绛绡帔，年可十七八，鬓边贴翠钿，轻拍牙板，疾徐中节；其馀满堂姝丽，年皆二十上下，列坐倾听，所衣各色不同，类皆轻绡软縠，更无一人着羔狐者。窃怪时方苦寒，何不畏冷？

少选曲终，上坐美人赞曰：『南昌夫人古调独弹，一洗筝琶俗响，我辈何幸，闻所未闻。』黄衫美人谦曰：『三日不弹，手生荆棘，蒙贤妃谬赞，更觉可羞。』东坐一美人，着藕色五铢之衣者，笑曰：『夫人曲终奏雅，毫发无憾。惟罗夫人笛声入破，稍滞半板。赖贵主灵心妙腕，巧为偷声，不然，几难合拍。意者心念羊生，神移手涩耶？』

上坐者笑曰：『欲加之罪，何患无辞。似此吹毛索瘢，得勿令夫人齿冷？』着葱绿者叹曰：『妾当日不过念羊生尚有仙骨，不惜以一粒金丹度其出世，固无他事。一经慧业文人哓哓饶舌，遂不觉轻薄殆尽矣！』西坐一衣青绡褂者笑曰：『姊姊与羊生一段因缘，尚属形迹可疑；尤可笑者赵师雄小子，偶然醉寐，梦中便妄生幻想，若非翠羽唤醒，又要造出几许黑白矣。』东坐一衣紫罗襦者笑曰：『师雄仅托于梦，犹不敢公然唐突。惟有老逋无赖，判将一种清寒骨，老气横秋，硬呼我辈作妻，不尤令人喷饭耶！』满堂大笑。

上坐者曰：『卿等亦不必过于恶谑，我辈伏处山林，亦全赖好事才人品题渲染，聊为林下生色。况神仙眷属，自古尽多，固无足怪。但今夕快聆妙绪，闺阁情形，未免毕露。倘属垣有耳，不又传为谈柄耶？』

乃命侍儿出阖户，即有丽婢三五辈持烛联袂出，瞥见生，惊呼：『有贼！』内问：『何在？』群婢前推后挽，将生拥跽堂下。上坐叱问：『何处狂生？黄夜偷觑人家内阃，罪该万死！复有何说？』生幸近群美，自贺死得其所，因从容自陈邦族，叩称实系误犯，罪知不赦，但求赐死。

着淡黄衫者叱曰：『既系秀才，定知守礼，论汝罪在不赦；姑念书生无知，贤妃爱才，汝如能拟庾子山《咏画屏风》诗第一首，称妃旨，我辈当为缓颊。』生不假思索，即次原韵，口占以应曰：

仙境四时春，梅花堪结邻。顾影只自赏，索笑岂无人？
绿萼镜中鬓，红英醉后唇。碧天霜月净，辉映增精神。

群美同声赞其敏捷，且谓子山此诗，即唐人五律之祖，和诗雅近初唐，足以赎罪。

上坐者笑曰：『始以君子为风狂儿，不谓竟是风雅士，休怪孟浪。』乃命生起，赐坐。生三让，然后就位。上坐者曰：『即遇嘉客，不可无酒。』乃命设三席，独坐生于东席，中西两席，群美环坐。生默数共十有五人。遍添松明，照耀如昼。顷刻水陆杂陈，凡龙肝麟脯、冰桃火枣之属毕具。行酒侍儿，靡不佳妙。唯肴酒皆冷，酒入口，寒沁齿牙，而甘芳异常，下咽顿觉肺腑清爽，肢体舒泰。生量素宏，连飞十数觥，众赏其豪。

上坐者命各拈经史中「梅」字流觞，禁用唐以后诗词，生屡犯令受罚。又问：「古以梅为氏者谁先？」或曰：「梅宛陵。」或曰：「梅福。」或曰：「梅涓。」生谓：「殷大夫梅柏谏纣炮烙死，当以此为最先。」众谓：「稗官不足信，应倍罚。」生争见《路史》，众谓杜撰，因满引一大斗，促立饮。生不得已，一饮而罄，众益豪之，约轮流把盏。

接坐一女郎，着淡白绡衫，年可十五六，齿最稚，时已微醺，笑靥双涡，目波剪水，色尤娇艳，最后把盏。生故辞让，久之接盏，阴捎其掌。女郎一笑，盏堕地，砰然有声。四座大哗，谓应罚十爵。生避席曰：「鲰生幸叨宠遇，得预盛筵，不觉饮已逾量。倘再贪杯，必致失仪，敢辞。」众不许。上坐命：「再尽三爵，而后罢席。」生如命饮讫。上坐者谓生曰：「妾自膺宝敕，管领花魁，伏处山林，久与尘世疏隔。不虞君忽涉玉趾，良非偶然。」因指白衫女郎，谓：「是儿与君固有夙缘，今夕良辰，合当遣奉裳衣，君其无辞。」生喜出非望，仓猝莫知所对，唯唯而已。寻命侍儿撤烛，送两人归寝，群美各亦告退。

侍儿导生至东院，一月洞门，门内白石嵌地，其平如掌。历阶而升，循廊左转，有屋十馀椽，楣上榜「暖香精舍」四字，复室曲房，连犿窈窕。室内图书满架，鼎彝罗列，绝无俗玩。而青庐中，床奁衾枕，壹皆新制，一似咄嗟猝办者。几上烧桦烛如臂，壁悬吴道子所画《嫦娥窃药图》，两傍悬杨少师行楷一联云：「绿水鸳鸯芙蓉池沼，青春鹦鹉杨柳楼台。」旁设杨妃榻，有围屏十二幅，前十幅系边鸾所画梅花，末两幅系花蕊夫人楷书宋广平《梅花赋》。时虽严冬，满室盎然有春气。

侍儿拽扉既去，生叩女郎姓名，自言：「妃雪林氏，小字皑蕾。」问：「上坐美人为谁？」答：「为江妃采蘋；弹箜篌者，乃神仙尉之夫人，即严陵外姑也；倚笛者萼绿华；拍板者寿阳公主。」其他一一称述。

生听村鸡已鸣，因趣就寝，相将入帏，备极嬿婉。觉一种奇香出自女郎肌肤，汗气微带酒醺，异常扑鼻，因问：「顷所饮酒是何曲蘖，如此甘芳？」妃雪笑曰：「君真俗物。此酒乃采百花之精，以甘露酝酿而成。上者为沆精，次者为瀣髓。顷所饮者，尚是次等；君若饮沆精，更不知颠倒何若也。」生不禁称羡，叹曰：「安得一尝沆精，愿斯足矣！」妃雪笑曰：「君休妄想。沆精惟真仙可饮，俗人饮之，反伤脏腑，为害不浅。」

生闻而大惊，固疑妃雪非人。为爱其美，又以其语言和婉，似非祸己者，遂亦不畏。因问：「卿所言江妃诸人，去今千百馀年，何得尚在？」曰：「江妃本黄姑之妹，上帝念其平日无过，且素爱梅，谪满后，乃命司掌梅花。若妾等则各有所司，要皆归其管领。以与君前世有缘，故蒙赐以逑好。」生笑曰：「信如卿言，是亦仙子无疑。小生幸近芗泽，乐而忘死，倘不及时细意领略，恐有日分离，悔之无及。」遂捧其颊而逐逐嗅之。妃雪低笑曰：「狂生罗唣矣。」

晨起，同往朝江妃。妃谓生曰：「林妹妙龄慧质，妾所珍爱。今既遣事君子，可在此小住。俟梅花盛开，当召客为贺。」生顿首谢。

生尝阅室内藏书，各帙皆有牙签编志甲乙，书名多目所未睹。内有百函，小篆署『天地心』三字，偶披览之，皆备载古今梅花故实，并历代诗词歌赋，卷末以高青丘诗终。方循玩间，妃雪适至，问：『古人言梅如「盐梅」「摽梅」，皆只言实而不言花。以梅花入诗，始自何人？』生曰：『卿忘也耶？前小生所拟庾子山诗，即咏梅花之始。』妃雪笑曰：『卿休矣。子山以前，不已有陆凯、鲍照耶？』生辩曰：『不然。咏梅花要以《葩经》「山有嘉卉，侯栗侯梅」为始，所谓卉者，即花是也。』妃雪笑曰：『君如遇觞政，又当受罚。如以卉为花，则栗花固未见嘉也。』相与拊掌。

生暇，从妃雪游，见屋之四围，纵横数里，尽是梅树，不下数万株。蓓蕾繁密，每低徊其下，盼其速放。瞬近上元，开者渐多，各色缤纷，迷离炫目，直如万顷晴霞。

诘旦，传江妃命召客。妃雪晨起浓汝，戒生勿出。日晡，喧言客至。妃雪携生登后一小楼，窗皆嵌以五色颇黎。生倚窗遥窥，则见美人数辈，从天而降。有骑龙者，有骑虎者，有骑鸾凤鵁鶄者，所乘奇禽异兽，类多不识。末一人，骑五色蝴蝶，翅如车轮，栩栩可爱，其衣裳钗舄，迥与世别。

妃雪密告生以群仙之名：骑龙者，上元夫人；骑虎者，吴采鸾；骑蝶者，罗浮君；其馀董双成、范成君、许飞琼、纪离容、李庆孙、郭密香、段安香、婉凌华、石公子、王子登、杜兰香、麻姑、毛女、嫦娥、织女、女几、弄玉、碧霞君、云和夫人等，不可胜记。

江妃率众相迎，上元夫人问：『林婢何匿不出见客？岂贪恋新郎，寸刻不舍耶？』生闻之，急推妃雪出。罗浮君见之，携手先言曰：『林妹出落风流，天然可爱，腹中已有俗种，犹腼腆乔妆处子何为？』妃雪面发赤，一一稽首问讯。上元夫人谓：『今夕元夜，我辈当趁良宵嘉会，为林婢添妆上鬟。』佥应曰：『诺。』

江妃肃客升堂，肆筵设席，八音迭奏，主客尽欢。薄暮，江妃命树间悉悬灯烛，作卜夜之游。俄而，皓月渐升，群仙庋庯游戏花间。月影灯辉，花光人面，互相照映，愈觉精神。未几，蟾魄西斜，群仙始各兴辞，翩跹花杪，缓缓凌空而去。

妃雪招生下楼，生视群仙已为上鬟，较前更增妩媚。妃雪胪列群仙所赐木难、火齐、琅玕、珊瑚等物，皆世罕有。

亡何，落英盖地，密叶成阴，生抚时感物，凄然有故乡之思。妃雪已知之，谓：『君欲归乎？』生曰：『诚如卿言。故土可怀，新人难舍，奈何？』妃雪叹曰：『人生悲欢离合，自有定数。如不令秋扇见捐，又何愁破镜不合！正无须琐琐作儿女子态也！』

越日，即白江妃，为生祖饯。群美毕集，江妃自倚玉笛，命妃雪歌〔梅花落〕曲，以送生行。妃雪低鬟敛容，曼音歌曰：『昨日梅花开，今日梅花落。明知花落时，何不早行乐？乐乐乐，送君懒劝白玉杓。』初阕甫毕，举座相视，皆有离别可怜之色。又命再歌后阕，妃雪以绡帕拭目，裣衽再歌曰：『今日梅花落，后日梅花开。花开厌孤赏，盼君早归来。来来来，待君满引黄金杯。』歌毕，众皆称妙。谓：「后会有期，此歌定征佳谶，足以破涕为笑。」

生起作别。江妃赐明珠四双，南昌夫人以次各有所馈。妃雪又取前群仙所赐，并自脱金钗珠珥等物，以锦帕裹好，纳生怀内。招玄鹤一只，与生并坐，自送生行。嘱：「闭目勿视。」但闻鹤起空际，耳畔风声习习，约一炊许，妃雪呼曰：「止。」生启目视之，人鹤俱杳，身立郊外，距家门不过数武。急趋至家，妻见之，悲喜交集。

先是，生夜出，逾日不归，馆主人疑其归家。既而，妻使人招生，始共诧异。妻钟氏美而贤，检生衣物俱在，又以生好为狭斜游，疑有所昵，姑置之。至是，生具述所遇，屈指流连将两月。共猜遇仙，因绣江妃及群仙像祀之。生乃出所贶各物，拣鬻数事，已得资巨万，营田宅，蓄仆婢，居然大家。惟念妃雪不置，托故仍如旧馆，潜访其处。青山白云，茫无所有，惟老梅万本，接叶交柯；无数野鸟，回翔啁哳于其间而已。叹息零涕而返。

越岁，生方家居，忽有道士款关来访，自称苋陆山人。怀中绷一婴儿，解以授生，附书一缄。生拆读之，云：

自阻光尘，瞬轮寒燠。计故人之无恙，思君子兮弗谖。非无缩地之方，克期可至；惜少回天之力，夺命为难。诚以聚散靡常，悲欢难一，迟速固有定数，毫忽不可强求。果其白首有心，彼此静以待之，未必无合并时也。兹以正月初吉，一索得男，敬浼上仙，寄还嗣体。是儿福相，远过乃父。悬知夫人贤淑，腓字覆翼，实嘉赖之。嗟乎！碧云千里，皎日一心，倚竹有怀，飞蓬莫沐。谁能遣此，花浓蝶聚之天；无可奈何，月落乌啼之夜。伏惟保护动履，敛摄闲情。倘蒙念旧殷拳，则玩儿股掌，见子即如见其母可也。林氏妃雪笺上，并颂夫人奁祉。

生阅书大恸。款留道士，自抱子入内付妻。妻方苦不育，得子大喜，名曰毓仙。生出谢道士，并求借访妃雪所在。道士不肯，坚求不已。生阶前故有红梅一株，道士袖出一玉杯授生，嘱日挹杯水浇之，俟红梅变白，自可与意中人相见。生再拜受杯，酬以黄金，不受而去。

生果如言，日浇杯水，祝其速变。至七八年，红色渐杀；十年，花开全成白色，粉搓玉琢，一片晶莹。生顾而狂喜，时对花踯躅，以盼好音。一夜，明月方中，独立花阴，正有所思，忽有人拊其背曰：「故人别来无恙！良夜迢迢，得毋岑寂不？」生惊视之，乃是妃雪。大喜，携手至斋中，备诉相思之苦。

妃雪笑曰：「君不言，妾已知之。江妃感绣像之祀，喜君志诚，又恐始终不能如一，故命道人授玉杯以试之。果蒙用情之专，历久不懈，不似寻常轻薄儿，始命妾来，从此可常聚首矣。」翌旦，生挈妃雪朝妻，妻疑为仙，齿序姊妹。时子已十岁，聪慧绝伦，自塾中唤归拜母。妃雪笑抚其顶曰：「儿有母覆育，忘所自出矣。」

妃雪和婉娴静，生妻亦爱好之，不与争夕，而妃雪则每劝生就妻寝。其平居与人无异，惟偶食瓜果，绝不尝烟火物。临下谦而且惠，每遇失物，辄知盗自何人，藏于何处，即使其人自行献出，并戒生勿苛责人。以此奉如神明，敬且畏之。

生尝问苋陆山人，知为羊真人权。因问：『真人至今尚与罗夫人相聚不？』曰：『仙人眷属与人世伉俪不同，大抵仙人相交以神不以迹，相接以气不以形。交以神者，千里不啻一室，即或有时相聚，则以气相接，而两情融洽，真极细缊化醇之乐。不比人世，必琴瑟而后谓静好，床第而后谓恩爱也。』

生闻之，恍然顿悟，因求授神交气接之方。妃雪笑曰：『汝根基浅薄，何遽欲作神仙功课耶？』生问：『神仙功课，当从何作起？』曰：『当从善事作起。凡人能行百善者，可登上寿；能行千善者，可作鬼仙；能行万善者，可作地仙；如能行十万善者，则可身超三界，而为大罗天仙矣。君其勉之。』生极为首肯。自是力行善事。

时毓仙十七岁，已入翰林，弱冠典学楚南，奉敕迎养。生方求学道，不乐远行，遂与妃雪留家，惟钟夫人一人前往。妃雪寄金刀二柄，付毓仙藏之，以备不虞。后果遇盗，见空中有金甲神拥护，盗不敢犯；又尝过洞庭，大风掀天，覆舟甚多，金刀忽跃出匣，化二金龙，夹舟泊岸，刀仍自还匣中。毓仙知母仙人，焚香遥拜而珍藏之。

生幼好学，著作甚富，垂老孜孜不倦，汇集全稿，将谋付梓。妃雪取而火之，笑谓生曰：『君一生徒务虚名，不知名为造物所最忌。古今享大名者，境多蹇塞；不如藏拙，为子孙造福。』生以毕生心血一旦焚弃，殊甚懊惜，而已无可如何，只合付之一笑。从此专心致志，与妃雪讲求玄理。初教以按摩吐纳之术，久之渐能辟谷。年过八十，面貌居然少年。妃雪将七十，望之犹如处子。

时毓仙长子鼎，年十八，已入词馆；次子彝，年十七，亦登贤书。毓仙皆遣回事亲，妃雪大喜，自为择妇，皆称嘉耦。逾年各举一子。祖父母出，与孙儿妇齿相若，不知者多以为昆季宛若焉。妃雪笑谓生曰：「古云『人老成精』，若我辈久混世间，虽不成精，亦难免人窃议，不如撒手为高。」生亦为然。乃作遗训付二孙，夫妇衣冠端坐，含笑并蜕。

毓仙已晋卿贰，京邸闻讣，星夜奔丧。归葬，舁棺轻若无物，人多以为尸解。斋前白梅，自后花开并蒂，家每有喜庆事，结实愈多。子孙至今犹以之占休咎焉。

里乘子曰：神仙未有不多情者。观江妃之试熊生，以其用情之专，乃许永谐逑好，足见神仙眷属不能忘情。必谓七情俱绝，始可入道，吾不信也。至妃雪教生求仙之方，惟在力行善事，然则求仙并非甚难，特患人不肯行善耳。何物熊生，得此奇遇，朱颜不老，含笑同归，来去分明，得勿令刘、阮羡杀耶！

夜话

予客滦州，冬夜与陈果堂参军、葛少莪司马、倪次郊刺史围炉瀹茗，各述先德。果堂言，其祖焕文公讳章，少而读律，每在幕府，办公惟谨。其祖母沈太君，内助行善，御下慈爱，臧获有过，亦不肯以疾言厉色相加。老年奉佛茹素，子孙进甘旨，悉却之，但偶食螺蛳数枚而已。邻有某甲走无常，尝至阴司，见有房屋一所，金碧焜耀，内设龙头几杖，各物陈设精洁，门上横额四字，甲故不识一丁，不知云何。惟见额四旁栖螺蛳数枚，蠕蠕然动，亦不喻其何意。忽一人来，甲试叩之，其人答曰：『此陈十八太娘之第也，君未知耶？』十八者，其祖行；太娘者，其土称也。后为沈太君述之，为之悚然，遂不复食螺。

又言，其外大父清苑孙翁，少遭伯奇之厄，卒能以至诚感化。后出而读律，每阅爰书，细意平反。尝夜祷告鬼神，倘有冤屈，乞于梦中相示。娶叶孺人，相助行善，惟恐不及。夫妻矜惜贫苦，老而逾笃。至今子孙科第相承弗替，人以为天之报施善人为不爽也。

少莪言，其祖母吴太君，好行善事，愈老愈笃。丐者求食，必热而给之。或叩其故，曰：『残羹冷炙，最易伤人。况若曹饥饱不时，肠胃疲败，若滞以冷物，必速其病，是非行善，适所以害之也。』闻者称叹。是可为给食丐人之法。

次郊言，其本生祖母某太夫人，性慈善，平生矜孤恤寡，敬老怜贫，无微不至。冬月，遇穷媪寒冷，辄解身所着棉袄裤予之，己则恒自忍冻，虽子孙不告之。此所谓阴德耳鸣也。是与予曾祖妣殷太君绝相类。

初，曾祖父石村公，由拔贡中顺天南元，大挑知县，改就教职，官高邮州学正，嘉惠士林，州人至今称颂。考终任所，宦橐萧条。时先王父问凫公尚未成童，曾祖妣殷太君扶榇携孤归里，亲自课读，日仅薄饳充饥而已。以家道零落，井臼躬操，并于荒山自锄地开垦，荷篓负锸，不惮劳苦。性极慈善，遇贫苦必设法周济，虽忍饥耐冻而不辞也。既先王父捷秋闱，报至，适殷太君在圃种菜，就问居止。太君笑而指示之。或谓：『此即太夫人也。』报人相顾诧叹。自是日用差给。太君冬月皮衣，恒质以济人，先王父为之赎取，一至春暖，又付典库矣。平居训先王父居官为人之道，壹以廉正慈爱为本。故先王父官楚南，历宰安仁、安福、会同等县，不名一钱，见背后几不能归梓。同时邑中多显宦，归时类获重资，不几何而后嗣凌夷，华屋为墟，良田易主矣，而吾家寒素固如故也。殷太君殁，先祖妣程太君，踵其遗法，斠若画一。至本生先妣史太恭人，生性慈和，最喜隐恶扬善。平居自奉俭约，家大人好客，客至，烹饪必躬亲之，脍炙丰腆，不少吝啬。村妪为先妣执炊，间窃米盐等物。或以告先妣，先妣置若罔闻。问之，则曰：『此细事，我所失有限，若曹得少沾润，不无小补。一经道破，纵不致变生事外，倘他人闻之，相戒勿纳，是绝其给役之路，彼将何以自存耶！』乡党贤之，至今犹称道弗衰。昨予归自京师，家大人训之云：『族中有扶鸾者，先妣与先伯母陈太君降坛，谓同膺上帝敕封，先妣为东隅老人，先伯母为西隅老人，同在北海镇守海怪，三年无过，例当迁擢。』今三年矣，又未知量移何若也。惟予小子不肖，因循苟且，不自奋励，少遂显扬，增光泉壤，以慰在天之灵。清夜自思，能勿愧乎！能勿勉乎！

吴真人

吾邑明季有吴某者，性至孝，曾两刲左右臂疗父母疾。家贫，贩鱼为业。父母所欲，必竭力奉之，甘旨无或缺。他日贩鱼归，见道左一兀丐，两足自膝以下、踝以上，腐烂无完肤，脓血狼藉，臭不可迩。行路者掩鼻而过，吴独顾而叹息，心窃怜之。

兀丐叱曰：「汝胡为者！顾吾足而叹，得勿憎厌我耶？」吴谢曰：「否否。吾叹子之足创甚，而怜其不良于行，恨无术可以疗之，何憎厌之与有！」丐笑曰：「如此甚善。顾吾患此数十年，经多医，无少效。佥谓必得一义士跪而舐之，患当已。汝果惠而怜我，能如医者言，姑一试之，可乎？」吴曰：「此惠而不费，果能已子之患，快莫大焉。有何不可？」丐遽伸两足，顾谓吴曰：「来来，请尝试之。」

吴面无难色，果伏地次第跪舐，但觉芳香扑鼻，不闻其臭。舐讫，痂落盈掬，肤柔润如切肪，光可鉴影，心窃称异。丐叹曰：「汝真义士也！实知汝，我非他，乃拐仙也。夙耳汝好义，今果然，真仙材也！汝能从我游乎？」吴叩首谢曰：「仙师不弃，幸甚！徒以有老亲在，事养需人，不敢奉教。」丐赞曰：「汝根器甚深，上帝鉴汝孝思，久已名注仙籍。我姑授以大道，汝归而时习之。至时，再来度汝出世。汝掬中痂，慎勿轻弃。一痂可活万鱼，多者汝自服之，可以却病延年，胜寻常丹药万万也。」

吴自舐创后，心地光明，顿增智慧，跪受仙教，入耳即悟。归家试取片痂置鱼篮中，枯鱼无数尽活，味且鲜美。自是，价倍他贩。不数年，居然小阜。乃买田润屋，娶妻生子。亲殁，殡葬尽礼，庐墓三年。为子授室，即以家事付之，绝不过问。每遇旱涝，迫于乡人之请，祷晴祈雨，辄有验。乡人多受其福，群以「真人」呼之。

邑有某公子者，素好客。吴尝出入其门，与之游戏。座上有崔道士，江西人，固天师府法官也。少业儒，嗜酒，父戒之不悛，杖之，怒逃之龙虎山，既为法官，颇得天师宠任。父殁，家人赴闻，怒不奔丧，天师恶而摈逐之。崔挟术游江湖，闻公子名，踵门求见，公子试其术，大喜，待以殊礼。

邑城东有河，每春水新涨，潋滟满岸。公子偶以有事过河，欲渡无舟，崔呼片席成舴艋，登之倏达彼岸。归时，又临流觅舟，吴笑曰：「舟不如骑。」戏拾拳石呼之，果成骏马，鞍鞯具备。三人并跨，踏波如履平地。达岸，衣履不濡，视所坐骑，依然拳石也。吾邑春日，儿童争放纸鸢，公子顾而乐之。崔戏摘柳叶吹之，幻一大鹏，盘旋霄汉。吴戏吹系马石，幻成一龙，鳞甲灿烂，夭矫天际。见者皆惊为真龙也。

公子有别业在龙眠山，秋日，招吴与崔小酌，请各试其术。崔谓能颠倒四时，拂袖一挥，果见满山红叶变成桃李。吴笑谓崔曰：「汝颠倒四时，盍观我瞬息千里乎？」以公子尝夸西湖，亦拂袖一挥，果见六桥、三竺诸胜景，历历在目。崔笑谓吴曰：『君能瞬息千里，而谓我不能乎？』时京师某皇亲有花园名甲海内，公子幼曾从父游览，尝称道不置。崔谓：『在此小饮殊闷闷，请一访某皇亲花园何如？』公子曰：『甚善。』崔揽公子袪，试一举足，果即至其园。园中景物与曩时所见无异，公子不胜诧愕。

吴笑曰：『是何足道？公子倘一游瑶池，更不知倾倒何若也！』公子喜曰：『瑶池亦有术可至乎？』吴曰：『可。』乃袖出布帕，方五尺许，挈公子与崔立其上，叱曰：『起！起！』帕果凌空而升，顷刻身登天界。但见仙山楼阁，金碧耀目，其中琪花瑶草，千态万状。蟠桃多树，时方着花，五色迷离，其大如盏，芳气沁骨，一空凡艳。既至一亭，上榜『俯视一切』四字。试侧身下视，五岳如粒，沧海盈勺，眼界陡扩，胸襟洞开。亭中几榻，皆设锦茵绣褥，吴拉公子少坐，觉柔软异常，竟体爽适。吴笑曰：『枯坐究属少趣，臣敢请阿母赏给清宴，派遣仙姬为劝一觞，可乎？』公子笑曰：『不敢请耳，固所愿也。』

吴下坐，向内稽首者三，口中喃喃，不知云何。少选，仙童数辈果赍酒肴而至，麟脯龙肝、冰梨火枣之属，罗列满案。吴率公子再拜稽首，遥谢阿母，然后就坐。王母寻命侍儿范成君、婉凌华、许飞琼、董双成四仙姬前来劝觞。各起为礼毕，觥筹交错，酬献甚欢。酒酣，吴避席，拜手前致词曰：『臣等猥叨阿母赐宴，荣幸已属溢分；又蒙命仙姬劝觞，尤为旷典。惟久慕仙姬等雅擅音乐，敢请一奏天籁，俾洗俗耳，传之下界，允称佳话。区区之忱，未审见许否也？』诸仙姬俱笑而首肯。

须臾，五灵之石，八琅之璈，湘阴之磬，云和之笙，丝竹铿锵，泠泠盈耳。范成君敛容正襟，倡歌曰：「醯鸡其展翼兮，黍民其交睫兮，载帱其裈袒兮，蚩蚩其一虱兮。」婉凌华整鬟靺袂，继歌曰：「噫嘻！夏何为而必暄兮？噫嘻！冬何为而必寒兮？噫嘻！四时何为而必代谢兮？噫嘻！造化何为而必拘拘不化兮？」董双成掩口含睇而卒歌曰：「云油油而果车耶？风飘飘而果马耶？真耶？假耶？无可，无不可耶？」歌毕，四座称善。

吴率公子等再拜兴辞。仍登帕，凌空冉冉而下。公子拭目而视，不禁骇诧，去时秋杪，归已暮春，树木杈枒，一瞬绿阴成幄矣。始知天上片刻，人间已逾半载。公子俗念顿空，知吴异人，坚请愿从学道。吴谓公子是富贵中人，执不可。

崔以吴技出己右，衔之。尝以足戏蹴吴腹，隐痛下坠。吴知崔将以术杀己，闭门内视七日，腹中下一铁砧，重十馀斤，恶之。后与崔遇，以掌拍其背曰：「君何恶作剧？然铁砧之惠，不可不报也。」崔心痛甚，知吴报己。急辞公子归家，亦将闭门炼气以祓除之，计过四十九日当无患。匝月后，吴使人探诸其家，崔子遵父命，拒不使见。其人给之曰：「汝何愚也？我知汝父闭门炼气，今已月馀矣。焉有人经月馀勺水不咽，而犹能存活者乎？」其子以为然，试往觇之。甫一推门，见崔趺坐榻上，背有五小虎，口各衔铜钉而力拔之。钉约长五寸许，拔出过半。见生人至，虎遁而钉仍入内。崔厉声长叹，而气遽绝。

吴年至八十，腰脚健于少年。一日，有兀丐来访，与话良久。丐去，吴命子为治丧具。命毕，端坐无疾而逝。或谓拐仙来度出世。后舁棺轻若无物，盖尸解云。

里乘子曰：大罗天原无无父之国。吴之孝思，早蒙上帝鉴察，名注仙籍，宜矣。若崔者，初逆父教，继不奔丧，欲以术杀吴，卒为吴所杀，是殆亦天假吴手以诛不孝者乎？吴之奇迹甚多，乡妇孺类能道之，予所闻者如此。并闻吴殁期年，有乡人游嵩山，见吴与一道士藉地饮酒。乡人愕然问曰：『久闻君已仙去，顾尚混迹风尘耶？』吴笑谢曰：『仙去则吾岂敢，好事者为之也。』其人归，急访诸其家，告以所见，始知尸解之说不谬。

吴解元子

江浦吴解元家棞，有女年十八，于归有日。忽下体肿痛，卧不能兴。翌晨，自以手扪之，俨然变为伟男也。庸通和尚飞锡沪渎，曾亲见之，时年已及壮，且娶妻生子多年矣。并言其两耳尚有钏孔，两足以纤瘦不能纳履，终年但着吉莫靴，中实以絮，大不过五寸许耳。予闻而异之，谓非作大善事，不能致此。后闻解元家固临江，行人来往，恒苦无渡，乃倡捐于两岸各制舟楫，创设义渡，永占利涉，万口交颂。时解元齿已垂老，殊苦无子，一旦化雌为雄，足见天报善人为不爽也。

潘氏祖

苏州吴县潘氏，其先累世巨富。虔奉大士，乐善不倦，凡求佽助者，皆能曲如其愿。日设米谷于门，使纪纲司之，以饷丐者，如是者有年矣。

一日晨兴，忽有老妪携筐来乞米，予之升，请益者再，而意犹未足。纪纲以其无厌，诃之，声闻于内。主人出询，知其故，问妪所欲。曰：『欲得谷一石。』诺之，令呼人来担。妪大喜称谢，置筐而去。待至日暮，不见人来，视所留之筐内，给谷三升，已粒粒变成珍珠矣。始悟妪为大士化身，试其诚心为善否也。厥后科第蝉联，至文恭公世恩，以大魁为首辅，子孙至今显贵。予南游，闻吴人言之甚详。

兰苕馆外史卷三

扎拉芬夫妇

扎拉芬者，汉军百文敏公之冢嗣也，随地授官。成童，娶妻某氏，年齿相同，伉俪綦笃。文敏薨后，公子荫袭，秩跻卿贰。十九岁甫生子，贺客阗阃，汤饼溢座。诘旦，公子忽起颒漱，具冠服，向北九拜毕，令左右请太夫人至，延诸上坐，自伏地稽颡曰：『昨夜先公命之矣。儿本上界星官，今既有子，合归旧班，不得久恋人世。但儿不能奉母终天年，且以此呱呱者一块肉累老人教育，儿罪实甚！此子骨相，是富贵中人，异日定能代儿尽孝。凡此皆天意，母亦毋庸戚恸伤怀。』又起坐，遍谕侮甬人等：『善事太夫人，共抚孺子，好理家政，我去矣。』言讫，瞑目含笑而逝。

初，公子以妻新娩，戒家人勿遽以凶耗告。太夫人痛子爱妇，恐伤厥心，遂如戒秘治丧事。及妻审公子，佥托人直为辞，三问三如之，乃不复问。儿既弥月，妻忽晨兴命婢具汤沐，浓妆结束，珠冠霞帔，向北九拜毕，令左右请太夫人至，延诸上坐，自伏地稽颡曰：『曩夕公子命之矣。妾本上界女星，夙与公子有缘，今既有子，合与公子各归旧班，不得久恋人世。但妾不能奉姑终天年，且以此呱呱者一块肉累老人教育，妾罪实甚！此子骨相是富贵中人，异日定能代妾夫妇尽孝。凡此皆天意，姑亦毋庸戚恸伤怀。」又起坐，遍谕侮甬人等：「善事太夫人，共抚孺子，好理家政。我去矣。」言讫，瞑目含笑而逝。

里乘子曰：观公子夫妇弥留时告母谕众之词，历历明晰，如出一口，此殆苏长公所谓「其生也有自来，其逝也有所为」者欤？降昴骑箕，足征载籍不谬。如公子夫妇者，一得嗣体，人事已尽，含笑偕逝，可告无罪矣。牛女两星之外，天上又添此一双嘉耦，传之千秋，真堪艳羡。

仙露

高阳某生，旧家子也，少孤。家业素丰，以委托非人，干没折阅，销耗垂尽。及生长知事，年少负气，奋欲恢扩旧业。遂将存产尽行鬻变，作孤注，得二万金。服贾游吴，计反掌可与陶猗埒富。

时吴下有名姬仙露者，年甫破瓜，艳声隆起。生方丧耦，耳姬名，姑偕友具贽往访，一见目成，两情心许。酒阑，送客留髡，枕席绸缪，各吐衷曲，割臂缔盟，矢以嫁娶。自是，无日不往。

未及一年，腰缠渐绌，难厌媪欲，顿遭白眼。生将质衣货马，以供缠头之资。姬微闻之，谓生曰：『君以寻常狭邪视儿耶则已；如以伉俪视儿，则宜早为之计。大抵平康生活，有资即事趋承，虽富有铜山，亦不能填无底之壑。日来侦君囊橐告匮，闻将变质衣物，殊非长策，且过此以往，又将何如？』生沉思久之，答曰：『小生所谓得过且过，曰过此以往，倘计无所之，拼一死以殉知己！』

姬闻之凄然曰：『果尔，则君之计亦左矣！君如实心爱妾，彼此不妨熟商。鸨媪所欲者，货财耳。君在此耗费已复不少，况尔我白首之约，方君盛时，媪曾极口许诺。君试申前说，料亦不忍苛求。得间，第往探之，需价多少。君如不足，妾薄有私蓄，当以相助。』商计已定。

越日，生果如言询媪，且谓：『嫁娶之约，姆所亲许。天父地母，实所与闻。小生久客当归，理宜不背前盟，聘资若干，合当如命。敢请？』媪冷笑，扬目答曰：『所说诚然。然自妮子入门，老妇教养不易，今欲脱籍，其身价在他人必得千金，念公子平日伉爽，愿减其半。如有五百金，即惟命是听；不则，莫怪老妇不情也！』生唯唯，退以告姬。

姬问生：『能得几何？』曰：『变鬻衣物，可得二百金。』姬曰：『若此，易矣。君速去措办，俾事早偕，迟恐生变。』生急惨澹经营，姬为倾筐倒箧，凑合如数，携以献媪。媪初以五百金非生所能猝办，今竟如数相付，碍难反齿，不得已，纳金署券，乃尽褫去姬之衣裙钗饰，仅存衵裤，逐令随生速去。时方暮春，天气薄寒，姬再三哀求，始给一旧布絮袄，聊以御冷。

生携姬至旅舍，检理行装，所存无几，途长资短，莫知所措。逆旅主人怜两人荏弱，慨赠白金一流，甫得成行。半肩行李，生自负荷之，姬披发韬容，徒步相从，日只行十馀里。不及旅店，辄寄人檐下，或宿古刹以为常。经秋始至齐境。资斧不给。

会天雨缠绵，泥淖难行，姬足趾皲破，血流濡袜，脱以示生。生叹曰：『小生漂泊穷途，孽所自取，固无尤怨！累卿憔悴若此，心实不忍！』姬曰：『是何言也？妾从君出门时，早知必有今日，但人患无志，不患吃苦。君倾产出贾，为欲恢扩前业也；今旧业未恢，产资荡尽，携妾而归，立锥无地，其能免邻里姗诮乎？』生曰：『奈何？』姬曰：『妾意小作贸易，较跋涉安逸，或冀少得什一，亦可聊以解嘲，还见故乡父老。君以为何如？』生曰：『卿言良是，顾何从得资？』姬曰：『容妾图之。』

诘旦，笑脱左履，出珠一颗，大如发菽，付生，入市售得三十金。遂税屋三椽。操业来，其作苦半年，食用粗给。姬笑问生：『君业此不厌乎？』生曰：『以今视昨，较仆仆奔驰、凄惶无定，相去不啻天渊矣！何厌为？』姬曰：『固然，但所操太狭，必稍扩充而润色之方可。』生曰：『谈何容易！』姬笑脱右履，又出珠一颗，大如前，付生售之，价亦相等。遂兼货米盐醯酱杂物，日有生色。不半年，渐蓄佣媪。生日操会计，夜拥丽人，自以为人生之乐如是已足。

姬忽问生曰：『君将沉浮于此以终身耶？抑尚有他志耶？』曰：『小生得陇不敢望蜀矣！』曰：『敢问贾与仕孰优？』曰：『贾不如仕，又何待言？』曰：『若然，君何不弃贾而仕。』曰：

『卿颠也耶？明知小生读书未成，何从求仕？』曰：『妾闻司马文园尚不以赀郎为耻，岂古之循良吏皆由科目起家耶？君如有仕志，曷不纳资以求之？』

生不觉失笑曰：『卿益复呓语，些须薄资，仅敷糊口，那有多资可纳？』姬正色曰：『君果欲仕，妾自能设法。』曰：『将如之何？』曰：『君意欲何仕之求？』曰：『佐贰，可乎？』姬摇首嗤之曰：『何其卑也！』曰：『丞倅、牧令，可乎？』曰：『未也，盍再等而上之？』曰：『意者其为郡守乎？』曰：『如斯差可，万不得已，亦必须如此，庶可稍展妾志！』生问：『何法之设？』姬笑指旧所著布絮袄，谓之曰：『妾筹之已熟，此中所藏，不止一郡守之资，其馀可留作资斧，无俟他求也。』以两仪刀折之，中缀明珠不下三千颗。次第鬻之，共得五万馀金。遂罢贾，趣生赴部纳资，铨得粤东太守，指日挈眷之任。

时滨海州郡所在患盗，行旅苦之。姬谓：『居官当首先为民除害。』因嘱生檄所部各邑，严行缉捕，又出多资，遍募健儿，散布津隘，以备侦访。连获剧寇百数十人，悉置之法。盗踪顿戢，水砻陆栗，远近颂之。姬固粗晓文义，自生之官，凡催科抚字、听讼察吏，事无大小，皆内决于姬，庶务毕理。生惟优游素餐，坐享其成而已。

三年政成，受上考，擢浙东观察使，寻迁浙臬。前后不十年，开藩吴下，以千金报逆旅主人。时鸨媪之夫为怨者所讦，株连系狱，媪伪为卖珠者，夤缘入署，求姬为道地。见姬攒珠簇翠，华妆坐七宝床上，容光四照，较前尤为丰艳，丽婢数辈，环侍承命。媪膝行匍匐而入，伏地不敢仰视，叩称：『老婢死罪死罪，当日不识贵人，过于计较，乞赐恕宥。』乃泣白所求。姬颔之，有顷，微哂曰：『阿母休矣！濒行时幸叨布袄之惠，不致冻填沟壑。念此一点香火情，容与官人谋之，聊以报德，且藉以补身价五百金，免使阿母齿冷也。』媪汗流浃面，稽颡有声。姬麾令：『去』。不日，即出其夫于狱。

后生晋豫抚，向用方殷。莅豫甫半载，姬笑谓生曰：『以君之才，何能独当一面？语云：「驽马恋栈，久必蹶蹇。」不如避位，免讥覆餗。且人贵知足，大丈夫如此亦足矣，何必画蛇添足耶？』生从其言，遂疏乞罢归。

姬封夫人，年尚未及四十，望之如二十许人。生二子一女，子读书均成进士，一入部曹，一入词馆，富贵甲于一乡。姬劝生力行善事，培养英才，周恤穷乏，创设义塾、义仓，仿范文正公条定章程，刊碑以垂永久，乡人至今称颂不衰。

里乘子曰：高阳生一庸夫耳，变产作孤注，以图恢扩旧业，其计已左；二万金挥霍殆尽，脱非遇姬，亦沟中瘠而已；及贸易少安，便无他志。然则生一庸夫耳，乃公然由太守而洊晋封圻，庸夫偏有此庸福，伊谁之力哉！仙露作为，事事令人可爱可法，初属其求仕，继佐其为政，终促其勇退，且劝力行种种善事，乡人称颂。其见地之高，多非须眉所能及，何况巾帼者，何况巾帼而勾栏者？噫嘻！异矣！

袁姬

浙东江山船，有栏杆头亭、蕉叶白等名，其陈设也华而洁，其饮馔也精而新。船各蓄美姬二三人，甫及笄者，谓之「同年妹」；齿少长者，谓之「同年嫂」。大抵桐庐、严州人居多，「同年」固「桐严」之讹也。各姬有亲生者，有购养者，儿时即延师教之度曲，弦管檀槽，靡不精晓。凡仕宦客商登舟，饮食起居，皆若曹伺奉，无须厮仆。其目听眉语，类能曲如人意，往往客子被其迷惑，资罄身殉，在所不惜。故初登其舟者，无不各有戒心。以予所闻顾生、袁姬一事，则诚千载不易得之遭也。

顾生，江东人，少年俊美，抱翩翩元瑜之誉，传食于公卿间。往来钱塘江，时乘袁翁之船。翁有养女阿翠，年裁破瓜，色艺冠时，生爱恋綦殷。会杭州太守聘司记室，笔札有暇，即往就姬。凡栉沐饮啄，皆自为姬给役，历久不厌，如是者二年有馀。生情日密，姬则淡漠遇之，每欲留宿，辄拒不纳。旁人多为不平，即袁翁与媪亦窃窃怜生，而怪姬薄情。姬不之顾，而生亦不以鬯蓟也。

明府某公，任侠好义，素与生友善，以爱生才而怜其太痴，愿出千金为姬脱藉。生大喜，商之翁媪，诺之。转以问姬，则抵死不肯。说之再三，始勉强应诺，并与翁媪约，亲迎之次日即归宁，凡舟中己之床奁什物，毋许动移。叮嘱谆谆，翁媪极口许诺，然后兑金署券。

至亲迎之次日，姬请遵约归宁，下午即返。薄暮，城门已镝，足音杳然。生竟夜徘徊，起坐太息，目不交睫。诘旦，急往寻其舟，已挂帆不知何往矣。生望江水渺漫，烟波无际，懊恼如焚，忿欲蹈流而死。继念徒死无益，姬他日琵琶别抱，更可无忌，不如忍息以侦察之。

乃嗒焉若丧，走语明府某公，求为画策。公劝生：『既姬不愿，亦姑置之。譬嗜笼鸟，野性难闲，终思飞去。以君之才，自有嘉耦；况烟花中人有情者少，亦何必恋不割爱而自贻伊戚哉！』生殊不以为然，遂独买舟，沿江踪迹之。

后，至严州城外，见垂杨下袁舟舣焉。姬方倚门与翁闲话，睹生至，返身遽入，若不相识。生登舟与翁媪寒暄已，呼姬，不答，恚恨莫遏，狂叫谯诃。姬四顾他语，置若罔闻。生无可奈何，遂具状诉诸郡守。郡守素耳生名，拘姬至，讯之，姬哓哓强辩。郡守问生，究竟意欲何如。生出券呈验，坚求合璧。郡守如判，饬令姬归，并反复开谕以后当与生和好，无再参商。

姬既归舟，怨恨之情形于词色。翁媪从旁规劝，亦谓当赘生于舟，免招物议。姬摇首不语，劝譬再四，始与生言定：两舟相并，每夜自携衾枕过生舟就寝，日则仍回己舟。生不得已，曲从之。自是，肃肃宵征，抱衾与裯，夙夜必偕，习以为常。相居半载有馀，琴瑟静好，翁媪窃慰，以为从此可白首鱼水矣。

一夜，月白风清。漏二下，姬察袁舟人已睡熟，乃遍悄呼生舟人起，戒勿高声。自于裙底出匕首一柄，长尺有半，白如霜雪，又出白金二百两，指谓众曰：『公等若听妾言，请以此金相酬；不则，请伏刃而死，于汝舟亦有所不利，愿公等决焉。」众相视错愕，莫知所指，佥谓：「如能效力，敢不如命！但请相示。」姬袖刃，低声告曰：「若然，请公等纳金，悄将前后缆解开，切勿惊觉邻舟。乘今夜风利，开帆向杭州速发，抵岸尚不吝重犒。」舟人如言解缆，将帆拽满，兼程驰抵杭城。姬大喜，问生：「城中有赁屋否？」曰：「有。」姬乃厚犒舟人，急召人担负什物偕生入城。笑谓生曰：「妾今日方是君妇。」生问：「何谓？」曰：「后自知之。」

先是，生舟夜发，昧爽，袁舟始觉。翁媪忿甚，急张帆追至杭州。入城见姬，责其背逃之罪。姬谓：「嫁夫随夫，何谓背逃？翁姆尚念旧好，请勿赘言，后日尚可往来；不则从此斩断葛藤，两为陌路矣！」翁媪以姬明决，悔恨之极。欲讼官，以前既凭媒署券，后又经郡守判断，更难翻覆。乃白眼瞪视，垂头默慨者久之。不得已，甘言强笑，订盟而别。

盖姬平日私蓄，固有万馀金，嫁生断难携带，必如此作为，使翁媪不觉，然后两舟相并，便好陆续携运；若稍露声色，则防察必严，丝毫莫取矣。其机甚警，而其心亦甚苦哉！姬寻出金为生纳资县令，所在悉著政声，皆由内助之力居多焉。

里乘子曰：袁姬深得用兵欲擒先纵之法。观其平日遇生无情之状，不惟旁人不知其心，翁媪不知其心，即生亦实不知其心；及再经郡判，并舟来往，宿蓄运尽，乃召众饵以白金，劫以白刃，驰抵杭城，至是始为生妇。翁媪虽蹑迹而至，亦徒有白眼瞪视而已，又将奈姬何哉！夫如是而姬之心旁人知之，翁媪知之，而生亦始得知之。古所谓将飞者翼伏，将奔者爪缩；守如处女，出如脱兔，袁姬有焉。勾栏竟有此人物，合之仙露，可谓女中二豪。仙露事事从容固好，袁姬事事沉密亦好，予乐为琐琐笔之，所以贺二生之遭也。

夙冤

休宁黄某，贸易越东。蓄一番犬，驯而且黠，能解人意，黄极珍爱，每食即饲以其馀，眠则令卧床下，出入行止，须臾不离。

会岁暮归家，路过睦州，以失路投止兰若。一老僧出，与客问讯，忽见犬，问黄曰：「居士那得此犬？」黄告之。僧叹曰：「居士奈何豢此冤畜！」黄闻之错愕。以其言异，叩之曰：「鄙人庸俗，不知夙世因果，愿求指示。」僧初不肯言，再三研求，乃谓：「此犬与君前世冤结甚深，不久必当相报。」黄益骇惧，遂膜拜顶礼，求示解脱之法。

僧喟然曰：「老衲不合向居士饶舌，然佛法慈悲，又不忍坐视。君须谨识吾言：到家三日后，夜就寝时，伺犬睡熟，君潜遁去，但取素所著衷衣多件，结束如人形，悄置衾中，听其作为。计此犬求君不得，必愤极自毙。君将其尸悬深山树上，待其销化，如此庶可解脱。须谨识之勿……狂狺跳跃而毙。黄大称异，知僧言不诬，遵将死犬挂深山树上。逾月往视，其皮肉已销化殆尽，仅存毛骨一具而已。既又作越游，特往谢僧。僧曰：「君不悖老衲言，部署甚善。但此犬怨气未散，今又变而为蛇，知君来此，翌辰必踪迹而至，甘心于君，奈何？」黄闻失色股栗，哀求拯救。僧曰：「君幸遇老衲，缘分不浅，合终始成全之。」乃出大瓮，令黄踡卧其中，又取一瓮覆其上，合口处敕勒书符镇之。

至时，果来一蛇，身粗如盏，长数丈，绕瓮数匝。瓮振振作响，竟不得开。蛇愤，自裂其身寸断。僧启瓮出黄，黄再拜称谢。僧贺之曰：「君大冤已解，然其鬼知老衲饶舌，将来必与老衲作难。」黄曰：「奈何？」曰：「老衲自有处分，居士可请无虑。」黄大喜，酬以重金，不受。后亦不知所终。此新安吴子琴言者。

里乘子曰：怨毒之于人，甚矣哉！夙世之冤犹固结而不可解如此。黄某非遇老僧，则此生休矣！君子观此，亦可藉以自警。

赵乙

子琴又言，无锡县城中典库后有旷园，大逾十亩。忽有壮夫负竹篙一竿，修而多节，白司事者求寄存园中，订日来取。诘旦，汎扫夫赵乙见之，问司事者：「此篙从何而来？」司事告之，赵太息不语。司事察其言状有异，转诘之，乃曰：「小人向日流荡江湖，略知暴客号诀。此篙即若曹信物，数节之多寡，便知党羽人数。今倚园墙西隅，其来必由此处，是不可不预防之。」

司事闻之大惊，趋告主人。众意乙非常人，因谓：「汝既知此篙，必能办贼，果尔，当重赏不吝。」乙初不肯，再三央之，乙乃数篙节，凡三十有三，曰：「贼数如此之多，非以计歼之不可。」众问：「计将安出？」乙笑曰：「公等勿虑，小人自有料理。」乃请买豆数百石摊布园中，约厚尺许；又买大瓮三十具置墙下听用，主人如言部署。

一夜，天月阴黯，乙谓众曰：「贼至当在今夜，小人当一一歼之。公等如胆大不畏，请作壁上观可也。」主人骇惧，恐乙众寡不敌，出资募健儿百馀人，各持器械，为乙助威。乙麾之去，曰：「尔曹卤莽无能，在此搅扰，徒乱人意。请速去，勿败乃公事！」悉命举室吹灭灯烛，自袖利刃，潜伏墙阴以伺之。少选，竹竿窸窣作响，一莽男子自竿溜下，足踏豆上，滑而颠。乙暗中以刀剁其首，掷瓮中；未几，一人继下，颠如前，叉剁之，连剁十馀人。外贼以其党多人入墙，寂不闻声，虑内有备。中一黠贼跃登墙上，次且不敢下，俯首窥察良久，轻拊其掌者再，内无应者，知事败，遂率馀党遁去。

无何，东方渐明，乙招诸健儿置尸瓮中。计之，共剁十有六贼，命悉舁而瘗于野，以灭其迹。主人大喜，厚犒诸健儿。自是，除乙汎扫之役，待以殊礼。惟时惴惴焉，虑盗复来报怨，而盗竟不敢复至。

里乘子曰：畸人溷迹贱役，不遇有事，将终身埋没不彰，彼盗之来，所以显赵乙也。夫赵乙犹其细焉者也！嗟乎！风尘莽莽，豪杰尽多，俗眼不识，则交臂失之者不知凡几，惜哉！

绛帻生

庐州武弁某，智而侠，道遇不平，不惜殉以白刃。以角巾爱着绛色，人多戏以「绛帻生」呼之。尝夏日有事六安，兼道失路，乘月策马夜行。忽阴云骤合，暴雨如注，无可栖止。道旁有丛厝，暂系马倚剑，佝身入避。俄雨少霁，闻对面厝室内窸窣有声，见一人自内探首出，披发袒臂，手持一碗，承檐溜而饮之；电光闪烛，谛审似是女子。

某素豪于胆，悄拔剑趋往，以究其实。女见某，返身欲遁。某亟撩其发叱曰：「汝人耶鬼耶？可速说，免屈污我宝剑也！」女战栗答曰：「是人。」某问：「在此何故？」女初腼腆不肯言，研诘不已，始知为某生簉室某姬也。

姬固滁州人，生而失母，父瞽，精于星命。某生秋试金陵，过滁见姬，悦其色，托人谋为小星，父雅不欲。姬幼读父书，亦知命学，自推命薄，闻生为世家子，自请于父，愿屈身为副室。生感其意，益喜，爰出重金餍其父，乃许之。既携姬归，竟不为大妇所容，频受凌辱，年余不使当夕，奴婢畜之。

三日前，以为掠鬓失意，痛挞无算，生坐视嘿叹而无可如何。姬屡蓄死念，试以金钱自卜，遇『遁之姤』，其繇曰：『坚冰泮春，陌路逢亲。卵完石碎，替旧更新。』详玩繇词，生机未绝，姑忍息以待。

是日早起，侍大妇晓妆，袖误拂玉钗，堕地折之。大妇怒甚，谓钗为父母赠嫁物，终身吉凶皆兆于此，姬故意断之，使己不利。乃撮发令跪，裸而鞭之，怒犹未息，吼与姬约：日内不如式相偿，誓不两立。姬惧，逃匿厝室，不图与某弁遇。某劝还家，姬不肯，因备诉嫡悍妒状，且示之臂，固无完肤。某义忿填膺，愿与姬缔为兄妹，授以计，令仍藏厝室。

天明，某跨马特往生家，谓奉父命远来省妹。生夫妻同出，见某言颇不逊。某怒，拔剑斫庭前柳树，顿折；戟手指生夫妻厉声曰：『如不以妹来见者，有如此树！』先是，生妻虐姬太甚，邻里均为不平。今闻某来，众等毕集攒视，且嗾某勿稍宽纵。某闻益怒，谓如不见妹，先毁其室，而后鸣官。言已，一拳已洞墙壁。

生夫妻始大恐，央众为缓颊。亟遣人各处觅姬，后于厝室得之。姬犹觳觫，不敢遽归。其人告以兄至，归当无患。姬佯问曰：『汝言真耶？』曰：『然。』姬喜。既归，与某相见，彼此愕视，故作惊喜状，俨然妹也兄者，相持痛哭失声。众见两人情状逼真骨肉，互相劝慰，生夫妻益信而不疑。急具酒食，序姻娅礼，款接甚殷，留住三日，饯贶备至。

某濒行时，当众谓生夫妻曰：『某十五岁出而从军，妹依瞽父，不幸为生所绐，此是妹命不犹，夫复何怨！昨归家，老父告知，命来省视，不料如此受虐。谁无骨肉？被人摧残若此，于心甘乎！今请凭诸公与生夫妻约，此后倘仍蹈前辙，某必有以报之！勿谓武人卤莽也！』众唯唯，生夫妻俱谢过不遑，并请寄语乃父勿以挂怀。自某去后，果相安无事。某每顺道经其家，辄信宿授餐，居然至戚。

逾年，大妇以病噎死，姬竟正位，始悟繇词所谓『坚冰泮春』者，阴极阳回也；『陌路逢亲』者，意外遇某，缔为兄妹也；嫡，石也；姬，卵也，卵虽不能敌石，而一完一碎，嫡亡姬存，则新人将更换而替故人也。历历不爽，亦何神哉！

里乘子曰：绛帻生自是黄衫客一流人，所以处分某生夫妻，不愧智而且侠，快人快事，惜冯小青当日未遇此君耳。

尸变

江苏葛生，客游楚南，为观察某公记室。公展觐入都，以期迫兼程前驰，生与厮仆督装在后。

一日，趁程较远，投旅舍过晚，宿客已满。再三商之主人，只求一榻地聊以栖止，主人沉思久之，始首肯。

导生至后一室，内故有南北两炕，科浪反，北方土床也。中设一几，上置灯檠，光荧荧如豆，剔而亮之，袱被南炕。时方暑月，见北炕已有一客仰卧其上，头蒙毡笠，不辨老少。以天热尚着毡笠，疑是病夫，姑呼而问之，不答。意其睡熟，遂置之。

枯坐取管吸建烟，渐觉倦怠，将拂簟就寝。忽见北炕客坐起，瞪目直视。生谛审之，面色惨白，不类生人，试问之，寂然不语，虑是尸变。心骇且惧，欲遁匿床下，计僵尸身不能俯，或可幸免。奈砖炕四周砌密，无从窜入，益复惶悚。

尝闻俗言：僵尸必借人生气乃得起，其瞪目视人，人亦瞪目视之，四目相向，阳克阴永不能动；如目少眨，则阳气便散，彼即乘势而起。生忆其说，遂亦瞪目对视，不敢稍瞬。良久，渐难支持。幸南炕旁近双扉，反手潜以烟管拨其扭，顿脱，急起拔关趋而出。尸亦跃起直追，缘生出户匆遽，双扉为衣风拽掩，尸撞触之，遂阖，阻不得出。

方生之出也迫急，失足颠踣，晕不能兴；逾时始力疾起，呼厮仆召主人至，厉声叱责。主人忸怩谢过，且言客家小康，距此不过一舍地，今午过此，得暴疾卒，已遣人召其妻孥，会当即至。

正哗论间，妻孥果至，主人历诉其故，见生颧青鼻肿，并损二齿，俱稽颡谢罪。急欲入室，双扉为尸撑拄，猝莫能开。同破壁入，见尸直仆门上，十指入木如钉，牢不可拔。妻孥环哭，斧扉以停其尸。又见几灯为尸触翻，油泼南炕衾席，污渍狼藉，乃厚偿生资，相将舁尸而去。

葛生与吾友葛菊人同族，菊人历历言之如此。

小蛇

黄稼田司马言，其乡某孝廉，礼闱下第南归，乘一薄笨车。途中天气暴热，当午歇凉，车子坐白杨树下。见一小蛇，长尺许，竟体褐灰色，昂头向上；树上则蟠一大蛇，身粗如碗，垂头向下，两头相向。见小蛇口中呼吸，大蛇为气所摄，渐觉瘫软，不能存身。车子嘿嘿诧异，以小反制大，心颇不平。急起，以足向小蛇颈上极力踏之，小蛇负痛，掉尾鞭其足背，车子固赤足着屦，足顿肿。小蛇既殪，大蛇屈伸久之，始蜿蜒穿树而去。乃车子之足，不炊许时已肿过脐，痛彻心髓，寻卒。

辣虫变蛇

夏日有虫，长寸许，竟体皆毛，刺人痛于蜂螫，吾乡呼为辣虫。黄稼田司马家有园，树木甚多。尝夏晚纳凉，见一辣虫栖桐树干上，以草拨之不动，遂置之。越日，又一虫来衔其尾，凡七日，陆续相接，共七虫，长不及尺。司马留心以察其异。日见蠕蠕微动，渐自胶续。不十日，竟共化成一蛇，蜿蜒而去。

以数虫化一虫，奇哉！噫！七日七虫，次第如有约而至，是果谁使之哉？

滦州儒学蛇

滦州儒学，有舆夫见大成殿外树下，一小蛇长七八寸，粗裁如箸，竟体红光耀目，诧为罕见。以其小也易之，戏搦其尾，将携以示人。乃手甫近尾，蛇昂头直立，身暴长，尾略一摆，已将舆夫颠踣倒地，晕不能行。间壁一门子，闻声伏窗窥之，见一大赤蛇，其长不知几许，蜿蜒入大成殿内去，其身粗巨，塞门几满，逾时始竟。门子骇异，急入殿寻之，杳然无迹。见舆夫卧地呻吟，扶归，臀股青肿，不良于行。彼此言蛇之异，猜为神物，命舆夫禳祷之，寻瘥。

溧阳史仲皋言三事

乡里有某生者，素好习武，凡击刺超距，无所不能，尝授徒乡里，暑月辄逾墙出，盗瓜解热。一夜摘瓜回，忽见一人，距躔尾其后　审其步趋与人异，意是僵尸，急迂道斜行以避之。乃彼亦蹑迹，相从追逐，不少宽纵。生大恐，踉跄疾奔三四里许，甫至己塾，急飞步跃登墙上。尸亦三踊三跃，所不及墙者盈咫。墙上故覆以瓦，后一跃用力较猛，落地时颏挂仰瓦上，虚悬空中，竟不能动。生俯首谛视，且骇且笑，知其不能为患，掌掴其面者再而去。翌晨，趋往观之，一无所有。墙下但馀黑水一洼，其臭刺鼻，不可向迩。

某生读书寺中，间壁有空舍，中停枯柩，历年既久，尝出为祟。生素豪于胆，夜伏窗隙窥之。漏二下，果闻舍内窸窣作响，一老者衣冠自内出，蹀躞向外而去。生烛其舍，见棺盖已开，遂为合之，料其不能再入；又恐与己作难，乃返室猱升梁上，伏而察之。少选，老者归舍，果以棺合不能再入，迹至生室，意甚愤怒。遍室搜寻，见生伏梁上，瞪而仰视，目光绿若猫睛。三踊三跃，愈跃愈高，去梁几不盈尺。生大恐，袖携《易经》，急俯以掷其首，老者仆地，顿僵。天明人来，生始敢下。历述其异，共视其尸，已幻为棺盖，焚之，臭闻数里。自是毁柩扫舍，怪异遂绝。

某处有厝柩，白日尝出为怪，一乡患之。有木工某甲，笑谓众曰：『诸君如醵金作筵饮我，当为除怪。』众果如言，作筵招甲。饮毕，问：『何时除怪？』甲踌躇久之，乃曰：『必俟天气晴爽、日方中时乃可，然须诸君往佐之。』众诺，订约而去。至日，甲来邀众同往。袖出尺周量棺盖，取墨绳弹于盖之当中者三，三弹而棺中皆觳觫有声，意似痛楚。初声较厉，后以次递杀，又取斧微削棺之四隅，谓众曰：『怪已除矣！』自是果绝。众大喜，乃厚酬甲。

里乘子曰：仲皋又言圬工之刀，石工之锥，木工之斧、尺、绳、墨各物，均极宝贵，皆能镇压怪异。凡房舍之梁、柱、楹、桷、楶、棁等类，及诸木器无故自爆作声，皆墨绳刨刮未净，其精灵日久自鸣也。然耶？否耶？

樵夫某甲

苏州樵夫某甲，娶妻某氏，伉俪甚敦。惟日相对忧贫，甲尝忍饥以媚其妻。一日，卖柴毕，腹饥，入市食馃，吝钱，仅食三颗。旁座一人叹其太少，力劝加餐，愿为纳资。甲以素不识面，辞之。其人再三固让，乃各食十馀颗。

其人纳资讫，问甲所业，怜之曰：「君业良苦，何不贸易？」甲以无资对。曰：「是不难，但从我去，愿以相助。」偕行四五里，出齐门，至一处，有瓷坛三，皆土封其口。其人指曰：「此中皆藏镪，任君取携，不靳也。」命俱去其封，视之果朱提充牣，因趣甲自取。甲廉，只取两铤。曰：「何不多取？」固请益之。甲又取二铤，其人乃自取十馀铤付甲，使以衣盛之，约计不下千金。喜出望外，称谢而归，倾置床上。

妻方在灶下作晚炊，甲趋拊其背曰：「卿勿复尔，当作富家媪，享用有日矣，何必作苦！」妻嗤之曰：「君颠也耶？未睡何得作梦语？」甲笑曰：「来来！」遂拉妻袂同至房中，指床上谓之曰：『卿视此累累者，犹不足为富家媪耶？』妻视之，但见纸灰一堆而已，骇问：『此物何来？』甲茫然若失，具告其事，知为鬼所揶揄。

翌辰，往寻三坛，亦为乌有。自是，夫妻安命食苦，不再忧贫。久之，日渐自给，今则居然小康矣。

里乘子曰：一经鬼物揶揄，即安命食苦，不再忧贫，如此夫妇，可谓贤矣！居然小康，不亦宜乎？

平乡县老儒

直隶平乡县老儒某，年逾五十，授徒村塾。一夜，月白风清，挑灯独坐，忽有二女款关入室，韶龄媚姿，世所罕有。某目炫心摇，诘所自来。二女掩口笑曰：『我姊妹皆仙人也，与君有夙缘，愿侍枕席。』某狂喜，不暇研究，遂与绸缪，情好綦笃。

自是，每日诸徒散后，二女即至，风雨无间。如是年馀，某神情日渐惝恍。家人察其有异，叩之，秘不肯言。某有二子，皆邑诸生，夜伏窗潜窥之，一无所睹。但闻某喃喃呓语，音殊模糊，一家不辨。家人忧之，禳祷无效。

忽一夜，二女谓某曰：『妾等侍君年馀，情好无猜，不可不使君知我家里。君肯从我游，当使君一睹天界。」某忻然诺之，二女遂左右挟某行。登山涉水如履平地，终夜跋涉，不少停趾，道路修阻，不知几何由旬。

未几，天渐达曙，入一大山，树木森茂，中有兰若。某闻晨钟，心顿清爽。一老僧策杖而来，二女见之，却不敢前。僧问某将何往，某心恂愁，噤不能答。僧以袖拂其面，喝声曰：「疾！如律令敕。」如雷震耳，某豁然如梦初醒，回视二女，已不知何往矣。

知二女为妖，以僧非常人，膜拜求救。僧谓：「二女皆天狐，与君固有夙缘，此来亦无祸君意。脱不遇老僧，恐还乡无望耳。」某益骇惧，力求拯救。僧乃戟指于某胸背，敕勒书符，讫，送某出山，指示归路。又袖出碎镪若干，聊作资斧，且谓：「此地为永平界，距君家已千馀里。途中但凝神守志，勿涉邪想，妖自不敢近。归家，日晨起净口，端坐诵《易经》一通，当永保无患矣。谨识勿忘，慎之！慎之！」某再拜受教归。如僧言，二女果不再至。

同治癸亥，予北征过平乡，某尚无恙，年已七十矣。人有问其事者，自言不讳。惜某愦愦，当日未曾详诘僧为何名，所至之地为何山何寺耳。

超勇公轶事

超勇公，索伦人，即伊彻满洲也，少以军功累晋公爵。闻公出征时，沿途供亿，必遣心腹偏将某甲前驱预备，公平日嗜好惟某甲能知之。

凡启节，每到驿馆，下马即顾某甲问：『所需各物俱备不？』某甲鞠躬对曰：『诺。』公色然喜曰：『好孩子，狠会办事。』甫入门，某甲手捧髹漆红盒一，屈膝以献。去其盖，内盛径寸大蜘蛛百枚，蝍蛆、蝾螈、虿蝎等物称是。公一一去其钳爪，生啖毕；某甲侍公登堂，梁左右悬两巨蛇，粗如盏，长丈有奇，公睨而嬉笑，拔金错刀，寸断大嚼，如咬甘蔗。

食讫，某甲屈单膝告退。公独入后室，内有蠢胖村妇八人，年皆二十以来，裸体以待，公一一递接。已，乃呼从者具汤沐，进冠服，出见客。客退，又呼某甲来，赞之曰：『好孩子，狠会办事。』凡沿途供亿，必如此方惬公意，不则竟日忽忽不乐，戏下部曲，诃责鞭棰，无所不至矣。

又闻公过戈壁瀚海等地，常数百里无人烟，村妇难致，则以肥壮水牛代之，故出征必多带水牛听用。按日轮交四牛，牛辄不能与公敌。公恨其不能胜任，则手刃剐而生飧之。观公所为，可谓天人，彼樊舞阳之生食豚肩，常开平之与虎豹交，以公较之，皆不足为奇矣！

里乘子曰：相传公能伏地听百里外马驼声，且知敌军有无多寡，人皆谓公天授。不知北魏时斛律金行军用匈奴法，望尘知马步多少，嗅地知军远近。公既久于戎行，阅历较多，不难留心师其遗意耳。又闻公英姿盖世，气慑三军，而平生最惮阿文成一人。当从阿文成出师时，每召计议军务，公辄兢栗异常，汗多透甲。故阿所运筹，一以命公，无或违误。阿公所在克奏肤功，皆公之力居多云。

海州四怪

海州四怪：一鲤，一蜘蛛，一蜈蚣，一蚂蚁也。鲤长丈有半，竟体鳞甲灿然，《本草》所谓穿山甲者是也。蜈蚣亦长丈许，有翅能飞，尝天晴风静，飞戾半空，夭矫自如，人多误为纸鸢。蚂蚁大若栲栳，臀坚胜铁，五兵不能入。

四者之中蜘蛛尤为灵异，其大如箕，丝粗如小儿臂，好与龙斗，吐丝缚龙，胶不可解，必火龙来焚其丝乃已。滨海人常于山野拾得断丝，尺许之丝，两健儿持两端极力扯之，长可盈丈，利刃不能断，人恒宝之。

四怪常幻人形，出游市廛，不为人祸。蜘蛛出时尤多，每出则化形老者，白髯垂胸，道气盎然，最喜与小儿戏。出时，小儿多依其前后左右。老者出钱，市梨枣饼饵之属，分啖群儿。人多识之，呼为朱道人。遇久旱，为人求雨辄应，地方颇受其福。

顾四物同出，雷恒欲击之，往往片刻间雨雹骤至，雷电交作，四物即遁，则鲤居前，以头钻山，山洞如腐；鲤既入洞，蜘蛛衔尾继进，蜈蚣又次之，蚂蚁殿后，以臀堵洞口。丰隆左执锥，右秉钺，目灼灼观望，竟不能施其一击之威。徘徊刻许，天晴雨霁，四物亦不知何往矣。人以蚂蚁臀肉之坚，皆称为「铁屁股蚂蚁」云。

郑甲

郑甲者，汴梁人，固绿林之魁也。中年改行，至老，乡党称善人。与人接，谦和惟谨，见者不知其能武也。囟去发一撮，圆如钱，光如镜，似僧之受戒火者。叩之，自言少时两臂能开二百石弓，取十砖累叠之，剖以掌，画然中开，利如刀劈；日可行六百里，捷过奔马；尤工弹术，百步外击物，百不失一。壮时驰骋齐鲁燕赵之郊，短衣匹马，藉探丸渔猎过客，往无不利，自以为无敌于天下矣。

一日，有解饷官辇银百万如京师，车驮甚盛。末一少年为后殿，年约二十以来，美皙温存，弱如处女，展绣褥趺坐车唇；衣服华灿，首戴角巾，上缀猫睛宝石，大于龙眼核，精光上烛，与太阳相激射，洵希世之奇珍也。以其为纨绔公子附从入都，殊不介意。惟心涎重资，计必有好健儿护卫，不敢孟浪从事。爰勼同道中之好身手者四十馀人，沿途尾之，蹈隙而动。顾车驮过重，日行不过八十里。他日以遇雨失程，不及投店，道旁有兰若，遂栖止焉。予与众窃喜，曰：『此天授机会，不可失也。』于是伏莽以待。

时新晴，湿云归山。少选，皎月东上，朗若白昼。漏二下，行踪已绝，万籁俱静，佥曰：『可矣。』各褫外衣，着短褐，身藏利器，约次第逾墙入，拊掌吹唇为号。量技分遣，入者半，留者半。

计议已定，同道中二十馀人鼓勇争先，一跃入墙，疾如飞鸟，堕地无声。予同二十馀人屏息墙阴，静听好音，准备运物。

乃待至一时之久，墙内寂然。互相猜疑，吉凶莫决。又遣五人登墙探察消息，五人登墙不敢遽下，遥见少年秉烛檐梧，南向危坐，似知有人上墙，袖出白光一道，闪如电发。五人知是剑术，大骇，急厉声呼曰：『败矣！去去，勿缓！』吾侪闻之，急返身奔驰。墙头白光旋出，冷气逼人，猝难回避，各谋奔命。予见路旁有土圊，急投其中，秽深灭顶，仅露囟门，已为所髡，痛彻心髓。亡何，白光渐缩敛入墙。二十馀人已各身首异处，无一获免者。

是役也，予幸为秽物所厌，得占硕果。不然，亦与四十馀人把臂为伍，白骨早朽矣。予既出圊，觉顶上血流涔涔，骤不可止，爰匍匐往丛莽中脱去秽服，别取他衣着之，又抽佩刀割襟以裹其创。自是默庆再生，不敢再为冯妇。今年七十矣，每手摩剑瘢，犹觉电光在顶，为之齿击不置也。

千金亭

吾乡方恪敏公，微时，屡试不第，行年五十，犹以笔耕为业。有精风鉴者，谓公大运将至，不十年可位至封圻。公问：『何之而可？』其人曰：『公利西北，不利东南，当以入都为可。』公固善书，素欲赴部谋为议叙，闻言，遂决意北上。幞被徒行，至保定界，资斧已绝。

路旁有茅店，聊坐少憩。老妪提壶茶置公前，渴，不敢饮；案堆角黍累累，公正苦饥，涎视不语。老妪觇公意，笑问曰：「客欲食耶？」公笑曰：「然，奈无资何。」妪笑曰：「此细事耳，无资何害？」遂命子妇取角黍一盘，劝公饱啖，公亦不辞。啖毕，索纸笔书券，付老妪藏之，谓：「他日过此，必酬汝资，此券慎无失也。」

乃未及十年，公果为直隶总督。履任时，百官郊迎，观者夹道。公命清苑县令召老妪至，老妪不解所谓，战栗跪伏舆前，叩首请罪。公命左右扶起，温言抚慰，笑问曰：「一别多年，汝发已尽白矣，茅店犹无恙耶？前饱啖角黍，今当酬汝资，所书券可缴还也。」

老妪闻公言，始忆及前事，乃笑对曰：「向察公颜色，敬献不腆，未敢求谢。公今为贵人，尚忆及老妇，死且不朽。前券什袭藏之，当即奉缴，戋戋微物，哪得幸邀赏赉，敢辞。」公笑曰：「汝归休，保卫眠食，吾当酌给汝资，令汝子小权子母，以娱馀年可也。」乃命人赍赐千金，送其还家。

老妪感公德，作亭，奉公栗主而尸祝之。土人至今艳称其事，皆呼其亭曰「千金亭」。

员先生

粤东冯崧湖宫詹誉骥言，少侍封公游宦秦中，会母夫人有疾，百药罔效。时封翁宰某邑，或谓：『邑有员先生者，乡居好道，少得真仙秘传，能知过去未来，素精医理，不轻为人治疾，治辄奇效。如诸公子自往延请，渠惠然肯来，可保毋虑。』封翁乃命宫詹兄弟，翌辰徒步踵门延请。

甫出城半里许，一人御车迎面而来，见宫詹兄弟，拱手问曰：『君等为冯公子耶？』对曰：『然。』曰：『为母夫人疾，来召员某非耶？』曰：『然。』曰：『仆即员某，请偕返署可也。』宫詹兄弟讶其预知，乐与偕返。

比至署中，封公大喜，命导入寝室，见病者卧床上，寂然不动。员谛审良久，遽索瓷瓶一具，力掷于地，瓶碎如粉，拣取片瓷，以锋砭病者两太阳穴。少选，血珠珠出，其色紫；再砭之，紫色渐转为赤，便闻病者呻吟作声，竟体已能转侧矣。员笑曰：『得之矣！』亟索纸书方，服药调理，疾顿瘥。封公酬以金帛，固辞不受，谓：『感公子孝思，不召且至，况辱徒步枉顾，敢以小技责谢耶！』

自是常来署中，宫詹兄弟咸喜从之游。尝谓：『真仙最喜游戏人间，俗眼不识，往往交臂失之。』曾偕游终南山，见一道人，清癯如鹤，修髯垂胸，有潇洒出尘之概。员拱手迎候道左，执礼甚恭。宫詹叩问何人，员低声附耳曰：『此汉张留侯也，那敢不敬！』既又见一白衣女道士，员执礼愈恭，谓为观云大士云。员羽化后，留有小像，有事祷之，辄验。

钱弗要

钱福耀，池州府人。其为人也好善，知医市药，为人治疾，不肯责谢，遇穷乞者，辄施药以治之。乡里称其贤，因共赠以别名曰『钱弗要』。家本素丰，坐是中落。

城外齐山有洞，窈然而深，为一郡名胜。钱尝于岁暮除日避债洞中。薄暮，又一人贸贸然来，诘之，亦同志者，恻然怜之。问其人止需钱十千，钱叹曰：『我较君所需，不啻数十倍，不得不尔！十千细事，何必至此？』腰橐适存会子钱十千，遂取以授之，曰：『此十千，汝可携归偿宿逋，与家人团聚度岁也。』其人惊喜曰：『君得勿钱弗要先生耶？』曰：『然。』曰：『闻名未曾识面，何敢遽领厚贶！』钱笑推其背曰：『君请速归，无用多言。』其人拜受，称谢而去。

钱称娖归家。行至山腰，见两叟坐地谈医。一叟苍髯垂胸，一叟丰颐微髭。钱顿触所好，拱手请教，苍髯者笑曰：『汝亦知医耶？』对曰：『然。』曰：『医有三审，汝知之乎？』曰：『何为三审？』曰：『一审色，二审舌，三审脉。凡为人治疾，先审面色，由色而辨五行，或宜相生，或宜相克；次审舌，辨其枯润；次审脉之浮沉迟数，以分表里虚实，而决其风寒湿热。三审既确，然后斟酌立方，百不失一。汝第识吾言，神而明之，能事毕矣。』钱顿首谢教。请问两叟姓名，微髭者指苍髯者谓曰：『此三国时华元化先生，予乃唐时孙思邈也。』钱大惊，知为遇仙，急蒲伏叩首。及仰视之，已杳矣。自是医理日进。

会太守有母暑月患疾，衣重裘尚自恶寒，群医佥以热剂投之，不效。钱除日给票之人，适在署司押，因言钱得仙传，夸张而游扬之。太守大喜，急延钱诊治。钱观病者两颧微赤，舌色黑燥，确系实热内伏，攻去内热，外邪自去。急命饱饮瓜汁。少选，泄去恶滞，儽然熟睡；寤后，汗出如雨，其疾良瘥。太守喜，酬以金，固辞不受。太夫人性固好施，召钱谓曰：「我疾非汝莫治，酬以金，知汝不受；我私蓄有千金，存汝处，施药济人，藉为我种福可也。」钱乃顿首受命。

亡何，太守以有事晋省，时值中秋，与寮采谒见中丞某公。公忽白睛上眨，昏然倒地，手足挛搐。多医相视，不敢立方。太守因荐钱医道甚神，方伯商之廉访，遂飞棹延钱至。钱见某公面白微青，舌白而润，意仲秋金气得令，凉风乘虚而入，引动内风，症属虚寒，治宜扶火泄金，培土制木。遂进参芪术桂等药，而疾果顿愈。中丞大喜，遂商之僚属，延钱在省为官医，并筹资巨万，俾钱市药以广济穷人。

钱生计日扩，凡求医者无不应手立效，不责人谢，人必量力以酬之。年九十馀，腰脚强健，为人治疾犹步行，不喜乘舆。三子读书，连入邑庠。孙十馀人，皆幼慧。佥谓好善之报云。

徐霞客

徐霞客，名弘祖，江阴县人。平生有山水癖，曾作《游记》，厚尺许，真奇观也。

相传霞客得异人术，日可行千里。不携傔从，自负行囊。囊有机括，日暮猱升树上，悬囊高枝。启囊展衾枕，蜷卧其中，距地数丈，以远猛兽。尝三至昆仑，山灵厌其贪，夜遣大鹏扇翅扑折树枝，堕霞客崖下而损其胫。霞客度无生理，望乡而泣。昧爽，山灵现寿者相，策杖来问所苦。霞客具告之，且谓：「身填沟壑非所惜，奈家有老母何！」寿者责曰：「昆仑为宇宙第一山，多真仙所居，世人欲一至不得。汝乃三至，天恶其贪，故罹此罚。予怜汝孝思，不忍不一援手。」袖出药一丸授之，曰：「咽之当愈。然君归奉母，勿再远游矣！」霞客拜诺，受药吞之，顿愈。既归，泣拜母前，足胫复损。自是杜门作游记，遂不再出。

里乘子曰：予在江阴，闻其里人言之如此。然观霞客《游记》，出游有时亦复需舟车，不尽徒行也。霞客嫁妾生子，从母姓李，名寄，字介生。

产怪

同治七年七月，某官需次皖省。其妇分娩，产一物，微具人形，尖嘴鹰鼻，三目，左右额生二角，手足皆鸟爪，堕地一跃高二三尺许。接生媪大惊，急以被蒙其身，猛力按捺。又令人善视产妇，放帐安寝，不使见之，恐惊骇致疾也。然后呼人以索缚此怪，杀而投诸江中，后亦无他异。此媪识见甚高，处分亦甚得法。袁竹畦参军起所目见者。或谓热天妇人不可露宿，马桶亵物俱不宜夜置野处，倘妖气侵之，即不免感生怪物，是或一道也。爰笔识之，使妊妇知所自谨焉。

祝由科

相传黄帝有二臣，曰岐伯氏，曰祝由氏，皆善医。岐伯氏治疾按脉，能知人七十二经，投以药，无不效。祝由氏治疾不用药，惟以清水一碗，以手捏剑诀，敕勒书符水面，以饮病者，亦无不效。

祝由氏为湖南辰州府人，故今辰州人多擅此术，名曰『祝由科』。为人治疾，誓不受钱币之谢，或酬以酒食则可耳。然擅此术者虽多，而真得秘传者甚少。如得真传，实有起死回生之功；否则，第伪托其名以欺人。愚夫愚妇受其欺者，往往坐失巨资，悔之无及矣。或曰得真传者每岁元旦祭祷祝由之神，默占以筶，即预知是年当治几人之疾，随缘巧遇，最为灵验。

吾曩过豫州，其土人言，某年汴城节署旗竿斗损坏，匠人以绳轳辘上升其巅，为之整理。竿忽为风折，匠人堕为齑粉，佥谓无再生之理。会有辰州木客过此，笑曰：『无患。』乃命人取板四片，以一板上置黄土，将匠人舁置土上，左右夹以二板，又以黄土遍撒其身，以手捏剑诀，敕勒书符，口中喃喃诵咒。毕，复吸清水潠其面，上盖一板，以麻绳束之。七日后，解去麻绳，启板视之，气热如蒸，匠人竟体大汗，欠伸而起，已霍然苏矣。人问及前事，懵然不知，但谓如梦初觉，殊无所苦。

噫嘻！其术如此，真神乎技矣！闻节署前曾泐碑详记其事，惜匆匆过此，未及访阅耳！

褚祚典

褚祚典，明嘉靖时关中诸生也。性豪诞，好驰马试剑，尤善超距。尝与诸健儿较艺，一跃能摩真定府铜佛顶，诸健儿咋舌欢赞，谢不及。素嗜赌，一掷千金立罄，负辄与诸健儿伏莽探丸，藉猎获以偿赌资。后以从征倭寇得官，洊擢山东按察使。平时所交绿林锦帆之徒，暮夜犹与往来。遇大腹贾挟重资，必邀褚同猎取之。褚亦自鸣得意，乐与从事。一时童谣有云：

君勿行郊薮，陆有拦路虎。君勿行江湖，水有吞舟鱼。

故凡估客舟车所至，莫不惴惴患盗，各有戒心。

抚军闻之，以语褚曰：『道路童谣，君闻之乎？』褚唯唯。抚军正色曰：『今外寇甫平，萑苻未靖，商贾不通，民何聊生？君职司爽鸠，应为民除害！坐视不理，将何以辞其责也！』褚闻之，无任主臣，急檄所属府州县，严行缉盗，如敢姑息宽纵，立予纠劾不贷。各属奉檄畏劾，叠限比捕，卒无所获。

时河南有名捕粱科者，年七十馀，家居粜门，久已罢役。群捕畏比，因醵资具厚币，遣使求助于粱。粱初以年老无能为役，固辞。既款使者以酒，酒酣，谈少年时捕盗事，精悍之色见于眉宇。使者拊掌赞叹，故谀词以激励之，谓：「今盗风虽炽，均非公敌。如勉为一行，使若曹知捕班中尚有老廉颇在，当不敢逞。否则若曹不谓公年老，反笑公胆怯，当日之英雄扫地矣！窃为惜之。」粱不觉耳热技痒，掀髯笑曰：「汝激吾耶？不得已，偕汝一行何如？」使者大喜称善。

不日，同至山东，群捕接见甚欢，佥谓：「蠡嗣盗踪，实藏臬署。」粱谓：「当侦确虚实，休得孟浪。」乃日伏臬垣左右以伺之。一夜，漏二下，果见一人跃垣出，疾如飞鸟而逝。粱故善弹，老犹黑夜弹香火，百步之外，百不失一。漏四下，其人仍如鸟飞还。粱急拔剑弓扣铁丸，从垣下而弹其额，听墙内堕地有声，知已中弹。

诘旦，复命历城令，谓大盗斯得。令问：「盗何在？」曰：「在臬署。」令叱曰：「汝吃语耶！焉有臬署而为逋逃薮者？」粱曰：「小人已弹其额，公可白抚军，急谕稽臬署人等，额有伤者即盗，盗复何遁？顾此宜速不宜缓，缓则少纵即逝矣！」令曰：「然。」急谒抚军，谓大盗斯得。抚军问：「盗何在？」曰：「在臬署。」抚军叱曰：「汝吃语耶！焉有臬署而为逋逃薮者？」令曰：「捕役已弹其额。公可召按察，急谕稽臬署人等，额有伤者即盗，盗复何遁？顾此宜速不宜缓，缓则少纵即逝矣！」抚军曰：「然。」乃遣人召楮。

楮辞以有疾，不可以风，请假一月。抚军顿足让之曰：「此何事也！而可待至一月耶！」令鞫躬进曰：『此事关系甚重。如按察有疾，公姑枉驾省视，固不失为谦尊。况僚属一体，必不得已，即寝室亦可晤语，无须远嫌引避也。』抚军然之。

比至臬署，褚辞以不敢屈驾，有事俟假满谒见再议。抚军执意省视其疾，褚益固辞。抚军大疑，即自下舆径入其寝室。褚蒙头呻吟，不敢露面。抚军命左右搴被而逼视之，见褚额坟起，缠以布帕，血涔涔外流，确系弹伤无疑也。抚军瞪目诧曰：『奇哉！大盗斯得，我始固料不及此也！』自反署，使人风褚速自录供待劾。褚料难掩饰，果据实直承为盗不讳。抚军特疏入告，敕即正法。自褚伏诛后，盗踪顿戢。

里乘子曰：予曩在临清，有周生者，谈褚事甚详。并言褚工书，楷字摹褚登善，大草仿米元章，皆极入妙，至今山左士夫家藏者尚多。特怪堂堂风宪，甘作盗魁，延颈受诛，死而无悔，不知是何居心也。

其女名毅华，字果男，乳名讷儿，美而好武，嫁同邑武进士某，亦美男子也。夫妇尝出猎，女骑镂金鞍枣骝马，惯着缁衣素裳，短襟秃袖；腰系五色丝绦，左悬朱弦雕弓，右悬锦服，内盛鹫翎金仆姑，两足蹑利屐，立镫上纤细如锥。头上青帕抹额，发绾盘龙高髻，黑如髹漆，髻前插盏大红绒球二颗，迎风颤摇。眉弯新月，目莹秋波，玉靥朱唇，不假涂泽。与夫并辔而驰，俨然双璧。后其夫由游击荐擢总戎，每阅武，女必坐屏后观之，有好身手者辄另赏以银币。一时麾下卧彪之俦，技勇非他部所能及，皆女奖励之功也。或谓女谙彭祖内视法，当随夫之任时年已逾四十，望之犹二十许人。亦善书，尝见骨董客藏所临《十三行》泥金便面，某太史以朱提一流购得之，狂喜如获异宝云。

古雏鸾

江右奚生铁臣，才华丰蔚，容止都美。大名太守与为通家，招司记室。尝夜读书，有女搴帷入，姿首娟妍，目波明媚，诚天人也。生意其为妖，愕眙却立，不敢仰视。女掩袖笑曰：『妾狐仙也，古氏雏鸾。以与君有缘，故来相就，非祸君者，可请毋畏。』生固悦其美，以所言委宛动听，遂不复畏，与同寝处，情好甚敦。女畅通文义，兼擅书法，遇生事烦，辄为捉刀，字体秀健，出生之右。每戒生慎勿泄语，久之，人渐有知者。

太守起家翰林，亦风雅士，闻之，私以问生。生以通家，质言不敢稍讳，并坚嘱勿以语人。太守戏要之曰：『如不泄语，须君意中人私觌，俾得一亲芳姿，乃如所戒。』生笑曰：『诺。』退以语女，女笑曰：『太守公不怀好意，挟势劫盟，妾必有以小惩之！』

一日，生观书，拥女于怀。太守缓步搴帷迅入，女翩若惊鸿，起身遽遁。太守瞥睹其貌，不禁神驰，戏抚生肩笑曰：『君几生修此艳福？佳人不媒而合，夙夜必偕，鄙人一求平视而不可得，能勿羡而生妒乎？」闻暗中嘤嘤小语让之曰：「公以堂堂太守，后房粉白黛绿、争怜斗宠者不知凡几，尚不自慊，而鳃鳃然歆羡于穷措大，能毋愧乎？」太守惭不能答。

生以将应京兆试，偶取时艺翻阅。女见之笑曰：「君不知取法乎上，徒此孜孜，纵终日咿唔，口角流沫，何益也！」生惊曰：「卿世外人，亦解此小道耶？」女正色曰：「恶是何言也！时文为词章根本，时文不精，各体俱难畅达。每慨三家村伪儒，时文不通，辄自命以诗古文词名家。一时贵耳贱目者不辨真伪，遽以名士相推。彼竟居之不疑，自以为是，不愧学植无根，反大言欺人，肆口丑诋时文为小道，鄙弃不屑染指。而后生小子希慕虚声，乐从其道，相率为伪。文风既坏，学术奚端？是则可忧也。不知时文代圣贤立言，每成一艺，必须镕经铸史，酝酿而出，不可率尔操觚，草草毕事。乃村伧不察，猥以小道目之，不亦颠乎！」

生瞿然曰：「诚如卿言，可谓于此道三折肱矣。其源流得失，能道其详否？」女笑曰：「略知一二。」生笑请赐教，女曰：「时文自半山作俑，栾城效尤，所作非论非说，半类语录，不过偶尔游戏，创为此体。自有明以此取士，谓之「制艺」，大致仿唐人试帖法，义取骈偶，始名曰「八股」。明初之作，传者寥寥；成、弘、正、嘉，规模于焉大备，其朴实说理处，犹不免近于高头讲章；隆、万专尚神韵，多涉浅滑；天、崇则称极盛矣！海阳、太乙、蕴生、大樽四家，可称四杰；仲昭文品最卑，文锋最利，可称名场健将。至我朝，熊、刘、韩、马诸公，博大昌明，是真为盛世之元音也。此后，则惟桐城二方、宜兴诸储各树一帜，能事毕矣，叹观止矣！妾尝谓举业家，于有明宜多读金、陈、黄、陈及项宫詹五家之文，于我朝宜多读二方及储仲子之文。以此八家为之根柢，然后取近科名墨，简练揣摩，稍趋风气，及锋而试，尚何患不操胜券哉！君不知取法乎上，但欣赏坊刻脑满肠肥之作，虽弋获科名，亦居下乘；矧得失有命，未必果能幸取也耶！」生闻女言，爽然若失。自是每成一艺，必就女正订。女点窜涂抹，不稍谦让。生极悦服，俨然奉女为师，功亦日进。

亡何，试期已及，女偕入闱中，人竟不觉。三场诗文经策，女为斟酌尽善。揭晓，果登魁选。越岁春闱，复请女与俱。女辞曰：『徼幸行险，可一而不可再。秋闱，赖君祖功宗德，未及于祸，然亦君命应得一第，故妾敢放胆效命。今春闱，神明愈多，监察愈严。倘一经逻获，有害于妾，无益于君，是不可以不慎也。』生乃独赴南宫。

既下第归，会太守擢秦中观察。生得乃母手谕，促即南归。爱别太守，邀女偕行，女不肯。生固嫌妻貌寝，叹谓女曰：『内子下体亦差可为葑菲之采，而面目未免可憎，与小生殊不相配！如卿肯偕归，平生愿足矣！』

女笑曰：『从来巧女多伴拙夫，而美男亦多娶丑女。人多谓配合颠倒，为之不平。不知天地爱人以德，即此可悟造物妙用。试观秦嘉徐淑、相如文君，伉俪相当，古今有几？然即此四人而论，非女抱沉疴，即男婴渴疾，青春相爱，白首难期；琴瑟常调，弦多中断，转不若梁孟、鲍桓，弃貌取德，反可山河偕老也。至君嫌夫人貌寝，殊可不必。妾知夫人命薄，不堪为孝廉之配。君归不久，必不免奉倩神伤；旧人既逝，新人即来，君具此才貌，又得一第，何虑无嫱施作匹？妾相君鸾胶重续，定属嘉耦，赠嫁甚丰。君命非仕宦中人，此后可载景丘园，春晖奉母，日对丽人，坐拥厚资，一株同心，南面不易。有妾在旁，反使目中添刺。况与君缘分垂尽，何如稍留未了，为他日重会计耶？』生以女言决绝，料不可强，不得已，挥泪而别。

归家后，未几，妻果病卒。时同乡某观察，有女甚美，素极钟爱，以妻生。奁资巨万，生藉此经营生产。以狐能前知，遂遵其言，杜门养亲，灰心仕进矣。

里乘子曰：此亦临清周生为予言者。且言狐女工书善画，至今大名人家藏者尚多；他如诗古文词亦略晓其大致，惟于时艺尤极精究，观所持论，亦不无可采。尝有大名府属某县观风，以『道之以政』一章命题。卷呈太守阅评，苦无佳构。女戏拟一篇，太守极为称赏。其警句云：『束缚之以政刑，民仅立于无耻之地；薰陶之以德礼，民乃还其有耻之天。』一时士林为之传诵。予观丛书所载狐知翰墨者甚多，不谓此女竟解此艺，奇矣哉！

粤东某甲

粤东某甲，向在粤海关监督署中司会计，获资巨万。既罢，贪心无厌，复挟资入都，营谋其役。路投逆旅，栖止后楼。薄暮，欹枕挑灯，焚吸合甫融膏。忽闻楼梯窸窣作声，见一美少年衣服华烂，举止殊众，步至榻前，向灯而立。甲姑起身为礼，少年略一点首，便横眠其左。试燃膏以献，亦不谦让。约吸数十口，乃起，从容下楼而去，并无一言。甲殊怪其骄蹇无礼，亦姑置之。

时新任监督某公，出都赴任，使公子前行，恰与甲同逆旅。公子平日固亦吸合甫融膏，傔从拂榻展被甫毕，公子以路途劳瘁，一偃仰不觉睡熟，群仆屏息伺应，不敢惊扰。少选，公子欠伸起曰：『好梦！好梦！』群仆闻之，急燃膏以进。公子摇手止之，命呼逆旅主人至，问：『此有后楼乎？』曰：『然。』『楼上有宿客乎？』曰：『然。』问：『其客年貌若何，衣服若何，然否？』曰：『然。』乃命召某甲至，相视骇愕。

公子笑曰：『顷承嘉惠，尚忆之否？』甲漫应曰：『唯唯。』问甲姓名并入都何事，甲具告之。曰：『如此甚好，可返辕随我赴粤也。』甲叩谢。悄诘傔从，知为公子，喜出望外。初，公子睡熟，魂适出舍，闻膏香，迹至后楼，居然与甲吸膏。醒时为群仆备告前事，群仆转以语甲，忆及前状，实深称异，始恍然悟顷之吸膏者，固公子之魂也。

后甲至粤大得宠任，主仆由梦中作合，亦奇缘也。

兰苕馆外史卷四

姮儿

明季，东越尚书某公，年六十，乞休归。筑适园于鉴湖之滨，亭台池沼，与平泉绿野比胜。有女素娴，以中秋生，小字姮儿。姿妍性慧，公所钟爱，垂髫自课读书，通晓翰墨，惟选婿綦苛，故及笄犹未字也。

同里奚生，本旧家子，成童有声庠序。幼失怙恃，而家甚贫，寄居孀妗家，聊藉笔耕糊口。适园花木极盛，每春花开，公必招客宴饮，赋诗为乐，知名之士，靡不毕至。尝赋白牡丹诗，惟生四首称最，中有四联云：『最好文章惟本色，是真富贵不繁华。』『美人原不须修饰，名士由来要率真。』『宜主淡妆脂不污，太真新浴玉偏温。』『风暖腻融瑶岛雪，月明浓簇玉田烟。』尤为公所叹赏，顾谓座客曰：『诸公所作固佳，如奚生蕴藉风流，别有寄托，未免推倒一时豪杰矣！』座客唯唯，佥谢不及。

宴罢，公以诸诗付姮儿甲乙。姮儿周览一过，亦拔生诗独冠一军。笑谓公曰：『此生的是金华殿中人，安有吐属名隽如此而长贫贱者！」公亦微笑首肯。自是悯生穷困，不时助以膏火，阴有东床之意。以凡事皆决于夫人，不敢遽宣于口，意俟奚生科名小就再议。姮儿雅窥公意，亦殊以为不谬，故每公欲周济生时，必怂恿而赞成之。

公幼子年十三，方攻举业，苦无良师，欲延奚生课读，而嫌其年太少。商之姮儿，姮儿笑曰：「昔项橐七岁为圣人师，奚生长于项橐多多矣！况吾弟非圣人比乎，有何不可？」公笑曰：「诺。」遂延奚生课其幼子。初，姮儿第知生才，而未见其貌。家塾在适园外西偏，姮儿绣楼旁适园东角，生课读之暇，恒携公子来园闲眺。姮儿自楼窗窥之，见生仪容俊伟，举止不俗，心益喜。生固早耳姮儿才貌双绝，又闻其评诗及怂恿之言，窃幸此身得一知己，我不可以负之；又念一寒至此，岂能妄觊系援；继又叹曰：「此生不娶姮儿，宁终鳏耳！有志者事竟成，彼刘文叔岂非人哉！」

同邑大冢宰某公，与公同年登第，权势赫赫，震耀朝野。公鄙其为人，交殊淡漠。其子某甲，以荫典得指挥千户，家居，假父势鱼肉乡里，人多侧目。甲以丧偶，托媒求姮儿为继室。公雅不欲，商之夫人。夫人歆其富贵，极口允诺。公争之曰：「甲虽一时富贵，其所行事，恐终难免于祸！」夫人怒曰：「甲与汝无仇，何得信口诅咒！且姮儿日长，似此门第，错过更许谁耶！」公曰：「奚生年少多才，定不久于贫贱。吾意欲将姮儿妻之，可乎？」夫人唾其面曰：「汝颠也耶？将爱女给乞丐，岂不畏显者笑耶？吾志已决，汝休饶舌！」遂将姮儿许字某甲。以公有欲妻奚生之说，恐留奚生有碍女声名，翌日遂辞奚生去。公无可如何，惟有垂头浩叹而已。

奚生既辞公出，仍住孀妗家。知姮儿已字某甲，顿觖所望，镇日喃喃呓语，如失魂魄，眠食俱废。妗固无子，将依甥以终，见生病状，殊切忧虑，不时就问所苦。生日加剧，自恐不起，遂将病源备告妗氏，且谓此生不一见姮儿，死不瞑目。妗慰之曰：『儿勿妄想，彼既字某甲，并世簪缨，岂复垂念寒畯！以甥才华，何患不发迹？他日苟得志，又何患无美妇人哉！』生摇首曰：『妗言非也，姮儿我知己，非世俗巾帼可比。彼若知儿病，必蒙垂悯，但苦无人为通消息耳。』

姮儿之乳母王媪，与妗比邻，素甚契洽。闻生病，间来省问。妗不得已，以生所语告媪。媪叹曰：『以汝家郎君配我家小娘子，大好事！偏夫人愦愦，贪富贵许某公子，以凤偶鸡，诚可惜！妗不知，我家小娘子亦非寻常人物，此段因缘，甚非所乐。容老妇见时，试以郎君言因之。倘蒙垂悯未可知，然不敢必也。可慰郎君勿自苦，老妇自有以报命。』妗称谢，坚托而别。

姮儿知奚生因已辞去，心殊不忍；又知夫人已将己许某甲为继室，稔知甲固纨绔恶少，自念终身失所托，意忽忽不乐。某甲喜聘姮儿，早涎其美，以中馈需人为词，亲迎之期甚迫，委禽纳采，备极丰腆。夫人大喜，日督趣姮儿检点妆奁。姮儿本系爱女，一言一笑，皆能博堂上欢。近忽神情懒惰，日复一日，渐难支持。

夫人颇深诧异，乃命之曰：『男婚女嫁，人之大伦也。我为汝择配不易，今幸许某公子，此邑中第一等大绅士。其父气焰，炙手可热，朝廷向用方殷，指日可望枚卜。不似汝父老不长进，但图逸乐，遽尔乞休！即论某公子家道，岂止百万，汝嫁去便督家政，一呼百诺。似此大富贵，何尚郁郁不乐耶？虽难舍我二老，幸在同邑，时可见面。为汝计，当无不乐也。汝日来欢少愁多，我殊不解。岂需何衣物而赧于启齿耶？盍为我言之。』姮儿不答。再三研诘，卒颦眉不发一语。夫人无奈，只得曲意谕慰而去。

他日，姮儿晨起较迟，尚未晓妆。侍儿为具早膳，悉却弗用，蓬头对镜，脉脉若有所思。王媪适至，惊曰：『几日未见娘子，何忽清瘦若此！』姮儿叹曰：『我亦不解何忽若此，但觉此心毫无生人之乐。古人有言「忧能伤人」，我其不能久于人世矣！奈何！』王媪曲为劝慰，因笑谓曰：『可贺娘子喜期已近，某公子是吾邑第一等人家，指日娘子过门，荣华富贵，享用不尽，不知老妇登门尚可望见颜色否也！』姮儿不待言毕，即正色侧身向壁，怒容可掬。

王媪自知失言，默坐移时，又问：『近日可否游园？园中有何花开？曾作诗词否？作画否？弹琴否？』姮儿但摇头不语，色稍霁。媪因言：『昨有某秀才，携一古琴，玉轸金徽，据称是甚管夫人旧物，腹并有善画马之赵孟頫手刻多字，央老妇携至贵宅求售。以其索价太昂，又恐损坏难以赔偿，故未将来。』姮儿笑曰：『姆无论如何，早晚能将来一看否？』媪笑曰：『可。』因称娖走近姮儿身旁，低声笑曰：『尚有一可笑事，请宽老妇罪，方敢陈说，愿闻之否？』姮儿笑曰：『有何可笑事？姆试言之，或可破闷，决不汝罪。』

媪曰：『可笑奚生，的是书痴！不时自说娘子是渠知己，不可负之，此生除却娘子，誓不他娶。前自宅中辞出，渠镇日如失魂魄，眠食俱废，看来难以医治。渠言死不足惜，及生不一见娘子，断不瞑目。旁人多斥其妄，渠泣谓娘子非世俗巾帼可比，若知渠病，必蒙垂悯，但苦无人为通消息。老妇怜其痴而多情，绐其代为转达。天下竟有此种痴情之人，不真令人发笑乎！」姮儿闻之，始则涕泪满面，继则吞声哽咽；及闻赞其非世俗巾帼可比，却喜奚生真不愧知己，平日一片垂悯奚生热心，不觉一时感触，几至放声痛哭矣。

媪见姮儿此状，果信奚生之言不谬。少间，姮儿啜泣已，自以罗巾拭泪。媪复进曰：「奚生如此多情，无怪娘子垂悯。老妇明日薄暮送琴来，即暂屈奚生伪为奚奴，污面易衣负琴而至，藉使一见娘子，可乎？」姮儿不语，意似首肯。媪会意，少坐兴辞。姮儿曰：「姆须识之勿忘，明日薄暮，务将琴来，切勿失信，劳我盼望。」媪点首者再，曰：「诺。」

比归，具告奚生。生霍然兴曰：「我言何如？娘子命我，死且不敢辞，何况奴乎！」日昳，媪令奚生以土污面，衣以须捷，授以琴，负之而趋，俨然奚奴。由适园入，媪先见姮儿。问：「琴曾将来也未？」媪点首，招奚生入。

奚生置琴几上，见姮儿淡妆靓服，病容满面，而光采照人。罄折欲拜，姮儿急止之，命坐。怜其为己不惜破衣垢面，不禁双泪承睫，顾素性英爽，寻即收泪。笑谓生曰：「君之痴情，妾已尽知之矣。以君之才，宁长贫贱？天下美人，胜于妾者甚多，何患不有嘉耦？妾自知薄命，日来心绪恶劣，慵如中酒，病颇绵惙，其不能久于人世也必矣！君幸努力自爱，好自为之，何必抵死与人争髑髅哉！」生听姮儿言，泪下涔涔，方欲有言，忽侍儿报夫人至。

姮儿大惊，急匿生复室中，自扶王媪出户相迎。夫人问：『几上何来一琴？』姮儿谓：『是王媪将来求售者，彼称是管夫人旧物，儿尚未审定。』夫人命将宋锦弢解开，就烛下谛审，见金徽玉轸，断纹甚好。又视其腹镌隶书两行云：

繄龙门兮无枝，妃玉轸兮冰丝。与子期兮静好，偕百年兮友之。

旁行楷书署款云：『皇庆元年中秋，天水子昂为仲姬夫人铭于沤波馆。』夫人赞曰：『铭字刻手俱好，的是魏公旧物无疑。魏公人品虽不免后人訾议，然究不愧一代才人。此物可留为妆奁之助，愿吾儿他日能效魏公夫妇，足矣！』顾谓王媪：『索价几何？我处付给。』媪笑曰：『诺。』夫人又与姮儿哓哓絮语，久之始去。

漏已初下，宅门前后尽鐍。姮儿问王媪：『奚生在此，将焉置之？』媪曰：『事已知此，娘子不用忧虑，可暂藏婢女房中，老妇再伺隙携出。』姮儿无奈，只得命诸婢同伴已宿，即以婢房暂置奚生。姮儿待侍女素宽，诸婢乐为之用，凡事多不回避。

时公家子已由词馆晋大司成，远官京邸，闻妹已字某甲，心殊不慊。素敦友爱，又以妹系两亲爱女，特遣妻杜氏归，为妹料理嫁事。杜本岐公的裔，明察刚断，胜于男子。到家数日，见姮儿情状，心窃诧异。又闻某甲所为多不法，亦甚腹非翁姑卤莽错配。偶至姮儿处，适奚生在婢房开半窗外窥，见杜至，遽掩其窗。杜眼明，已瞥见之。默谓姮儿素读书以节义自许，何忽有此暧昧事？殊切惊疑。

姮儿素与杜极相得，见杜至，立身含笑。杜执手慰问：「近日眠食如何？」姮儿笑曰：「不过尔尔。」杜见王媪笑曰：「我家小姑子好期在迩，未免难舍两大人膝下，汝来作伴解闷亦大好。」媪笑曰：「唯唯。」杜见房中图书满架，案上一帙，恰是姮儿以乌丝阑手写蝇头小楷《自选唐人乐府》，内夹近作一首，是《拟李长吉〈宫娃歌〉并次原韵》，云：

捧心一顾粉黛空，先施要宠压六宫。凝脂中酒白玉暖，莺儿教歌蝶拍板。

欢娱不足忘朝昏，纤纤新月愁眉痕。烟波一舸谁曾见？好事诬同赋感甄。

满溪香水枯春渚，响屧廊荒草铺路。不如老浣越中纱，白头不到吴中去。

杜氏阅毕，又信手一翻，是张文昌《节妇吟》，见通首丹黄，起四句密圈，上二句旁评云：「既知有夫，似可不赠珠矣；偏赠珠以表其情，可谓痴绝，然不可不谓知己！」下二句旁评云：「既知有夫，似可不接珠矣；乃感其缠绵之意，暂且系之，可见人生不外一情，虽节妇一时亦难恝然拒绝，亦以知己难得也！」中四句单圈，旁评云：「四句凑泊无理！良人既非庸流，尚贪与人絮语，有愧罗敷多矣！」末二句密圈，旁评云：「赖有此耳，马到悬崖，不得不勒，然亦无可奈何时也！」总评云：「此妇已嫁，犹与外人殷殷通词，将置良人于何地？作者且以「节」字标目，可见古人之恕。尝见世有男才女貌，往往限于门第而不能如愿者，处此境地，尤要确有把持，所谓「发乎情，至乎礼义」也。司业此诗，大约有为而言，究不可以为训。」

杜氏读所拟近作，并细味评语，见姮儿立论正大，当不至于苟且。因借以风之曰：「适读贤妹大作，为先施翻案极妙，不知果有说乎？」姮儿笑曰：『据《春秋三传》、《国语》，先施本不知所终，以有裹鸱夷沉江之说，后人便附会偕鸱夷泛五湖矣。即《洛神赋》而论，不过陈思脱胎宋玉《神女》、《好色》等赋，偶尔遣兴。留枕之说，荒谬不经。考阿甄与陈思年齿悬殊，况魏文猜忌异常，陈思避嫌不暇，敢赋《感甄》乎？才人信口雌黄，可恨可畏。然二人亦自有瑕可摘，如先施果是范大夫妻，即不当再事吴王；阿甄既为袁妇，既不当再适曹氏。大抵女子须要守礼谨严，稍失防检，即不免后人唐突，是不可以不慎。』

杜氏听姮儿所论，殊深钦佩，因又谓：『贤妹大作，命意之旨既闻命矣，敢问所评《节妇吟》，文昌以节许之，名果能称实乎？』姮儿笑曰：『此妇妙在多情而不肯失身，守得身住，便是守得节住。』曰：『然则古人所谓「内言不出，外言不入」，以此妇律之，毋乃过乎？』曰：『此为泛泛者言之也。若彼此亦既觏止，两相慕悦，外言无翼自能飞入，内言无翼自能飞出。大抵声应气求，直如好友，虽男女异体，亦各忘形；既占同心，即期聚首，情之所钟，真如针芥相投，固结莫解，并非贪人欲之私，贱等淫奔也。即有时情不能禁，偶越范围，必须用力操持，谨守分际，昕夕觌面，俨对大宾。偶一失足，男则狂且，女则荡妇。老子云：「不见所欲，则其心不乱。」是不可不慎而又慎也。』

杜氏听姮儿所言，已窥大意，不禁默默叹惋。乃屏去侍女，悄谓姮儿曰：『贤妹好期已近，非愚嫂妄论，两大人择婿，未免太失检点，奈何！』姮儿闻之，泪下如雨。杜慰之曰：『贤妹不必伤感，如可斡旋，愚嫂必肯效力。」姮儿见杜氏直抉其隐，默自惊异，不觉红晕两颊，益增悲哽。

杜曲为劝慰，笑曰：「愚嫂归来，俗冗纷纠，家中房舍多未能到，未审贤妹住屋共几楹也？」姮儿谓卧房及婢女所居共八楹。杜氏故左右周览，信步至婢房前，反手试搴其帷，蓦见奚生，大惊，回首问姮儿：「此何人也？」姮儿以杜前言有因，意已罄悉底蕴，当不媒蘖，乃靦觍直答曰：「此奚生也。」并具告崖末，且谓：「住此业经三日，无隙可出，如有苟且，神明共殛，惟嫂氏察之。」

杜氏习闻奚生之才，及详度其仪容举止，的是不凡，默叹姮儿鉴赏有真。又恐因羞致变，乃慰之曰：「贤妹独具特识，如欲缔逑好，久留在此，究非善策，宜速为计。」姮儿含羞答曰：「妹方寸已乱，惟嫂所命。」杜知姮儿之意已决，素稔王媪是姮儿心腹，独召媪至，附耳授计，趣其速归。又正色谓奚生曰：「妾为君事煞费经营，君宜努力进取，为闺中人生色，切勿有负！」奚生感泣再拜，指天信誓。

漏初下，杜计王媪已将车至，预遣去适园纪纲人等，悉召姮儿身旁妪婢至己房中。命姮儿结束，略带金珠钗饰，由适园与奚生偕遁。姮儿故有四婢，长名木难，年十四，目听眉语，素解主人意，亦命俱去。又以千金付王媪，留为二人食用之资。杜一一处分已，携姮儿手，叮咛赠语。姮儿挥泪裣衽再拜而别，一时竟无一人知者。

漏二下，杜命稽察门户，严加鐍键。漏三下，忽报姮儿住房火起，俄顷烈焰炽天，举室惊惶，群争扑灭，而八楹已成灰烬。幸间架不与他屋毗连，尚未延烧别院。惟姮儿未曾拯出，木难尸亦俱毁。公与夫人悲恸欲绝，杜氏再三劝慰乃已。

某甲方准备亲迎，忽得此信，大失所望。日惟沉溺勾栏，藉以排解。亡何，而东楼之祸作矣。初，某甲藉父势，在乡无恶不作，会直指使者巡方过此，叩马鸣冤者数百人。直指素有包老之称，阅词大怒，据实一一封章入告，并劾其父纳贿鬻爵数条，确有左证。朝廷震怒，即日降旨，削其父子爵，远戍烟瘴充军，沿途不得逗留；所有家产，一概籍没入官。某甲在路，恶创溃发，寻毙。家宰公老年恸子，兼以跋涉劳顿，未几亦殒，一家竟无噍类矣。

姮儿既偕奚生出亡，自携木难与王媪，在穷乡买屋一所，竹篱茅舍，荆布自甘。王媪伪称为甥女，见者但诧其美，而不知其为女公子也。奚生仍居妗氏家，偶来与姮儿相见，亲如兄弟，敬如朋友，一言不敢狎亵。以感姮儿知己，惟恐有负，下帷攻苦，连战俱捷。廷试得馆选，授翰林院编修，乞假回籍完姻。

是科主试官六人，公冢子已晋少宰，预焉。以与奚生同里，谒见时倍觉亲洽，闻公旧有东床意，未免振触同怀之情，悼念己妹薄命惨死；又念某冢宰父子如此结局，妹若在更难为情，反以早死为幸。当奚生旋里，少宰托带家书中，盛夸奚生才品俱优，自庆得人，且属公为之留意执柯。

姮儿自奚生计偕北上，日闭门焚香，鼓所购管夫人旧琴，聊以消遣。间或教木难下棋；或遇花开时，对花写画数笔；或作诗填词，以抒怀抱。一日，读老杜《佳人》五古一篇，反复披吟，不胜感慨，因次韵咏怀并忆嫂氏杜少薇夫人，云：

涓涓涧底泉，曲流恋山谷。翩翩枝头鸟，回翔择林木。
我生丁不辰，入险胜遭戮。萦缴巧相伺，飞土嗟逐肉。
赖得嫂氏贤，明察幽隐烛。翼我出网罗，璞守无瑕玉。
岩居等寄巢，戢羽暂栖宿。不寐思两亲，掩袂吞声哭。
我心盟白水，肯污浊泥浊？啸歌聊自娱，不隘一椽屋。
课婢时种花，笑摘香满掬。平生儿女泪，羞洒潇湘竹。

脱稿复自讽玩，颇自得意。忽王媪与木难从外联袂趋入，笑称『贺喜』，谓：『顷妗氏传言，奚生已授编修，乞假归娶，不日可到。』姮儿闻之，心窃自贺。

及奚生归，先使人报知姮儿。既谒某公，执礼甚恭，袖出少宰家书。公阅之，不胜叹息。送奚生出，归与夫人言及少宰家报，意似怨夫人当日失计。杜氏在旁闻之笑曰：『恭贺两大人，小姑固无恙。今某甲家靡有孑遗，正好鸾胶重续，请勿嗟怨。』公与夫人相视愕眙。杜笑言当日火灾故己所为，乃备述觋缕。公与夫人大喜，先迎姮儿归，风示奚生遣媒纳聘，涓日合卺如礼。

里乘子曰：《聊斋》有云：『天生佳丽，将以之报名贤；而世俗王公，偏留以赠纨绔。』千古一辙，牢不可破，良可浩叹。奚生密迩佳人，亲敬不敢狎亵，即此一节，不愧名贤。少宰赞其才品俱优，信非溢誉。姮娘材艺无不擅长，读诗两首，窥豹一斑，偶尔发言，亦皆入妙，诚闺阁翘楚之尤。某公择婿，非不知破格求才，惜为闽内所持，几至名花堕溷。幸杜少薇夫人智能应变，卒使淑女君子得遂好逑，只手回天，不露声色。其筹画尽善，即方之古押衙，何多让哉！

附　宫娃歌　　李贺

蜡光高悬照纱空，花房夜捣红守宫。象口吹香毾㲪暖，七星挂城闻漏板。
寒入罘罳殿影昏，彩鸾帘额着霜痕。啼蛄吊月钩栏下，屈膝铜铺锁阿甄。
梦入家门上沙渚，天河落处长洲路。愿君光明如太阳，放妾骑鱼撇波去。

附　节妇吟　寄东平李司空师道　　张籍

君知妾有夫，赠妾双明珠。感君缠绵意，系在红罗襦。
妾家高楼连苑起，良人执戟明光里。知君用心如日月，
事夫誓拟同生死。还君明珠双泪垂，何不相逢未嫁时！《容斋随笔》：「籍在他镇幕府，郓帅李师道又以书币聘之，籍却不纳，作此寄之。徐太史倬谓：按词意婉转，恐非节妇意也，宜以本事为题，则得风人之意。」

附 佳人

杜甫

绝代有佳人，幽居在空谷。自云良家子，零落归草木。
关中昔丧乱，兄弟遭杀戮。官高何足论，不得收骨肉。
世情恶衰歇，万事随转烛。夫婿轻薄儿，新人已如玉。
合昏尚知时，鸳鸯不独宿。但见新人笑，那闻旧人哭。
在山泉水清，出山泉水浊。侍婢卖珠还，牵萝补茅屋。
摘花不插发，采柏动盈掬。天寒翠袖薄，日暮倚修竹。

某太史鬼求代

京师某太史，情重前鱼，终岁不御妻妾，但狎优伶。尝有友招饮，忽遭优伶所戏侮，为坐客姗笑，羞忿自经。其鬼求代。

初，正阳门外某生远游，其妻独居，家小阜。妻兄弟素无赖，时来称贷，妻颇厌之，恒不能遂其所欲。一日，弟乙以有急，又来求姊。会姊往亲戚家，待至薄暮甫归。厕身暗陬，窥姊下车，身后随一美少年，相将入房，大骇，以姊有所私，心殊耻其所为。继思藉此有所挟，计亦得，爰潜身蹑足入。伏窗窥姊坐灯下，面频蹙，若有忧色。少年偎姊身旁，低声耳语，隐不可辨。姊危坐自若，少年或左之或右之，或长揖而跽恳之，丑态百出。

无何，更鼓二报，少年似益急迫，跽恳益数。姊意似首肯，起拭泪至案前，挑灯启镜奁，薄加脂粉，转身坐榻上，小声嘤嘤啜泣。少年频为拭面而殷请之，便见姊起身解带挂梁上。少年不禁狂喜，或拊掌，或踊足，或伏地雀啄，笑容可掬。乙莫喻其故，既见姊上榻向外跪，少年笑援梁上带授之，姊引带纳项下，意将投缳。乙骇甚，始悟少年非人，系缢鬼之求代者。乃大声疾呼：『有鬼！』

时甫二更，市上行人尚众，闻声毕至，佐乙破扉入房。乙急解其缳，放姊卧榻上。意甚痴，默不一语，灌以姜汤，顿苏。而市人至者益夥，屋狭，鬼皇遽不得出，侧身引避，形嵌壁上，宛然写照。有识者谛视之，诧曰：『是某太史也。』佥称怪事。太史家闻之，争来濯洗，竟不能去。急延僧讽诵经忏，日以法水祓除，匝月方灭其迹。

后某生归，诘妻前事，则曰：『自君之出，意忽忽如有所失。他日自某家归，觉耳畔有人，极称生愁不如死乐，不觉心动，入其彀中。实其时身亦不能自主也。』某生夫妇从此德乙，有无遂常相通云。

里乘子曰：往予游京师，友人招饮，座客无不各召歌童侑酒。否则即不合时宜，举座皆为不欢。而歌童闻召即至者，主人意气洋洋，如膺九锡。脱有再三候之不至者，座客辄冷语相诮，主人颜色惨沮，坐立不安。观其盼望情切，直不减于秀才望榜。恶习相沿，牢不可破，真为咄咄怪事！至若太史为优伶死，尤为绝无仅有，可补《情史》之缺。

予尝谓：烈士殉名，荡子殉情。情之所钟，正在我辈。古今忠孝节义，皆不外一情字，但恐人误用其情耳。以堂堂太史，屏妻妾而割骨肉之爱，昵优伶而乖阴阳之和，下流忘反，已属有玷清班；而一遭戏侮，即不惜以身殉之，亦何性命鸿毛乃尔耶！乃生既包羞，死犹无赖，以求代故，几波及无辜妇女，卒至壁上留形，万目攒视，互相传述，以为笑谈。幸菩萨有灵，法水洗垢，不然光天化日之下，千古遗此奇迹，岂不于贰负之臣外，又添一话柄也哉！

柯寿鞠

柯寿鞠，字丹蕙，广陵乐工女也。其大母八十诞辰，梦女冠持赠丹菊一枝为寿，翌辰女生，遂以名之。髫龀失怙恃，叔无赖，鬻入勾栏中。六七岁，闻人诵诗，窃爱之，见文士即求指授，一听了了。十岁初度，口占一绝云：

戏控青鸾下碧空，十年尘梦堕西风。此生不作韩枢密，愿抱秋心老蕊宫。

一时传诵，佥谓是儿命薄心高，恐非佳兆。

及长，美而侠，富儿大贾，争以缠头媚之，辄时分济寒畯。年二十，自以千金脱籍，私谓狎客某甲曰：「儿齿渐增矣，浮沉风尘中，终无了局。频年私积不下十万金，颇可自给。愿乘色未衰，择一才貌俱优，可同白首者，托一终身。君阅人多矣，烦留心物色，倘当意，不吝谢也。」甲笑曰：「诺，容徐图之。」

有山阴陶公子者，少年俊美，薄游广陵，艳女之名，兼利其资，赂甲求为说合。时女已独居谢客，甲特往述公子向慕意，并盛夸其门第才貌。女命导公子至，相而后可。既至，果一见目成，两心相许。公子言妻病瘵频年，死在旦夕，虽暂屈篷室，一俟中馈虚人，即当正位。甲居中怂恿，女喜，遂订割臂之盟。定情后，两情缱绻，誓同生死。

居无何，公子告女，将如京师，纳资求官。问：「何官之求？」曰：「倅丞可耳。」问：「何不求守牧？」曰：「固所愿也，奈资不足何！」问：「所绌几何？」曰：「五千金足矣。」女笑曰：「此亦甚易办，妾当足成之，奈何甘就冷宦！」公子大悦。筮日，女为治任祖饯，出五千金付公子，趣速经营：「早去早归，免妾久盼！」公子唯唯，订期珍重而别。

逾期，公子不至。女问某甲，但饰语支吾。及坚诘不已，甲乃实告公子固携金遁归乡里，入京求官，皆属诳语；且其妻悍妒，亦不敢纳妾媵。女知为公子所赚，殊不恚愤，笑谓甲曰：「妾初见若言大气浮，固虑少年轻薄，不可终恃，今果然也。」因详问公子里居第宅，自买太平巨舫，携媪婢五六人，径如山阴，僦屋而居，与公子望衡对宇，戒众勿泄。

公子母寿辰，贺客盈门，女华妆命舆往。公子方肃宾在堂，骤见女至，大惊失色。众客不知谁何，睹女容光焕发，讶为天人，凛然不敢正视。女乃向众客裣衽，致词曰：「妾广陵乐工女柯寿鞠也。诸公非公子族党，亦必贵戚，妾有微忱，愿为诸公陈之，可乎？」佥曰：「愿闻。」女遂备述公子赚己始末，已，乃指公子而数之曰：「始妾以若贵家子，必知自爱，故遽以终身相托。不虞轻薄儿居心龌龊，但涎妾卖笑金，巧设骗局，自以为得计。不知妾卖笑金固用之不竭，特笑若太器小，无福以消受之耳！」公子闻之，汗流满面，惶愧俯首，默无一词。

众客为之缓颊，并好言抚慰，愿共为调停，令公子谢过，仍践前盟。女谢曰：「诸公休矣！此等龌龊儿，妾誓不与相见！今所以不惮劳苦千里而来者，诚以若今日可负妾，异日负君负亲负妻负友亦何不可？故特将若为人暴告诸公，俾各慎与交游，勿受其诈耳！」

众以女语言爽决，知不可挽，因谓：「公子所携归五千金，当如数返璧。」女笑曰：「此尤细事。若重利轻义，妾则不然。今既为若所赚，直如当日缠头少博此戋戋耳。况妾平日周济穷困，浪掷何止倍蓰。若既爱之，亦第蹴尔与之，以大快其欲可也。妾去矣。」遂别众，从容上舆，登舟而去。公子面如死灰，众相对叹息，但姗诮公子薄幸而已。

女旋广陵，幡然变计，曰：「一误不可再误，今必得一中年名士之在官者而事之，且非续娶不可！」会淮安府教授周广文，五十丧偶，遣媒求为继室。女夙耳周固名士，欣然许之。嫁后琴瑟甚敦，越岁生一子，周益嬖之。前室固有二子，尝与女言冷官多子，虑垂老无以资俯育。女曰：「奈何？」周曰：「老夫固善鸱夷术，向苦无资。闻卿多私蓄，若假我权子母，不患不得什百息也。」女曰：「业夫妻矣，曷不早言？妾物即君物，但挥霍耳，何假为！」遂倾箱罄出所蓄十万金付之。

周得金，罢官业鹾，不三年得子金三十万。即罢所业，肆筵设席，延女上座，自奉卮以献曰：「赖卿母金，得少弋获，子孙不忧冻馁，皆卿之赐。虽然，卿出身平康，无不知者。仆纵疏狂，亦不合俨然聘为继配；即仆自愿之，其如天下后世口实何？」女曰：「妾从君生子已扶床矣，何忽出此言？岂畴昔申旦之誓非君意耶？」周曰：「良有之。向以闻卿所蓄甚富，姑妄言之，藉可运筹生色，一洗寒酸。今幸如愿，卿之母金当仍归赵，并酬以什一之息，我有旨蓄，亦以御冬。老夫髦矣，卿近中年，独处鳏居，两足存活，自今以往，请永与卿诀矣。」

女曰：「诀则诀矣！妾所生雏将焉置之？」曰：「卿如难割爱，将雏俱去可耳。」女曰：「诺。」即日携子挟金，仍旋广陵。乃鸠工庀材，大治第宅，购良田沃产，择老成纪纲司之。每岁出纳，躬自会计，日益饶富。不惜厚俸，聘延名师，以课其子。

子十四岁，周殁。女赍重赙，携子斩齐临吊。周之二子拒之，不许入门，恸哭而返。或谓，女十岁时所为诗终成谶语，所谓心高命薄者非耶！自以郁郁不乐，四十岁后改号瘦菊老人，然风骨珊珊，虽当中年，望之犹如二十许人。

里乘子曰：女谓「一误不可再误」，若陶之言大气浮，少年轻薄，不可托以终身，犹在女之意中；至周之为人，俨然名士，齿已中年，名称继配，女之幡然变计，亦殊斟酌尽善矣！况琴瑟在御，子已扶床，「我物即君物，听君挥霍」，岂尚有意外变欤？不谓一洗寒酸，顿思决绝，始知畴昔申旦之誓，不过藉为渔利之媒；一旦如愿还金，遽促携雏俱去，似周之叵测无情，诚非女所及料也。而乃哓哓致辨，强以天下后世口实为词，然则陶闻女言，始终愧不一语，似天良尚未丧尽；周则巧言颜厚，口给御人，真可谓老而无耻矣！世之所谓名士者，固如是耶？

伊莘农相国言

伊莘农相国言：人生枯菀升沉，或由福而祸，或由祸而福，皆有定数，殊难逆料。不见予年五十，犹于滇省节署堂皇西偏枯坐胡床，仰屋默数木椽方砖时耶！客请其说，曰：

余初铨除云南通判，因公罣，吏议去官，穷滞不得回旗。欲谒抚军求谕寅采，凑赆资斧。司阍者以绌误废员，斥不与通。恳告再三，始颔之，令少待。但见大小吏分队晋谒白事，司阍者次第传命：「司道也」，入；「司道也」，出。「府厅也」，入；「府厅也」，出。「州县也」，入；「州县也」，出。「佐贰也」，入；「佐贰也」，出。「武弁也」，入；「武弁也」，出。意以为当及己也，时日濒晡，忽闻司阍者大声言曰：「抚军今日接见属吏，一一处分公事，为时久，甚矣惫，闲人毋得干掷。尔且退，期以诘朝相见。』予次且徒步归。

凡往返三日，皆如之。惟日于节署堂皇西偏，支胡床，屏息枯坐，一无所事。始仰屋默数堂皇自西讫东木椽若干，继默数椽上承尘方砖若干，目谛心识，顺算逆覆，周而复始，藉攻沉闷。既抚军但语郡守为道地，仅共敛白金百两为赆，而抚军固终未之得见也。

滇省去京师万里，途长资短，可奈何！计惟暂置妻孥，孑身入都向亲友称贷，再事区画。不谓都中亲友见予免官归，相率避道，无一存问。故事旗员因公去官，例许请觐。有旧胥谓予曰：『君困若此，盍援例请觐？倘沐旷典未可知。』如言，搜腰缠仅存所赆金三十两，罄付作孤注，得具文上请。

时朝廷方廑念滇中苗疆事宜，以予从滇来，特召见垂问苗情，予谨据实条陈。奏对称旨，上意嘉悦，敕以原官，仍回滇视事。亲友闻予复官，渐有来庆贺者。及陛辞遄发，旋奉命超擢郡守，亲友来者愈众。不惟庆贺，有推荐纪纲者矣，有馈饷食物者矣，且有不向称贷而殷殷嘉惠程币、惟恐拒而不受者矣。予迫于朝命，不敢濡滞，甫出都门，便奉诏简授监司，并谕兼程驰驿赴任。

既抵滇省，妻孥相见，彼此慰藉，恍疑梦中。即日，遵典礼参谒抚军。前司阍者见余至，亟趋前罄折起居，言笑和悦，不似前气象愁惨。比将命入，抚军即传命曰：『请。』相见之下，吉词奖庆，备极谦宠。见余着监司冠服，讶曰：『君尚不知耶？昨已奉诏，特命君陈臬滇中，君尚不知而犹着此耶？』命左右速为具按察冠服，就于节署更易。

两年之间，由滇臬荐转布政，坐迁巡抚。受命之日，恭诣节署堂皇，焚香设案，望阙九拜谢恩，接纳印绶毕，忽仰见堂皇西偏屋椽方砖，历历在目。因忆昔支胡床枯坐其下，三日往返，欲求一望抚军颜色而不可得，其时犬马齿已迫曰艾，固不料当日求见不得之抚军，甫两易寒暑，竟俨然及身，起而代之也。

予方木立神溯，冥追默忾，忽予阍人来报：「凡滇省大小属吏，咸临宇下待命谒贺。」予次第接见，犹是「司道也」，入；「司道也」，出。「府厅也」，入；「府厅也」，出。「州县也」，入；「州县也」，出。「佐贰也」，入；「佐贰也」，出。「武弁也」，入；「武弁也」，出。彼一时也，此一时也，抚今追昔，惶愧惶愧。

予接见各吏既毕，乃进司阍者而戒之曰：「尔曹识之，自今以往，但有来谒者必将命，尔曹务接以和悦，切勿以愁惨之气象相加，慎毋令堂皇西偏、再有人枯坐胡床，求见不得，徒劳其仰屋默数木椽若干、方砖若干也！」

相国名伊里布，沈阳人。罢相后，尝为人言之。

里乘子曰：往予读《国策》、《汉书》，睹苏季子、朱翁子已事，未尝不感慨太息。今闻相国所云然，是鼎有足矣！人生世上，势利富贵，盖可忽乎哉！

圆光 二则

梅生，四川人，久客皖江，思乡綦切。尝馆六安州幕中，会署有术士，愿为作法。先令尽量酣饮而卧，戒众勿惊，自坐生榻前，骈二指自画左掌心，口中喃喃诵咒，呼十二岁识字童子谛视之。少选，童子曰：「掌中放光，圆明如镜矣。」又曰：「镜中现馆舍，梅生卧榻上矣。」又曰：「梅生兴矣，出门矣，方渡于水之涯矣，旋陟于山之巅矣，升峻岭矣，履坦途矣。抵屋一所，登门矣，升堂矣，入室矣。怪哉！怪哉！室中一少妇，凭几握管作书，梅生竟笑倚其傍，且拊其鬓而玩其字矣。」术士曰：「是矣，汝第谛视所书云何？」童子一一口诵，术士另纸笔之，盖其妇方作寄夫书也。须臾，书毕，妇缄叠完好。童子以语术士，术士曰：「先生不可久留矣。」复骈指画其掌，仍令童子视之。则曰：「梅生出室矣，出门矣，由坦途而峻岭矣，又陟山而渡水矣，犹是入馆舍而上榻矣。」

童子之言甫毕，梅生遽从榻上欠伸起，竟体大汗如雨，拭目叹曰：「奇哉幻梦乎！」术士叩其梦中所历，与童子所言相符，因笑而谓之曰：「此真境，固非幻梦，君如不信，俟夫人家报至，自知。」未几，生妻家书至，验之，果与生梦中所见、并童子口诵而术士笔之者无少异。后生归，与妻话及此事。妻讶曰：「方妾作书时，恍惚鬓边有物作祟，固不虞是老奴作此狡狯伎俩也。」相与粲然一笑。

里乘子曰：宋鲁应龙《括异志》载：『三山曾陟，尝馆于陈氏，七载音信不通。夏月，青衿俱歇，独处一室。有道人自吴山来，谓曰：「子思乡之切，何不少归？」陟曰：「水陆三千里，几时得到？」道人剪纸为马，令合眼上马，以水潠之，其疾如风，祝曰：「汝归不可久留！」须臾到家，门户如旧。妻令入浴易新衣。陟曰：「我便去。」妻曰：「才归便去，何不念父母妻子乎？」陟便上马而行，所骑马足惊折，寤，乃身在书馆中，随身衣服皆新制者。道人亦不见，惟留一药篮，中有一诗云：「一骑如龙送客归，银鬃绿耳步相随。佳人未许轻分别，不是仙翁那得知？」』此事与梅生差相类，然以身骑纸马而归，较梦中不更为神异乎！

杭州沈公子，世居吴山之西，食旧德，拥厚资，丰衣美馔。粥粥群雌，顾非心之所好，惟馀桃断袖，嗜而溺之。少美仪容，生性徇通，喜涉猎图史。尝独居斋中，左右给役皆二八娈童，有鲍婉奴、蒋霞媖者色尤姣好，宠信倍隆。家藏祖遗夜光珠一颗，面面圆匀，大如雀卵，诚为希世之珍。最所宝贵，缀于角巾，黑夜光照一室，不肯轻以示人。

会残暑初退，天气晚凉，夜脱巾皮斋中案头。晨兴，求之已亡。斋故在花园中，不许外人阑入，意必两童之所窃攘。讯之，坚不肯承；鞭之，各负重伤。与两童约，速为觅获，倘合浦不还，则蚁命难活。

绍兴俞仲华茂才万春，素谙圆光之技。某甲见两童鞭扑之惨，特造俞告其事，谓：『君术妙圆澄，曷不一试？』俞不肯，甲嬲之曰：『我非为公子失珠，所愿是非立见，庶免波及无辜。果是两童则已，否则，亦可为辨其诬。俾性命得全，功胜合尖浮图也。』俞固好善，恻然心动，乃诺之。甲喜，趋告公子。礼延俞至，命备黄纸十二张，骈指作剑诀，书敕勒其上，口默诵咒，焚投地上，选十二岁以内童子十馀人，环视之。俞戒之曰：『尔曹第有所见，据实以报，勿得妄言！事毕，各予厚赏不吝！』

少间，群儿报称地现镜光，圆如釜口，镜中现花园，园中池亭、花木、竹石、鱼鸟、阑干、罘罳、帘幕，及斋中几榻、图书、鼎彝之属，一一毕具。则见公子着罗衫、首戴缀珠角巾至斋中，两童从其后。公子脱衫，冒椸上，着短衫，据案观书。两童或燃烛，或瀹茗，或进瓜果菱藕，或拳背按摩，挥扇驱蚊，展衾拂簟。公子欠伸起自私，手除角巾置案头，解衣脱袜上榻卧，两童安置虎子，压幕剔灯，联背拽门而去。

俞问：『两童去后，角巾尚在案头乎？』曰：『然。』俞曰：『是非正在此刻矣，尔曹须用心观之。』俄，群儿又报，称：『园中荷池花叶纷披中，忽立一白髯老者，四顾而嗤，何也？』俞曰：『是必有异，须再用心观之。』忽闻群儿惊曰：『噫！是何怪也？老者上岸，则人首而蛇身也。由岸而升阶，伏窗棂而内窥矣。径由窗棂入，至榻前揭幕笑向公子矣。回身至案前，顾角巾而笑，以口衔珠，仍从窗棂出，下阶蜿蜒入池，欻遁不见矣。」俞大笑曰：『得之矣！』斯时帘外帘内，观者百数十人，闻群儿所言，佥咄咄称怪，且同声赞俞曰：『先生真神术哉！微先生，则屈煞两童矣！』公子疑信参半，命以车涸池水，果见角巾在焉，巾则犹是也，而珠已化为乌有矣。盖池旧有蛇妖，以珠为宝物而袭取去也。噫！失物顾可妄诬人哉！

里乘子曰：《晋书·艺术传》载：石勒将擒刘曜，佛图澄『令一童子洁斋七日，取麻油合胭脂，躬自研于掌中，举手示童子，粲然有辉。童子惊曰：「军马甚众，见一人长大白皙，以朱丝缚其肘。」澄曰：「此即曜也。」』钱竹汀先生大昕谓即近日圆光之术，盖本于此。

楚北王某

楚北王某，性豪而黠。家固不封，常与人缓急相通，辄贷此偿彼，不爽所约。西邻富翁某，素贪且吝，极有心计。王欲贷其资贸易，恐不见诺，而思有以赚之。

会岁将暮，虑人索逋，以妇翁家颇小康，特诣称贷百金，约岁周归还，并加什一之利。妇翁知王不失信，如数予之。王以百金兑钱，不待索逋者登门，一律先期偿讫。尚馀钱数十千，市布帛为妻孥制衣裳，焕然一新。富翁心果生疑，谓王每岁暮，索逋者踵相接，今不待剥啄，一律先期偿讫，且为合家细弱制衣裳焕然一新，何其绰绰有馀裕也！得勿掘发窖藏耶？

既届除夕，听王宅爆竹声震耳不绝，潜往侦察。见王门已闭，心益疑之。谓除夕迎神，类皆重门洞开，今反闭之，何诡秘乃尔也！王宅故湫隘，门内即是堂皇。窃侧目从门隙内窥。但见堂上灯烛辉煌，家人嘻嘻，笑语甚欢。几上累累堆积朱提，大小不下数百铤，默计何止盈万，不胜骇羡，益信掘发窖藏无疑。因念王本窭人子，一旦幸邀天贶，暴获巨资，足征时运亨泰。倘与合伙贸易，利当倍蓰，即什伯千万不难也。

献岁，特诹吉日，折柬独召王饮。肆筵设席，极其丰腆。酒酣，笑恬王曰：「贺君得巨资，能以奇零贷我否？」王蹙然曰：「小子守命安贫，君所知也，何得巨资？」富翁笑附王耳小语曰：「君瞒他人可，不必瞒我，我知之稔矣。尚何虞诈为也？」王力辨其无，富翁曰：「君不愿贷我，我却愿贷君。今请以五千金付君，同有贸易，君愿之乎？」王摇首固辞曰：「小子赤贫，受君重资，倘有折阅，其何以报？不敢从命！」富翁曰：「如获利，彼此均之；如有折阅，誓不责偿，何如？」说之至再，王始首肯。

富翁乃慨以五千金相付。王赍至江西，见菜油满市，爱倾囊购归。是秋楚北菜油翔贵，获利数倍。富翁大喜，仍以母子金尽付王，听其筹运，往无不利。不十年，累资百万，彼此均之。至今两家子孙犹称素封焉。

富翁尝自鸣得意，为王备述畴昔除夕侦察一事，谓：「君至黠，乃竟为我所赚。」王笑曰：

『微君言，亦将明告。畴昔几上累累堆积阿堵物，固是锡箔粘成。计君倘来窥，姑以相炫。窃冀一垂涎，即藉以饵之。果赖得君资，致有今日。诚如君言，非君赚我，实我赚君矣。不然家无儋石储，纵说如苏、张，君亦安肯慨以重资相付乎？』

富翁闻之，始恍然如梦初觉。乃前席笑拍王肩，戏诋之曰：『我自谓颇有心计，不图竟为君所赚。促狭儿，何其谲也！』两人相视，粲然一笑，遂订为莫逆交云。

爱儿

舒城田舍翁某，年四十，生一女，名爱儿，以中年所出，甚珍爱之。爱字于同里之农家子，谓相距密迩，便于往返。

亡何，翁妻卒，女才十龄，即育于嫂氏。以憨稚贪于嬉戏，嫂甚厌恶之，往往相对恶谑，并以语恐之曰：『若已十龄，不为婴娩，尚自僩倲好弄。闻若婿与若齿相若，其势已甚伟，将来齿日增，更不知何若！日后若嫁去，吾甚为若危之，看若犹能嬉戏否？』嫂平居与女相对，辄道及此，以谑语出之，或有时又以庄语出之，甚至故作颦蹙状，若以为是真为女廑虑也者。爱儿闻之既熟，甚以为惧。

不数年，女已及笄，往嫁有日，嫂犹时以为言。爱儿默自计曰：『诚如嫂言，吾命休矣！奈何？」又自幸距家不远，脱有危，姑遁归再作计较。未几，桃夭期届，冰人在门，彩舆将发。嫂固不喜爱儿，今当吉期，故以不祥之语咒之，曰：『阿姑须珍重自卫，但愿人言不实，则我与若相见犹有日。假使其言不谬，若此一去，吾将见若出，而不能再见若入也。呜呼伤哉！呜呼哀哉！』爱儿闻之，甚感嫂氏之多情，倍益恇怯。

是夕合卺后，众宾既散，新郎虽农家子，年裁弱冠，亦甚温存腼腆。至夜将阑，乃低声促女曰：『寒夜难耐，与卿睡休。』爱儿正怀疑惧，忽闻此言，如九天之发霹雳，不觉震惊，汗流浃背，低首面壁，默不敢声。少选，新郎又前搴女袂，再四敦迫。爱儿计不能免，不得已解衣入帏。新硎初试，其利可知。爱儿仅志嫂言，深自防卫，才一着体，已自难御。益信嫂言有征，抵死支拒，不使遽尽其器。而新郎欲焰正炽，势难中止。女不得已，绐之曰：『尔我夫妇，为日正长，奴今适有小恙，一俟全愈，惟君所欲，断不敢再事推却，以逆君意。』新郎闻而怜之，遂为罢战。女喜获免，窃庆再生。伺新郎睡熟，托以溲溺，潜开后门，将窜归谋之嫂氏，转达于翁，愿长侍膝下，没齿不嫁，以全性命。

天明，农家子醒，意女溲溺，呼之不应，急着衣起觇之，阒其无人，惊呼，家人皆兴，知开后门窜走。急遣人往翁家问之，云：『昨方吉期，何得遽归！』彼此惊讶，难测其由。惟嫂氏心知有异，默笑不言。

是夜大雪盈尺，共遵其雪迹寻之。道旁故有一眢井，群议暮夜独行，雪光迷炫，保毋失足堕落。乃缒一人下井窥视，果有一尸，大骇，意必是女。拽起俔之，非女也，乃僧也，囟顶劈裂，血痕犹新。众人相觑，益深骇愕。知难隐匿，遂牵连而诉诸官，穷极研讯，卒无朕兆。历久缪轕，不能剖决。

越五年，翁有族子至豫经纪，路过一市。忽见爱儿在此当垆贳酒，怪为面似，迫审良然。默识其地，归以报，翁即自驰往迹之。女方在门首梳发，见翁至，大惊。翁前持抱泣曰：『儿何至此，累吾实甚。』女亦泣。既诘至此之由，女具告之。盖随某乙来此，贳酒营生，颇称小有。翁佯为大喜。俄顷乙至，女使拜父，居然称翁婿焉，情甚亲昵。问：『讼事结未？』给以早结，农家子已别娶多年，今抱子矣。乙乃放心。翁便讽女宜偕乙归里，女谋于乙，乙以为无事，遂治装偕女归。翁既到家，即密诣县上状，遣隶拘乙至，讯得巅末，其案乃结。

先是，爱儿夜窜时，雪迷失路，堕眢井中，呼救。某寺僧晨出募斋，闻知女子，大喜，正将缒绳下拽；某乙，故里中无赖，夜博方毕，过此见之，遂与僧同拽起。悦女之色，欲挟以私奔。虑僧败露，乘其不意，取扁杖当头力劈，僧痛楚仆地，乃拖入井中。然后以言胁女，偕遁至河南，竟成夫妇。官乃断以乙抵僧罪，爱儿仍归原夫；以嫂氏谑语起衅，令批其颊以示薄惩，人皆称快。

厥后，嫂氏两颊因挞成创，终身脓腐，臭不可迩。邻里鄙其为人，都置不齿。爱儿既仍归农家子，夫妇重聚，皆知为嫂氏所骗，伉俪倍笃。由此衔嫂入骨，毕世不与通庆吊。

里乘子曰：妇人群居，謔浪笑傲，殊足滋事，况以之施于发才覆额之小女郎，更难保其无意外之患。爱儿之狱，实由嫂氏恶谑阶厉，犹幸缪輵五年不能剖决，赖族子无心路遇，报翁赚归，杀人者抵，疑狱顿雪，可称快事。迨至旧弦重续，琴瑟永调，追忆畴昔恶谑之言，至是始悟其妄；衔嫂入骨，永绝庆吊，固其宜也。观嫂氏批颊成创，孽报显然。似此恶作剧，生虽已惨受官刑，窃恐死犹不免下拔舌地狱也。闺阁闻之，可不互相警戒欤！

变驿马

倪次郊运同，宰陕西兴平县时。有吏来白，养济院某叟病革，顾谓同侣，手足俱为纳履。或谓：『汝足业已着履，手何须此？』叟曰：『否否，缘平日受豢养恩，一无报效，今将变驿马，图报于来世，非履何以驰驱耶？』爱手足俱为纳以瓷碗，寻毙。观此，凡受主人豢养恩者，当及时酬报，庶免偿补于来世耳！

厨媪

吾皖藩司书吏，多金陵人。饮食起居，享过豪贵，其侪日以酒食相征逐。道光丙申夏，藩吏某甲家，招集侪侣，醵金为撇兰之会。既敛钱付厨媪，使市酒脯。至肆，雷雨大作，电光辄烛媪衣袂。媪骇甚，急趋回家，雷声随之，隆隆然响震四壁。佥谓媪有隐慝，使速自暴白，求神赦宥。媪自念生平殊无甚作恶，沉思久之。乃赧颜谓众曰：『顷身入月，仓卒间取破宪书缠诸秽处，得毋是耶？』众闻而诃曰：『是矣！』急命取出，以净水濯而焚之；佥跽地代媪求神恕其无知，雷乃止。后视筐中所敛钱，皆为雷火熔成铜丸，称钱之多寡以判丸之大小；内惟二百绳穿无恙，验之，盖西席某先生所出一分也。

里乘子曰：厨媪所为，悖谬已极。雷所以不遽击之者，恕其懵懂无知耳。敛钱熔为铜丸，惟西席某先生一分二百文绳穿无恙，其他阿堵物来历可想！即此小事，仓卒间尚有甄别，所以为神。

玄坛

世俗商贾所祀黑虎玄坛，称赵大元帅，其实非也。神姓陈氏，初当捕役。相传捕役至穿窬家，类皆奉如贵官。陈一日至穿窬某甲家，时已二鼓。甲虑无以款客，家惟蓄一牝鸡，因与妻谋，诘旦将伸一脔之敬，时抱卵方彀。

陈夜闻母鸡作人言，训其子曰：『吾命明日合休，素受主人豢养恩，鼎镬所不敢辞；惟念尔曹尚在哺乳，未免不能忘怀！此后尔曹须自慎重，无事在家，勿妄出门，恐鹰抓狸攫，致罹非命，切记切记！勿似我在日有所恃也！』诸雏一一诺之，声甚凄楚。陈闻而悯之。明发将行，甲再三坚留，不可，并戒毋得杀鸡，千万叮咛而别。

陈由此顿大悔悟，闻某寺长老高行，往求皈依。长老察其意诚，因与陈约：必忍饿七日，勺水不咽，并将各瓮水担满，方许摩顶。陈谨受教。寺中僧众数百人，各瓮水不下百石。陈既饿七日，将荷扁杖出而担水，忽见寺门外来一黑虎，眈眈相视。陈叱曰：『我一切皆空，岂畏咥者！俟担水毕，施汝一斋可也。』虎果掉头去。

陈担水毕，出门将供虎食。但见黑虎复来，帖耳摇尾，驯若犬马，不似前其欲逐逐。陈异之，因祝曰：岂天赐我坐骑乎？』虎颔之。陈乃横杖跨虎而去。世所塑像手持金鞭，即扁杖也。

里乘子曰：此陈祥浦为陈西堂言者。西堂为予述之，以其近似，故笔之。嗟乎！一念之善，顿悟大道；当日不忍一脔，遂致万世血食遍天下。可见圣贤仙佛，皆同此好生之心也。

邑人某甲

邑人某甲，岁除无以为计。家仅存一旧竹榻，妻使负往西村富翁家，冀易升斗粟。富翁爱其光如髹漆，言定以斗米千钱易之。会邻人来，翁指以相示，且鸣得意。邻人冷笑曰：『君尝自矜算无遗策，然以有用之资，易此不时之物，其计无乃太左，尚何得意之有！』富翁素固啬吝，果悔而反齿。甲无奈，负竹榻归。与妻言之，且咒且泣，相对计穷，中夜俱投缳死。

翌日元旦，邻人祀祖甫毕，忽见甲夫妇披发喋血入门，戟手指而詈曰：『我以物易钱米，干汝甚事！富翁已有成说，为汝一言所偾，致我夫妻计穷，戕于非命，汝心安乎？今已诉于冥府，亦不令汝家泰然度岁也！』言讫，直前相攫，邻人骇绝倒地。妻子趋扶床上，但见色如死灰，以手挠心自责曰：『吾过矣！吾过矣！』寻卒。无何，妻亦病卒。其子尚未成童，家产尽为匪人所赚，后竟不能成家矣。

里乘子曰：富翁素性吝啬，高兴其偶然也。邻人如解事，迎机赞成固妙；不则，缄口不置一词可也。乃冷笑相诮，语直刺心，彼吝啬人闻之，焉得而不反齿？嗟乎！某甲当计无所之之时，甫得生机，倏尔失望。斯时邻人试扪心自问：富翁因我反齿，于人固有损矣，于己复何益乎？卒致夫妻泣咒，相对俱尽，能不抱恨泉壤也哉！先师孔子有云：『君子成人之美。』文昌帝君《阴骘文》有云：『行时时之方便，积种种之阴功。』观邻人一言偾事，亦何不成人美、不行方便乃尔耶？其获惨报也固宜！

秦氏妇

姑苏有秦与蔡二姓，自祖以来合计在楚贸易，后生业日隆，资盈百万。乡人蒋某羡而且嫉。会秦有悍妇，武断烈于须眉，蒋因以甘言㘠之，唆与蔡氏割业分资。妇信之，遂构衅兴讼。不十年，两姓家业，凋败殆尽。悍妇忽膺奇疾，矢从口出，医不能治。未几，蒋患舌创，中断如割，狂叫一声而逝。是可为听信谗言及阴险构衅者戒。此葛菊人所言，两姓皆与菊人有瓜葛也。

里乘子曰：两人奇疾，足见冥罚之当。

某媪

姑苏洞庭山寡媪某氏，每遇嫠妇，必设法怂恿，说其改醮，己则从中渔利，藉以糊口。他日，自苏州城中执柯毕，趁舟旋家。舟至中流，忽雷雨大作，云雾模糊，人不能自见其掌。须臾，雨霁雷止，遍稽舟中，不见某媪，群甚讶之。既舟将泊岸，闻芦苇中有人呼救声。群审其音，疑是某媪，迹之果然。但见泥涂遍体，狼藉不成人形。盖天怒其平日败人名节，姑薄谴以示警也。媪后卒改为善，不敢复为冯妇矣。此亦葛菊人言。

里乘子曰：此媪卒改为善，较胜冯妇。向使薄谴而不知自警，雷岂能终恕之哉！天道许人自新，省过者皆当以媪为法。

吴明府

山右吴明府咸之，初以进士出为县令，颇著政声。丁艰服阕，选直隶新城县令。到任匝月，薄暮，见一人毡笠布衫，面目黧黑，徘徊堂皇，叱问：『谁何？』其人怒目答曰：『我。踪迹到处，今始得之，不汝恕矣！』直前相扑。吴大骇，疾呼役隶，叱命缚之。役隶问：『所缚何人？』吴怒让之曰：『立堂皇者，尔曹岂不见耶！』群谓不见有人。

吴知是鬼物，大恐，疾趋入内。其人亦尾其后，手挈一棒，长尺有半，立吴左右。自是，凡饮食时，即以棒横截吴颔下，滴水粒粟，不能下咽。且曰：『汝昔以此物戕我命，我今亦以此物还报之，不亦可乎！』吴忧惧成疾，署中各友书房迁避几遍，皆不能免。有时瞰其人不在侧，急索饮食。甫入唇，其人即至，骂曰：『汝尚欲饮食求生耶！』以棒横截如初。寻以饿死。

或曰吴初任时，曾因赃以棒痛搒一人，并绝其粒，瘐死狱中，一时冤之。故其鬼来索偿也。然耶？否耶？有民社之责者，览之亦可自警。吾友葛少莪司马，在吴幕中，目所亲睹，同游滦中为予言。

里乘子曰：或谓吴初在都中，贷乡人某万金。得官后，携其人至任，约偿其债。既以数甚巨，吝欲负约，遂谋构其人于法，而潜令狱卒绝其粒，竟致饿死。果尔，天良丧尽，鬼即以其道还治其身，可谓冤冤相报，丝毫不爽。

陈司马

绍兴陈鉴，伉爽卞急，向为直隶制军司奏牍，品学为当道所倚重。族人有庆升者，以同知需次，鉴为游扬补官。后鉴亦纳资除大名同知，寻以卓异受上考。适庆升任满，例得迁擢。时正定守出缺，心颇觊觎，恐鉴夺其席。遂造蜚语，嗾言官劾之，鉴以纡议停迁。后访知为庆升之谋，以恩施而得仇报，恚愤而卒。

事既传播，自大府以及寅属，佥不直庆升，遂以才具庸劣，勒令休致回籍。甫抵家门，即谓左右云：『陈司马同我一路来，尔曹速汎扫厅事，小心款待。』左右问：『陈司马何在？』曰：『已升阶矣，尔等岂不见耶？』家人见其神情恍惚，情知有异，急扶至寝室。但闻喃喃呓语，谓：『陈司马要我对质，我去矣。」寻卒。无何，龙虎山天师牒至，正定府城隍，已补绍兴陈鉴。

里乘子曰：可见阴曹黜陟，与阳世不殊。鉴既真除冥官，知庆升亦必有应得之罪也。然则忮刻者观此，不亦可废然自反哉！此亦陈西堂言。

林远村方伯

吾皖林远村方伯之望，赋性端方，束躬严谨。自言开藩甘肃时，督师攻剿回匪。驿馆后有楼，颇觉幽静，爱命傔从解装其上。夜漏三下，甫就寝，忽闻楼梯窸窣有声。一女子搴帷遽入，走傍榻前，含睇微笑，妖艳异常，粉香扑鼻。方伯知为妖物，将取床头宝剑击之。女子睨之笑曰：「公何为者，而忍恶作剧耶？」方伯虑其为祟，急掣剑在手，女子却步，摇手曰：「咄咄，公勿恶作剧，我去！我去！」言讫，欻然不见。后闻人言，楼固有狐。然方伯居此月馀，亦竟不敢再至矣。

里乘子曰：老子谓：「不见所欲，则其心不乱。」吾谓：见所欲，则其心尤不可乱。左氏谓：「妖由人兴。」彼妖物之来，而能如方伯之心不少乱，虽妖物亦无如何矣。谚有之曰：「色不迷人人自迷。」凡见色而心辄乱者，无不为其所迷矣，况妖也耶！噫嘻！可不慎哉？可不慎哉！

浙江学使署狐

太湖李南叔学士国杞视学浙中，招予襄校试卷。署有楼三楹，李诗屏大令居其东，予居其西。楼上旧有狐仙，往往闻履声橐橐。相处既久，亦不以为怪。楼之右有定香亭，四面环水，绕岸遍栽修竹。暑月，同人纳凉其中，说鬼谈天，嗢噱甚乐。

一日清晨，闻楼上嘤嘤聚哭，其声甚繁，不解其故。忽汛扫夫来言，有物大于猫，被犬噬毙亭畔。同人趋视，知为狐子。恐其类迁怒修怨，因共焚香致祝，谓：『犬无知，有伤其类，于人无与。汝曹如欲雪愤，但请择所噬之犬而自诛之可也。』越日，果有一犬，身受多伤而殪。

先是，西蜀卓海帆相国督学时，豢西犬三十馀头，以防穿窬。同人夜话亭中，狐每坐檐牙窃听。是夜人散，狐亦踽踽将归，不虞为犬所戕云。

里乘子曰：曩在定香亭暑夜纳凉，同人以予年才弱冠，辄举丛书所载鬼狐事相戏。予所居官舍后楼西楹，天热，窗棂尽除，遍悬虾须帘。倏届新秋，暴雨初霁，窗外梧桐数株，月影娟娟。同人散后，予归就寝，倚枕反侧，不能成寐。忽隐隐闻环珮声，见帘外一女子，靓妆高髻，徘徊延伫，既以掌拍槛者三。心知为仙，急摄神敛虑，默默致祝，谓：『同人戏语，究属无稽，鲰生虽愚，讵敢唐突？仙如有灵，伏惟亮察。』祝毕，恍睹衣袂翩跹，飘然而去。至今思之，犹为悚惧。

兰苕馆外史卷五

折差

四川武弁某，赍折入都，限日行三百里，惫甚。时冬月望后，白昼苦短。薄暮，路逢古庙，天色已曛。思入庙暂憩，俟月出再行。

下马入庙，见衰草败叶，填塞没径，并无僧道。佛殿二重，前殿正中供佛，香火断绝。两偏厢房，西已倾圮，东厢房中停枯柩，双扉半掩。殿后小院，桄树数株，皆粗十围。爰系马树间，仍到前殿。瞯佛座下洞然中空，可容一人，四围嵌木板，颇可避风。乃解佩刀置佛龛中，展被座下。

甫经偃仰，闻马蹄声自远渐近，倏至庙前，姑就板窍窥之。月裁出山，形状隐约可辨，前一老者乘马，修髯垂胸，年约五十许，气象壮伟；后一少年徒步相从，貌亦魁梧。老者下马，以鞭授少年，相将入庙，系马西楹。老者命铺褥殿阶，居中端坐，少年屏息侍立，意殊惶悚。忽闻老者叱曰：「我自弱冠浪迹江湖，虽藉猎获为生，然必取之有道，丝毫不敢狂悖，妄肆淫杀，有干天遣。至今三十馀年，幸逃法网，清夜扪心，未尝不职此之故。不图汝甫入吾门，便乱吾法。前日之役，若非我独殿后，汝曹二十馀人，能一得生者乎？」少年鞠躬对曰：「唯唯，佥谓幸赖吾师虎威，各叨幸免。」

老者又冷笑曰：「后闻其家有少妇，守节抚孤，汝入其室，既污其母，又杀其雏，汝心安乎？似此恶毒残忍，令人发指，皇天有知，决不汝恕！一时徼幸漏网，终必不免于大辟。有日擒获，实为吾党之累！汝试思之，我尚能贷汝乎？」少年闻之，仓皇伏地叩首，曰：「弟子罪该万死，求师息怒，愿受责罚。」

老者唾其面曰：「囨！汝尚欲求生乎？圣人之道，不外一恕字。汝家亦有妇孺，罹此惨辱，汝心甘乎？毋多言！」拔所佩刀授之曰：「速伏刃以谢寡妇，且慰孺子之魂可也！」少年果受刀，再拜，自刭而死。老者起立，顾尸长叹，拾刀拭血，弢而佩之。又自取褥覆马背，牵出门外，乘之鞭驰而去。某闻之历历，初颇愕悸，以老者所言居然盗不离道，不禁点首称叹。

月色将中，不敢再寝，将起赶路。突闻东厢嗷然有声，厉如老枭。某大惊，姑再窥之。俄，东厢房门启，一物自内出，长丈许，遍体白毛蒙茸，走至院中，东向望月，目光睒睒，炯若掣电。俯视地上死尸，拊掌狂笑，试蹴以足。复伛身抱尸起，将首级摘掷地下，褫去衣服，始则就腔饮血，继则咀馘嚼骨，齿牙轧轧，如猫食鼠，久之始尽。又将首级拾起，撩发作浑脱舞，左盘右旋，乐不可支。隐隐遥听村鸡鸣，其物张皇四顾，掷去首级，复对月掀唇，狂笑拊掌者再，徐徐入东厢房去。

某毛发森竖，骇汗浃衣，悄起蹑足，将所赍折束被中，缚负背上。往后院牵马出门，跨鞍疾驰。约行五里许，忽忆所佩刀脱置佛龛，仓卒未及携带。庙中死人尸为怪物所食，仅存首级衣服，日后必为疑谳。刀上故錾己姓名，恐因刀牵连，受累难免；欲返身携取，又恐东厢怪物复出，难与抵敌，踌躇再四，意鸡已鸣，怪物当不足为患，决意策转马头。至庙下马，轻步趋赴佛龛，取刀疾出。果闻东厢房棺盖格格作响，骇甚，飞身上马，绝尘疾驰五十里。东方大明，心始帖然。

里乘子曰：老者殆盗而近于道者欤？所言不外天理人情，此可谓盗不盗，非常盗也已！少年所谓死有馀辜，尸葬怪腹，亦天罚所及也。惟此弁欲图少憩，意外搅扰，不少交睫。所窥二事，是真闻所未闻，见所未见。返身取刀，不为无识，然出险入险，胆略实属不弱。我闻之，毛发犹为之森竖也。

欧公子

粤东慈云庵内供观音大士，香火极盛。比丘尼繁有徒，绾髻缠足，衣饰与人家闺阁无异。托名清净法场，其实色界情天，较勾栏为尤甚。少年美男子无意独身误入，必使身登佛国，生还无望也。

有欧公子者，甫成童，貌嫓曲逆。春日踏青，偶过庵外，见倚门两尼，一年可十七八，一裁及笄，色皆娇艳，而少者尤幽媚，目盼笑倩，风致天成。童子何知，不觉停趾注目，爱恋綦切。两尼见公子眈眈，长者笑附少者，不知作何耳语，便向招手。公子大喜，趋就之。长者遽拘其袂，向内偕行，少者缓步相从。

既至内室，床奁陈设，珍丽异常，炉焚龙涎、百和等香，薰脑袭髓。拉公子并坐榻上，锦衾绣褥，俱极软腻。命小鬟进茶，手捧献公子，展问姓名门第。自言妙梅，法号净影，此间三十六花禅，已行十九，君在此小住，当共相见。公子问：「少者何名？何遽不见？」净影笑曰：「渠名妙莲，法号净香。齿最稚，向羞见生客，熟则可常相聚。君但宽心住此，此间饮食起居，无不可惟君所欲。恐历久厮熟，君当乐死不愿生也。」

正絮语间，忽闻屧声杂沓，环佩丁当，遥从门外笑语喧呼曰：「闻十九婢招有嘉客，何秘而独乐，不使人知耶？」净影谓公子曰：「三姊领群姊妹至矣。」俄已入房，生起问讯。三姊妙兰净因，四姊妙蘋净尘，七姊妙桂净蟾，九姊妙贝净果，十二姊妙华净鬘，十七姊妙芷净珠，廿四妹妙菊净韵，廿五妹妙藻净思，卅妹妙桃净祓，卅一妹妙杏净嫣，卅三妹妙葵净愫，卅四妹妙蕙净质，共十二人。净影俱一一为道名号，并为言公子姓名门第。

公子视群姝，异资同妍，目不暇给。净因笑问净影：「卿何以款嘉客？容我辈闻席否？」净影笑曰：「仓猝主人，正虑无以款客，得众姊妹陪话，甚善！」乃并列两几，水陆杂陈，各序齿，环公子而坐，流觞拇战，轰饮酣嬉。漏二下，甫罢席。净因率众兴辞曰：「今日叨陪嘉客，当报知诸姊妹，迭为宾主，以飨馆甥。公子解人，当不见却。」公子唯唯。净因又笑曰：「吉席头筹，须让十九妹独占，我辈合当速退，毋令人生憎。」临行，又携公子手端相良久，笑曰：「个儿郎似好花初苞，恐不经风狂雨暴，梅妹须温存爱惜之。」群姊妹同胡卢一笑而散。

净影送众出，命婢剪烛拽门，笑抚公子肩调之曰：「君日间眈眈注视，何为也？」公子红晕两颊，笑不能答。净影益怜之，爰自缓私小结束，又为公子脱衣，趣与共寝。公子情窦虽开，未经人道，床笫间惟净影实左右之。

事讫，叹谓公子曰：「妾命薄，堕落空门。儿时一念之差，误破清戒，辄自悔恨。今年甫十八，破戒以来，三年于兹，接君才得二人。缘一误不敢再误，倘非其人，誓不苟合。今偶然遇君，竟不能自持。君自是佳公子，前程远大，与妾相守，当可无患。然此间瑕瑜不一，恐一旦为众所劫，妾虽欲护持，力寡难敌，奈何！大抵达人贵于应变，可行可止，权自己操，切勿乘兴不自珍重，致贻后患，而怨妾作俑也。」公子慰之曰：「卿所言字字珠玉，小生敢不敬佩！容归家禀白高堂，求卿与共白首，毋多虑也！」净影叹曰：「此固大好事，但恐不能耳！」公子问：「何以故？」曰：「难言也。」听鸡已鸣，遂重作阳台之梦。

梦觉，日已照窗，净影推公子起曰：「贪话失眠，未免为群婢所笑。可以兴矣。」相将结束盥漱。甫毕，大姊名妙莼号净丝者，已率众姊妹联袂而至，搴帷入房，笑曰：「昨日嵯贾招同众姊妹作珠江之游，归已夜漏过四十刻。闻梅妹召有嘉客，竟致失陪，今特邀众同来谢罪。』净影含羞答曰：『正拟栉沐往省姊妹，不谓玉趾同降。』于是二姊妙松净贞、五姊妙柽净婉、六姊妙蕉净书、十四姊妙苔净钿、十五姊妙蒲净石、十六姊妙杉净碧、十八姊妙萱净忘、二十妹妙萝净烟、廿三妹妙芝净灵、廿六妹妙蕣净英、廿七妹妙薇净浣、廿九妹妙鹛净宇、卅五妹妙蘅净佩等，俱各与公子问讯。

大姊净丝凝视公子，戏曰：『是儿粉搓玉琢，莫怪阿梅玩弄忘晓。』又顾谓净影曰：『我等已议，迭为东道。愚姊忝居长，已备小宴，且同众先往客厅敬候。十九妹须代作主人，即速偕客惠临，免使久待。』净影曰：『诺。』净丝等既去，净影又坚嘱公子曰：『妾承谬爱，三生有幸。今大姊招饮，又不敢辞，但恐此后恒饮纠缠，皆居君为奇货，争宠献媚，必荡君心。妾腆且弱，力难抗众，不能再侍衾枕。昨夜所言，切须留意，倘高兴欲图兼爱，则性命休矣！不可不慎，切记！切记！』公子笑曰：『卿太过虑，何至若是。』净影叹曰：『但愿不至若是，便为幸事！』

乃携手同至客厅，则见珠围翠绕，群花皆集，八姊妙橼净栾、十姊妙椒净馨、十一姊妙蒂净根、十三姊妙樱净含、廿一妹妙桐净徽、廿二妹妙蓉净裳、廿八妹妙竹净修、卅二妹妙棠净海等咸在。净影一一道其排行名字，公子俱合十为礼。环视众姊妹，修短秾纤，无不得中合度；唯独不见净香，心窃讶之，附耳以叩净影，答曰：『渠自有事，君在此，日久何愁不见！』

是日厅中共设五席，如梅花式，团栾环列。净丝肃公子坐客位，自坐主位，馀各按排行环坐。

珍羞叠进，异味多莫能名，酒亦甘芳。公子量固豪，群姊妹皆工歌，故奏淫靡之音，丝竹槽槽，一时并作。公子目娱耳悦，实难自持。群约轮流把盏，公子雅不欲却，左酬右应，乐而忘死。净影或为乞免。佥谓：『公子自乐之，干卿甚事！一夜假伉俪，那便如此丑态，令人齿冷！』净影乃不敢再言。日昳罢席，大姊净丝便下逐客令曰：『诸妹且退。』众各会意告辞。净影无可如何，悄摄公子衣，示之以目，公子含笑点首。

众等既去，净丝携公子至房，陈设较净影尤精。更漏初下，即趣就寝。盖三十六花禅中，惟大姊年二十有三，二姊三姊俱二十有一。其馀所谓姊者，皆二十不足、十八有馀；所谓妹者，皆十五六七，齿序长幼，不过计以日月而已。净丝幼受本师秘传内视法，师圆寂后，诸妹叩求，吝不肯授，齿虽稍长，望之如十七八岁。公子领略秘趣，视净影味同嚼蜡，岂复尚忆其所嘱？

从此与净丝情倍亲昵。净丝又能迎合其意，日招二三姊妹同床迭荐，恣其媟狎。不半月，诸姊妹轮接已遍。众喜净丝不妒，皆曲意事之。间招净影，耻其所为，辄婉辞之，惟窃为公子寒心。公子自遇净丝，日得群美同乐，绝不复思净影。以畏其絮聒，竟不敢至其室；偶而相遇，勉寒暄一二语，即远而避之。净影雅窥其意，亦不便过于亲近。

瞬届端阳，置酒贺节。天气初热，众姊妹与公子狎习既惯，酒酣益复忘形。各脱却亵衣，裸体仅着诃黎子，各口含酒醽公子。公子亦含酒递酬之，强酬净影，拒不肯受。众厌净影矫同，互诮让之。五姊净婉笑曰：『人各有志，不必相强！十九妹不喜从众，亦姑听之。且我辈得识公子，实自十九妹始，不可忘也。」二姊净贞笑曰：「五妹之言是也。」

大姊净丝笑曰：「吾师临终授我至宝，谓他日如遇可意郎君，遵而行之，一生受用不尽。既遇公子，当与妹等共试之。」乃命侍儿速将衣箱中黄缎袱所裹一册携来，俄顷捧至。置几上，将袱解开。众挨肩共视，乃册页一本，宋锦装面，上粘泥金笺签，文待诏书「元宫演楪儿图」六字。将册展开，前褾藏金笺两页，许高阳隶书「三十六宫皆是春」七字，入后三十六册，皆周东村工笔所画秘戏图，穷形尽态，神情活现。每阅一册，互相赞叹。净影略观二三册，便独起倚阑他视，若有所思，众亦不以为意。

净丝将公子拥坐膝上，手指口授，义蕴毕宣。公子见所未见，重以净丝善于说法，更闻所未闻，实欲按图一一亲试而后快。净丝已窥其意，命婢拂拭杨妃榻，铺以龙须锦席。净影独自告辞，众亦不留。公子见净影已去，益无忌惮，与众姊妹临摹粉本，一页不肯遗漏。卜昼卜夜，犹嫌未足。

净影侦其所为，不忍坐视其死。瞰无人时，邀公子于僻处，泣谏曰：「君不听妾言，死期伊迩。妾悔不合招君入室！倘有不虞，妾实为罪之魁！故不忍不谏。谏而听之，君之幸也；不听，他日九原亦可不怨妾也。君本雏弱书生，欲以一雄敌群雌，不死何待乎！愿熟思之。」公子笑曰：「卿言是也，敬闻命矣。然未免咒我太甚，何至若是！卿请毋虑。」净影叹曰：「痴儿不足与言也！」知不可谏，又恐招众怨，恨恨而去。

公子自至净丝处，长枕大被，与众同乐。众又争献房术药，以助其兴。一日，正服膃肭脐，净影适来，见之诧曰：『此何物也！君甘之如饴，是非欲速其死而何耶？』公子笑曰：『卿又来咒我，何至若是！卿请毋虑。』会净影母恙，招令暂归。净影与公子作别，曰：『甘言逆耳，知君不快，请暂与别。他日来，当索君于枯鱼之肆矣！』公子笑曰：『卿可谓善颂善祷！』净影归后，公子更无拘束，遇众姊妹，交不择地，尝星月之下露战无厌。

倏届秋令，商飙骤吹，顿感寒疾。始则微嗽畏风，犹力疾强与众为欢；继则下体兼患渗漏，日渐尪瘦，竟不能鞠躬效力。群雌初犹分班，伺应饮食药饵；后颓败日剧，一息仅存，扶床难立，佥谓不能再生。遂闭置幽室，使一聋媪守视之，待其自毙，火化灭迹，并戒毋许泄漏消息。从此众姊妹等若出门赴豪贵之招，或藏狎客于室，各寻所乐，公子处绝不复过问。

公子少小骄佚习惯，今既抱病，又衣食失调，镇日如坐犴狴。悔不听净影言，孽由自作，窃冀一临存，而足音杳然。绵惙床蓐，举目无亲，懊恼常欲自尽。忽一人推门至床前，低声呼曰：『公子别来无恙？』公子方倚枕假寐，启目视之，非他，乃净香也。亟起坐问曰：『卿非净香也耶？』曰：『是也。』曰：『卿杀我矣！来何为者？』净香愕然曰：『天乎！冤哉！畴昔相从入庵，计君必有今日。自以腼腆，羞与众等为伍，故不肯与君相晤。会次日舅氏生辰，往与为寿，以妗邀偕朝南海，往返四月有馀。顷来庵，闻君已卧病，何谓我杀君也？』

公子叹曰：『曩日非见卿，决不停视；只有卿故，一缕痴情，遂牵出如许葛藤，谓非卿杀我耶？」净香笑曰：「此周内之词也。顾十九姊乃多情之人，何忍使君憔悴至此？」公子摇手曰：「卿勿言，吾负若矣！」遂备述历谏之言，并告之悔。净香问曰：「为今之计，奈何？」公子曰：「吾思家甚，卿为我寄语父母可乎？」净香遽掩其口曰：「君勿妄语！若他人闻之，则君殆矣！群姊虑君家修怨，恐人泄漏消息，防戒必严。侦知君有此心，反多不利。君第安之，容为缓图可也。」

自是，服食一切皆净香料检，渐有起色，公子甚称感之。净香笑曰：「妾之于君，正合兵法所谓人弃我取。倘有日得志，其何以报不穀？」公子笑曰：「果如卿言，有日徼幸得志，当香花供奉，以报大德。」净香叹曰：「从古男子负心者多，果尔！恐不再忆薄命人也！」公子指天申誓曰：「如忘大德，皇天促灭！」净香急止之曰：「妾试君耳，何云及此？容招十九姊来共筹之。」公子曰：「善。」

公子忽思鱼羹，净香命市鲜鳞一尾。公子见鱼，偶有所触，谓净香曰：「古人鱼腹藏书，我亦效其法寄书家人，可乎？」净香叩问何法，曰：「我作一书，以油纸裹纳鱼腹，佯谓此鱼不堪食，将出另易一尾。此鱼不论何人所得，剖腹见书，必报我家，则小生得出于难矣！」净香点首笑曰：「此法甚妙，然必须为妾地。」公子曰：「我果得出，当使黑白有分，不致玉石俱灾也。」净香大喜，乃如法命人返鱼于市，另易一尾。

先是，公子出游连日不归，父母祷神问卜，倚闾泣望，且遍榜通衢，悬赏访觅。公子固巨族，里党无不知者。某甲得鱼，腹中见公子手书，急持书趋报其父母求赏，父母大喜，如榜给赏。急赴诉有司，率弁役围庵，搜得公子。将所谓三十六花禅者一律拘系，惟净影以侍母疾在家，幸而漏网。公子与父母相见，悲喜交集，且泣述净香之德，悖之不祥。父母闻之，亦深德净香，请诸有司，携与俱归。其馀俱责令配人，将庵改为公所。

净香早失怙恃，使告其舅妗，留为公子篷室，俟亲迎而后成礼。公子调摄半年，始复其初，聘妻甚贤，入门，爱净香温存可人，又感其袒救公子，略去嫡庶，愿缔姊妹。及初当夕，果然处子也。

初，净影与公子一夜绸缪，居然体孕。后以母疾回家，母愈，闻庵已毁，姊妹云散，不胜骇愕。闻净香已归公子，窃深叹羡。自幸未及与祸，誓依母奉佛忏过，决不他嫁。及分娩，俨然男也，守志益坚。净香固与净影善，闻之以告公子。公子念其相待殷情，几至药石成仇，实为薄幸；又闻一索得男，万深庆幸。与净香商之，故使人风示父母。父母望孙正切，即使净香往请其母，以礼迎归。净影尝戏谓公子曰：『妾当日谓君当以乐死，不谓尚有今日！』公子笑曰：『当日不能从谏如流，几不能与卿相见。』净影笑曰：『「何至若是，卿请毋虑」。』公子笑曰：『卿休矣，而今而后，吾知免夫。吾过矣！吾过矣！』

里乘子曰：语云：『十步之内，必有芳草。』三十六花禅中而有净香，可为翘楚矣。如净影者，一度春风，飘然不再，其拳拳敦劝，至再至三，即逢比爱君，何以异是？且预为料患，自悔作俑为罪之魁，卒以侍母独归未及与祸。不然，与众同谴，虽非罪魁，亦难辞厥罪惟均矣！「何至若是，卿请毋虑」，公子固屡言之矣，乃竟不至若是，实出净影意料之外，观后日戏作报复语，可谓得意之极。然若不得净香，虽有鱼腹传书之谋，又将焉用？彼庵中之坐待其毙、火化灭迹者，不知凡几，何物公子而独能幸免耶？不登佛国，得遂生还，是诚徼幸于万一也。少年选事者观之，可不凛之慎之欤！

虎钓

虎尾，其气腥以膻。饥，辄垂尾江边，饵鱼为食；鲦鲩鳂鲤，各种大鱼，多为所钓。岳州城故滨江，日有虎垂尾饵鱼，适有大鼋过，闻其腥膻，遽衔其尾。虎痛甚，急耸身一跃，堕城堞齿间。虎在堞内，鼋在堞外，如负担然。虎痛，尾愈摆，鼋之持之也愈固。天明，有人过城下，见而两得之，以鼋擒虎有功，遂杀虎而舁鼋纵于江。

里乘子曰：吾乡有滨江而居者，屋旁有栅豢豕，往往为虎所食，乡人遂不复豢豕。他日得一鼋，暂闭于栅，虎夜过，闻咻咻声，以为豕也。试探以爪，遽为鼋所衔，竟不能脱，卒为乡人所杀。噫嘻！虎为口腹所累，又多厄于鼋，亦奇矣哉！

俞寿霍

道光甲辰秋，吾邑乐乡农人某，锄地得一坛。敕勒封口。破之，白气一道，上冲十馀丈。忽闻空中有人言曰：『闷煞人也！闭我二百馀年，不谓再睹天日。』某大惊骇，仆地上。空中又言：『君请无畏，吾感君见放，必有以报，不敢祟君也。君归，晚间当梦中相见，吾去矣。』言讫，绝不闻声。

某历历在耳，以为白昼遇鬼，骇晕，猝不能兴。俄，妻若子来饷，见某卧地，呼之不答，莫喻其故，相将扶归。某喃喃呓语，但称怪事，叩之，又不甚了了，意其中恶。俗以清水一碗，置三箸其中，左手扶箸，右手掬水浇箸上，口默呼鬼神名，箸直立碗水中，即知为某神鬼所凭。取茶米一撮，撒碗中禳之，病立愈，名曰『出汤』，效验最速。某妻如法禳之，果少安思睡，戒人勿扰。

夜果梦一古衣冠少年，揖而谓曰：『我，俞寿霍也。感君破坛得出，特来相谢。』某审其由，曰：『予与君同里。前明思宗殉国之次年乙酉七月，昼寐，见一皂隶来，出铁索系予颈，拘至一处，俨如官署。堂上坐一官，气象尊严，怒容可掬。旁一吏唱名，令跽案下。上坐者叱曰：「汝家累世受国豢养，奈何勾贼屠毒生灵？罪应炮烙！」一好见鬼役舁铜柱一具，高约八尺许，置堂西隅。柱中燃炭，烈焰飞腾，上下俱赤。上坐厉声喝令将予炮烙，左右两鬼役，青面赤须，状貌狰狞，应声曰：「诺。」一撩予发，一褫予衣，予觳觫股栗，心胆俱碎，急大声哀呼曰：「小人并未勾贼，受此酷刑，心实不甘！」

「上坐怒目叱曰：「汝犹呼冤也耶！」即将一册掷付予阅。册上大书「极凶鬼犯一名，余寿鹤，南直隶铜陵县人。顺治二年夏，左师次九江，该犯勾其部曲扰劫沿江一带居民，除淫掳不计外，共杀老幼男女六万八千四百三十五人，罪应炮烙六千八百四十次。」予阅之急辨曰：「小人乃桐城俞寿霍，生平并不识左帅部曲，尚求察宥。」上坐颜色顿霁，曰：「汝非铜陵余寿鹤耶？」曰：「然。」上坐命予起，并使吏稽予阳寿，尚有三十七年。上坐叱责皂隶误拘，命笞三百，仍令送予还阳。

「甫逾一日，天势，尸已腐臭。皂隶惧曰：「殆矣！」予执其袂问曰：「汝将焉置予也？」皂隶踌躇久之，曰：「我思得一策，较生人为乐，君愿之否？」予问：「如何？」曰：「南山有狐，拜月炼丹，大道垂成。吾窃夺丹付汝吞之，可作鬼仙，并可从心所欲，不较生人更乐耶？」予见尸已溃，无可如何，只合首肯。

「皂隶夜携予至南山，果见一大赤狐跪而拜月，口含一珠，忽吐忽吸，大如弹丸，宝光耀目。皂隶潜出其后，伺其吐时，遽攘以授予吞之。狐失丹大哭，起与皂隶斗。皂隶笑曰：「始吾畏子，今失丹则畜也，吾不畏子矣！」狐无如何，白眼怒视予曰：「丹被子吞，此殆天命，得登仙箓，须无忘我！然又须迟我千年乃得成道！」一怒跳跃而去。

『予吞丹，顷刻即成人体，并可隐形。皂隶嘱曰：「贺君吞丹，如一意修道，十二年即成地仙，又十二年可晋天仙。最忌犯色戒，而孀妇、处女、比丘尼三种人尤宜忌之，犯者必干天谴；且露形骇世，亦所不利，均宜严戒。君其勉之。」予谢受教。

『自后，予乃探名山，济巨川，陆不车，水不船，下达九幽之地，上升九重之天，凡十洲三岛，宇内所称名胜者，无不悉恣予之游观。不饥不寒，随遇而安，凭虚御风，居然散仙。惟欲心未断，见美色不能忘情。初犹谨守皂隶教，其所戒三种人概不敢犯，意勾栏中人无伤名节，因择妓之尤者而狎之。色戒既破，心日放而难收，后见良家好妇人，亦渐垂涎而染指焉。予服狐丹，与寻常鬼怪不同，不惟能具人体，并可幻美男子，陈平、潘安，随意变化，以故良家子多半乐从，予意益得。

『偶过浙东温州府，会城外爨弄，男女观者如堵。中一及笄女郎，色独殊众。鞫部适演《袄庙火》，女郎睹其蝶亵之状，不禁神痴。予窃笑曰：「此儿情窦开矣！」乃幻为美少年，试挑以目。女郎不以为忤，亦遥以目送情。予喜曰：「得之矣。」女郎为富室某翁爱女，薄暮，予复隐形，尾之而归。夜分人静，女郎下帏掩户，对灯若有所思。予料其可犯，复幻美男子，排门搴帷径入。女郎惊问：「君何人也？黄夜哪得来此？」予揖之曰：「日间幸睹玉容，爱慕不忍舍，特逾墙相从，求卿见怜。」女郎沉吟良久，便低声问予邦族，诡词以对。女郎意甚欣然，嘱勿高声。予遽阖扉要与共寝，曲尽绸缪，情均伉俪。

『年馀，渐有窃议者。女郎告予来去切须慎密，防人觉察。予慰之曰：「小生幼受异人秘传，可以隐形，虽天神地祇亦不能奈我何，卿请放心。」女郎不信，予姑隐形使觇之，乃大喜。其家察予踪迹不得，或有猜为妖者，因使阿母来伴女寝。伺母睡熟，两人交如故。一夜母醒，闻而大呼，家人执梃破扉入，索予不得，益信为妖。富翁遍祷东岳、城隍各神，又延僧道祓除，皆无效。富翁益怒，使人往龙虎山诉于天师，寻遣法官来治。登坛礼醮，伎俩亦与僧道等。予顾而姗笑之，戏谓女郎曰：「技止此耳。」

『越三日，甫交子初，法官具表上申，召请上界星官神将，予犹不以为意。忽见法官将袖一拂，掌中霹雳有声，天门骤开，诸神齐降。予大惊，急欲窜避，而六合俱设罗网，无处可遁。法官以戒方拍案，喝曰：「妖将何往？诸神速为予擒之！」诸神果遵法旨，将予擒置坛中以付。法官敕勒书符封口，笑谓富翁曰：「幸不辱命，大功告成矣！」予初进坛，懊闷欲死，犹隐隐闻女郎泣而啼曰：「何物妖道？杀吾郎矣！」予闻之，肝肠寸断。富翁怒甚，将就坛而烹焉，法官止之曰：「不可，是无死罪，遣人埋诸故土，幽囚二百年而后释焉可也。」』

因问某：『今为何世？』某具告之，屈指恰二百年。又谓某曰：『曩者，女郎曾赠金条脱一只、白金十铤。予无所用，藏某山马鞍石后，计当无恙，坎地三尺必得之。感君见放，聊以报德。』某问：『今将何往？』曰：『予深悔前愆，今将韬迹深山，省过修心，期证大道，庶不负隶所教耳。君第识予言，请从此别。』拱手径去。某顿惊寤，病良瘥。追忆梦语，疑信参半。询诸故老，旧果有俞寿霍其人者。某山故有大石，形肖马鞍，山距某家仅里许。翌辰，试坎其地三尺许，果如言得女郎所赠物。

里乘子曰：勾贼殃民，大干天怒，炮烙无已，冥法极当。稗史载明末张、李二贼，至今在冥司，犹日上火床。观此，益信其言不谬。俞氏子既服狐丹，天仙可望，惜躔色戒，久滞幽囚；然一经再睹天日，便知悔悟，深山韬迹，省过修心。倘坚持弗懈，大道之成，可为操券。

萧状元

茶陵萧殿撰，未达时，尝于除夜梦登天门，入一官第，案置一册，历书天下子姓名。首册第一行，上书『萧锦忠』三字，下书某科状元，后有字折角不可窥测。旁一吏揭以示之，乃『死于火』三字，大惊而寤。萧初名某，以梦兆，改曰锦忠，果于某科以第一人及第。素嗜饮酒，饮少辄醉。会冬日有亲故招饮，夜阑留宿，酷冷，炽炭于室。萧闭门拥炉独坐，倦甚，垂头睡熟，足踏炭上，醉酣竟不自觉，果焚死。

甓社湖蚌珠

高邮甓社湖，大三十里。尝有物夜吐光，能照行人，朗若白昼。忽来一番僧，僦居湖干，镇日缘湖审视，如是者有年。一日，折柬遍招邻众，肆筵设席，酒肴备极丰腆。众问：『何求？』曰：『求诸君翌晨助老僧一臂。』众莫测所以，姑漫应曰：『诺。』

如期毕至，僧出钲鼓数百具授众，使分立湖四隅，求为挝鼓敲钲，以助声威，毋少停止。自冠眦卢，着袈裟，仗剑跃入湖中。少选，狂风暴作，湖水奔腾澎湃，势如千军万马。众心惊魄骇，遵其所嘱，奋勇挝鼓。自晨至于日中昃，僧始踏浪而出。摇手喻众停止钲鼓，登岸，喘汗良久，满袈裟血渍淋漓，腥气刺鼻。

众问：『何为？』曰：『此中有老蚌，自开辟以来胎养宝珠，光夺日月。老僧欲仗法力攘劫之。奈彼道行甚高，几为所吞；今右壳被宝剑斫伤，遁往东海，竟无法可制。再待千年，留为后图可也。』稽首别众而去。

里乘子曰：《统志》载：孙莘老家于湖阴，夜读书，觉窗明如昼，循湖求之，见大珠，其光烛天。是年，莘老及第，婿黄涪翁呈诗云：『甓社湖中有明月，淮南草木借光辉。』即谓此也。今湖中绝不再见吐光，岂蚌果遁往东海欤？或曰珠已为番僧所劫，其所云云，乃诡词以欺众也。

怒睛鸡

嵩山之阳，春日启蛰之后，居民尝夜见少室之巅红光两道，一长六七尺，一长四五尺，蜿蜒夭矫，若火龙然。鸡鸣遂隐，经秋即不得见，莫测其故。

初，山下有农家蓄一雄鸡，气象赳赳，重可十斤。所种之卵无不彀者。主人宝之，呼曰「老雄」，十馀年不肯杀。岁又值乳鸡之时，忽数十卵仅嚼一雄，其馀尽毈，主人懊怨，以为不祥。

一日，有番贾来，注视老雄与新雏，问主人肯市否。主人正虑老雄年久无用，姑漫应之曰：「客若肯出重价，哪得不市？」客问：「此两鸡索价几何？」曰：「五百足矣。」客喜曰：「诺。」主人初固索五百钱，见客遽喜诺，戏反齿给之曰：「我所言固五百银，非钱也。」客沉思久之，曰：「果尔，五百银亦所不吝，毋再翻悔！」主人大喜过望，答曰：「君如数将银来，誓不翻悔。」客喜。

翌日，果携银五百来付主人。主人乃笼两鸡付之，笑拉客袂问曰：「我初固戏君耳，不谓果肯如数，敢问需此何为？」客笑曰：「君既见问，不敢不告。君不见少室之巅红光两道乎？」曰：「然。」曰：「此蜈蚣精也，一父一子。再百年后，少者长成，一方禽兽，蚕食无遗，且不免灾及小儿，实为大患，雷且难治。今少者尚稚，老者势孤，尚不敢公然肆虐，惟此两鸡足以制之。老雄固无足虑，惟新雏初彀，当饲以珍物，庶可速丰其毛羽，壮其筋力。矧闻数十卵仅得此雏，可知精气独钟，无怪其馀尽毈也。计明年此时，新雏当亦可为老雄之助，制两妖不难矣。」曰：「此两鸡与他鸡何异？」曰：「凡鸡皆睫皮上掩，此则相反，名曰怒睛，是凤种也。」

别去岁星一周，客果携两鸡来访主人。其雏已长成，居然与老雄相等。客即下榻主人之家。他日，又见少室红光两道，客喜呼主人曰：『妖物又出矣！』

越日，薄暮，客携鸡独往，主人欲同往观之，客止之曰：『君不能胜妖气，中毒可虑。』客去，主人留心遥察。二更后，见少室之巅红光复灼，犹之掣电两股，以闪以烁，或东或西，或南或朔；或抑或扬，或分或合；或屈诎如环，或直伸如索；或回旋如鹰盘，或奋激如鱼跃；或少卷而骤舒，或将前而顿却；燿燿焉，爚爚焉。忽诧五尺孛芒，疾驰斜掠，半明半灭，陡万丈而一落。主人色骇心喜，知小妖已告歼。尚有红光一道，忽高之忽低之，忽即之忽离之，气渐披靡，知其亦无能为。果不一炊黍时，宛然败叶漾空，惨为狂飚之所摧，飘荡萧飒，跕跕然而下坠荒畦，红光悉绝。

东方欲白，主人知两妖并除，姑烹茶以待客。俄焉，见客左手笼鸡，右手以树条贯拽两妖而至。主人迎而贺曰：『知大功告成，喜为君贺。』客叹曰：『两妖虽除，惜两鸡皆皆受重伤，奈何！』主人视小鸡，竟体毛羽脱落殆尽，仅存一息；老雄亦毛羽褷褵，精神沮丧。又视其蜈蚣，大者长约六尺，左钳已脱，足尚有一二蠕蠕动者；小者长五尺许，双钳并去，足已夷其大半，僵如枯木矣。主人问：『此尚有用否？』曰：『红光外烛，珠当不少；即两躯壳以制刀剑鞘，亦值千金也。』乃以两鸡授主人，嘱善视之，且谓：『出力过甚，小鸡不过十日，老鸡不过半年皆当羽化；有功于人，尚其瘗之。其身受重毒，切不可食，慎之！慎之！』

越日，客辞主人，又以二百金相谢，以木匣盛二妖，负之而去。后两鸡果如期先后俱毙，主人谨遵客所嘱，并瘗之。

蛇妖

广东驻防汉军刘协领溥，奇胲士也。生平正直不阿，尤以胆略自负。弱冠时落拓无聊，偶游三元宫，有道士见而奇之，因与订方外交。款洽甚密，刘有缓急，必竭力相济，毫无吝色。刘不自安，时愧无以为报。

一日访道士，见其颦蹙默坐，似有忧色。刘叩之曰：『师何为者，而郁郁若此？脱有用小生处，万死不辞也。』道士闻之矍然起，执刘手曰：『居士所言，是苍生之幸，非贫道一人之幸也！请上坐受贫道一拜，乃敢相求为助。』刘曰：『师休矣！固已言之，脱用小生，万死不辞，何琐琐效儿女子态也！第言何事，容其图之。』道士谢曰：『若然，居士第随我来，倘有所见，有贫道在，勿惊勿恐。』刘问：『何如？』不答。固问，固不答。姑从之行。

出北门五里许，去天房教先贤古墓数百步，道士乃结草为坛，立刘于其中，自顶至胸背及手足心，均为敕勒书符。已，出一麦草笼，大尺许，而揭其盖授之，曰：『听吾引磬声响，急阖其盖，切记毋违。倘有所见，有贫道在，勿惊勿恐。』刘不知所以，姑漫应之，以觇其异。道士乃披发禹步，左手执剑，右手执引磬，口中喃喃诵咒。

时二月中旬，月夜晴朗，天无纤云。三更时，腥风陡作，月色惨淡。忽闻声涌如潮，一蛇驰至，头大如箕，身巨如瓮，长十馀丈，竟体金鳞，两目光灼如电，来伏坛下，稽首者三。道士以剑麾之曰：『去！』又一蛇至，长与前蛇相埒，竟体明亮，洞见肠胃，伏坛稽首如前，道士亦以剑麾去之。以次，群蛇毕至，一蛇枭吻鹿角，竟体黄毛；一蛇龙首凤尾，前后四爪；一蛇头圆如球，两胁有翼，伏地效蝶拍板；一蛇长不满丈，鳞甲斒斓，口吐五色气，纷纠若朝霞之彩；一蛇长数十丈，竟体红亮，熊熊若初日浴海，口吐火光，明可烛物；其馀或青或黑，或黄或白，其色不一，其大小长短亦不一，咸次第伏坛稽首，不下百馀种。道士一一以剑麾去之，鸡三唱乃已。

越日薄暮，道士又偕刘至坛，如前作法。三更，群蛇又络绎衔尾而至。有肖鼋鼍者，有肖蜥蜴者；有虿之双箝者，有虾之蜷曲者；有虎豹首者，有牛马首者，有犬豕首者，有狐兔首者；有鹤顶者，有鸡冠者；有体方如印者，有身扁如带者；有无鳞如鱿鳗者，有多足如蝍蛆者，一切奇形怪状，又不下百馀种，鸡三唱乃已。

第三日至坛，道士戒刘曰：『大功之成，端在今夕。居士须切记前语，不可疏忽。』刘谨受教。时至三更，群蛇又至，较前尤异，或肖夜叉，或肖罗汉；或肖猛士，或肖美人；或嘤嘤声如儿啼，或格格鸣若竹裂，所谓人首蛇身者计可数十种；他如首尾两头者，一颔两头者，一身三头、五头、九头者，道士皆一一以剑麾去。

约近四更，忽沙石飞鸣，山谷响震，天色愁惨，星月顿暗。一蛇至坛，长仅丈许，鳞甲五色，首类雉卵，张口吐舌，两目突出，光炯如炬，怒视道士，屈身一跃，直扑其面。

道士叱曰：「孽畜，焉敢无礼！」急以剑麾之曰：「止！」三扑三止，乃退伏坛下，稽首者三，身顿缩小，不满五寸，一跃径至笼中。道士急击引磬，刘闻磬声，急阖笼盖，以付。道士袖出朱符，贴笼四隅，喜谓刘曰：「贫道奉师命捕收此妖，五年于兹，甫幸成功。不尔，东南滨海生灵，十年后受其屠毒，恐无噍类矣！」刘问作何处分，曰：「此去献俘于师。藉子一臂之助，必予厚赏，富贵寿考，后福无量，子其勉之。暂此作别，他日灵山会上，未必无再晤时也。」言毕，拂袖携笼而去。刘后官协领，夫妇齐眉寿逾九旬，目见五代。子孙世为朊仕，至今不绝。

里乘子曰：昔吾家旌阳敬明真君，歼孽龙而拔宅上升，说者谓其功德不在禹下。今道士捕收妖蛇，免使生灵屠毒，可见圣贤仙佛，同一去害安良之心也。嗟乎！仙岂易求哉！此事吾友汉军徐公可司马笔其大略，以告予者。盖刘为公可外祖李芳园协领璋同学契友，尝亲与李协领历历言之如此。

周孝廉妻

成都周教廉绍銮，年少倜傥。妻某氏，美而贤，琴瑟静好，秦徐不啻也。某氏体素弱，孕将分娩，殊形委顿。一日昼寝，忽见一村妇至榻前，谓曰：『妾求代多年，今甫得娘子。此系帝命，莫怨妾也。』某氏讶其语不伦，力疾起坐问：『汝何人？所言何谓？我殊不解。』村妇笑曰：『娘子不知也耶？妾前村某氏妇，以产难死。今娘子不幸亦当罹此厄，妾奉帝命在此候代，娘子不知也耶？』

某氏闻之大惊，婉语哀求，谓：『向无冤仇，乞赐怜宥。』村妇不肯。再三哀之，怒谓：『娘子休得饶舌！此何等事而可徇情也耶？』由此日坐榻前，刻不少离，他人不见，惟某氏独见之。孝廉知之，欲延僧忏解。村妇笑谓周妻曰：『汝家官人，大不怀好意，欲延僧驱我。我奉帝命，虽释迦如来，又将如我何哉！』某氏闻之，以告孝廉，相对愁闷，而病因之日益加剧。

居亡何，又一女子搴帷入，年可二十许，靓妆高髻，风致翩婉，径至榻前，笑谓某氏曰：『夫人别来无恙？』某氏欠伸答曰：『姊姊何人？素昧平生，枉顾何为？乞赐明告。』女曰：『妾苏州惠氏，嫁夫周某，以产难死。今奉帝命，特来候代。』村妇闻之，瞪目让曰：『我奉帝命在先，汝不得横来妄争！』惠氏笑曰：『汝奉帝命，我独非奉帝命耶？请与汝约，汝代于昼，我代于夜，视产期以判，彼此无相争也。』村妇语塞。某氏闻之益忧。然相处日熟，知其是鬼，即亦不畏。久之，察惠氏意似不甚恶，眴村妇不在侧，辄哀求救护。惠亦深为太息，意似首肯。

邻生有扶鸾者，惠氏忽降坛书一绝云：

昨觞阿母赴瑶京，游遍昆仑第五城。戏掷朱砂填恨海，人间多少不平平。

款署：『妾吴门周惠氏也，慕诸君风雅，戏题小诗以博一噱。』邻生故与孝廉善，素耳孝廉家事，因讽之曰：『伏读佳什，足见婆心，岂畴昔周教廉家坐守索命者，非子也耶？』乩书：『惭愧惭愧！天乎冤哉！妾本死于产难，甚恶此苦，不肯求代，且时阴以救人，上帝嘉妾一念之善，册为鬼仙，无所拘束。夙与周夫人有缘，知其将为村妇之代，欲救之而苦无法，君等何不谅予心也！』孝廉闻之，急来拜求。乩曰：『大难大难！倘夫人产于夜分，万一可救，然不可必也。子姑待之。』

一日，某氏方倚枕与惠氏闲话，见门外一蓬首女鬼招村妇去，某氏问：『何事？』惠氏以目止之。会邻生又扶鸾，惠氏又降坛曰：『久欲救周夫人，今幸得一策，君可为孝廉贺。』生急招孝廉至，叩其所以。曰：『此事甚密，群须秘之。村妇之来，实奉帝命，今君对门卖浆者妇，蠢健有力，亦应以产难死，数应某妇求代。某妇力弱不敌，招村妇为助，始毕其命。君可为卖浆者具词控于城隍，谓村妇事不干己，横伤人命。冥法至公，恶其多事，必拘村妇不准求代。如此，则夫人无事矣。』

孝廉大喜，使人侦于卖浆者之家，其妻日昳果以产难死。乃如惠氏言，秘为具词，控于城隍。越日，某氏见两鬼役持锒铛拘村妇去，自是不复再至。惠氏拊掌笑曰：『此大快事！夫人可安心，静候弄璋，保无他虑矣。』不数日，果举一子，一家欢庆。然某氏以体弱，产后血崩不止，势甚危殆，孝廉心甚忧之。

某氏又见一青面鬼，紫髯如磔，口称要命，但蹀躞户外，不能进房。孝廉又央邻生扶鸾，请惠氏降坛，求为营救。惠氏书云：『妾为夫人费煞心力，甫得安枕，不料又变生意外，此系宿孽，妾实不能为计。』孝廉再三哀求，久之，又书云：『怜君诚恳，心殊不忍。顷思得一法：次月朔日，太白星君道过成都，君于是日平明，衣冠至西门敬候，见有白髯老者，将葫芦剖开，分挂两胁，两手拄杖。俟其入城，迎面祝求，听所言云何，再看缘法。君须切记，成改在此一举，断勿有忽！』孝廉拜谢。

届日，遵往西门，晓关初放，行人如蚁。内果有一丐，白髯垂胸如惠氏所云者。急迎面拜祝，老者不顾，孝廉追随约半里许，但闻老者低头自语：『放他去罢，放他去罢。』俄顷，市人益众，一转瞬间，忽失老者所在。孝廉回家，某氏喜谓曰：『顷闻户外鬼云：「太白星君有命『放他去罢』，吾不敢在此矣。」跟跄而去。』孝廉大喜，妻病寻瘥。此亦公可所目睹，为予言者。

里乘子曰：天子之最惨最苦者，莫过于产妇，况由此皆命，则惨苦尤有不忍言者。兹得太白星君低首自语，厉鬼即听命而去，诚为幸事。安得星君尝游戏人间，度一切苦厄哉！吾独怪李元《独异志》载太白星窃织女侍儿梁玉清、卫承庄淫奔事，未免污蔑上界星君实甚，荒渺不经，何足以信！

产鬼畏伞

乡民毕酉，素有胆识。尝以妻有娠将产，月夜趁墟回家。道逢一女子，蹒跚独行，同路数里，略不闻其鼻息，心窃异之。试叩其氏族，当此午夜，独行何之？女子答曰：『妾非人，乃产鬼也。前村毕家妇分娩在即，特往讨替去。』酉大惊，默筹所以制之。佯笑答曰：『此大好事，汝得替，投生好人家，可贺也。』曰：『此非所望，然得脱离鬼趣，即为万幸。』因问酉姓名，乃诡对之，谈论甚洽。

酉又问：『汝为鬼几何年矣？』曰：『于今十有三年矣。』曰：『求替何迟迟也？』曰：『阴曹必计平生善恶以判迟速，孽满方准求替，故迟迟以至于今也。』曰：『求替亦有术乎？』曰：『有。凡产鬼喉间各有红丝一缕，名曰「血饵」。以此缒入产妇腹中，系其婴胞，不使遽下，又暗中频频抽掣之，令其痛彻心髓。虽健妇，只三五抽掣，则命毕矣。』酉佯笑曰：『此术诚巧，未审有法制之否？』鬼但笑而不言。酉又固诘之，则曰：『制之亦自有法，但君切不可告人。』酉指天申誓，决不泄语。鬼悄谓曰：『产鬼最畏雨伞，以一伞置户后，即不敢入房矣。』酉曰：『然则更无别术乎？』曰：『君必勿泄，乃敢毕其词。』酉曰：『固申誓矣，倘泄语，即与汝等！』鬼喜其诚，又曰：『如不能入房，则伏屋上，以血饵缒入产妇口中亦可。倘于床顶再张一伞，使血饵不能下缒，则鬼术穷矣。以君长者，故敢质告，倘泄语，则我无生望矣，愿君谅之。』酉曰：『诺。』

既至家，妻正以难产，势甚危急。酉如鬼言，急以一伞置户后，又张一伞于床顶。不逾时，果呱呱堕地，而妻得无患。少选，闻空中呼酉名而詈之曰：『促狭儿，我不幸为汝所绐，又要迟此一次！汝如再告他人，致我永无生望，则天良丧尽矣！』叹息恨恨而去。酉闻而匿笑，为妻细述之。

妻甚恶此苦，嘱遍告于人。凡有娠之家，各如法预防之，果皆无恙。

里乘子曰：乡民亦大诙诡，然非素有胆识，亦不能玩弄鬼物而酬对裕如也。嗟乎！此法若能遍传，则纣绝阴天之宫，消除无限怨气矣！不亦快哉！或谓鬼物甚灵，一时竟为乡民所绐，倘亦上天好生之心，默有以使之欤？

制军某公

制军某公，少孤贫，事母至孝。遭遇坎壈，年逾弱冠，尚不能博一衿。戚党以其衣被须捷，见辄避道。公大度豁达，殊不介意。众谓其委靡无耻，益姗诮之。

尝以应童子试被黜归，道经古刹，遇一道士，紫髯掀鼻，貌甚怪陋，藉地趺坐。见公至，遽起为礼，笑谓：『贫道待贵人久矣。』公闻而愕眙，仓卒不知所对。道士又曰：『贫道赦凡，姓万，道号蜕云，由峨眉浪游至此。阅人甚多，富贵福泽，无如公者。以夙有香火之缘，故此相待。』

公疑其戏己，笑谓：『小生凡庸，幸邀仙盼，如师所言，岂精姑布术乎？』曰：『子卿则吾岂敢，窃信平日甄识人物，鉴别贤否，颇无差谬。』公曰：『然则师相小生究竟何如？』道士掐指轮算，谓：『公某年入运，应入学；某年联捷登科第，入词馆；某年视学蜀中，某年擢侍御，出膺监司，陈臬开藩，荐领封圻，官至协揆；寿享期颐，夫妇齐眉，子孙贵显。』一一按年细推，令公牢验，后事可知。所可虞者，近在翌日。贫道此来，正为公也。」公稽所志牍，果然，急拜叩所以调饥。公谓：「师言谨志于牍，无不应验；不知所谓意外之虞，究竟何若？」道士曰：「前事既……

一日，阍者来报：有道士万敝凡号蜕云者踵门求见。公大喜，亟命开门迎入，执手道故，各叙……养，一家团聚，备极荣显。

丈夫子二。长公子十九岁已入词馆，次公子甫成童，赐孝廉，与试春闱。时太夫人尚健，板舆迎……学，某年联捷登科第，由词馆而荐领封圻，扬历中外，一一如道士言。既督两粤，初娶某夫人，生……

公归，疑信参半，秘志于牍，以俟后验。将金易布粟，差免冻馁。益下帷攻苦，果于某年入……言讫，珍重丁宁而别。

曰：「公后入宦途，一无盘错，惟某年月日时，当有意外之虞。至期，贫道自来相探，可勿虑也。」

公乃拜受，并问后会。且谓：「信如师言，他日宦海风波，得毋涉险否？」道士沉吟久之，……手。君子不券不负，小人虽券亦负。负不负在人，券何与焉！」

称贷，他日相还亦无不可。」公曰：「如斯较可，奈无券何？」道士曰：「君子券以口，小人券以……毋相忘，幸甚！」公以无处而馈，圣贤所戒，却不肯受。道士见公固辞，谓：「如不肯受馈，请暂……勿！切勿！公如忧不给，贫道薄有所积，愿助膏火。」袖出黄金一流归之，且谓：「愿公富贵，长……

公谓：「小生一寒至此，老母菽水尚缺，行将弃儒而贾，复何奢望？」道士急摇手曰：「切……记，以验后效。

道士曰：「公前世学道青城，道行甚高，以矢志放生，误践毙一蛙。翌日午时，合遭雷谴，以了宿孽。贫道旧与公同学，不敢不预以相报。」公闻大骇，急求救免。道士笑曰：「贫道思之烂熟，公请宽心。」乃附耳授以解免之策。

公如言，晨言具冠服，捧印绶坐堂皇，又遍召文武属吏，各冠服佩印，按班环坐。时当仲秋，天气晴爽，蔚蓝一抹，不留纤翳。日晡，黑云骤合，电蛇怒掣，烈风悲啸，暴雨奔注，雷震虩虩，声绕堂皇，屋瓦飞鸣，四壁摆动。公正襟危坐，色若死灰，属吏莫知所事，环视惴惴，局促各不自安。方皇遽间，忽一婢喘汗驰至，口称：「殆、殆矣！雷、雷击太夫人，奈何！」公本至孝，闻之大恸失声。急携印起，随婢奔入省视。属吏见公出，各追从其后。公至寝门，见太夫人方与诸姬妾作叶子戏，嘻嘻无恙。公殊诧异，遽闻霹雳一声，轰若山裂。奴子来白：「堂皇被雷击塌，公顷所坐地坎深丈许，一蝎大于人，僵毙其中。」

公大惊，使人觅道士，不知所在。始悟道士固蝎妖，欲藉公以避雷劫也。观其数十年前即已绸缪未雨，其心甚苦，其术亦甚神矣！而丰陵威灵，应变有法，彼妖物虽狡狯，究何能逃天诛哉！

蚁　阵

曩在毗陵市上观蚁阵，见一人藉地坐，左右置黑赤髹漆方盒各一具，盒各三层，宽各盈尺，旁各有小孔出入，如蜂房然。观者次第敛钱毕，其人将黑、赤盒各取首一层列地上，彼此相距约二尺许；又取黑、赤小旗各三竿，插左右，相距尺有咫；又出一小竹筒，长五寸许，吹之呜呜然作篴逻声；又击细腰鼓三通，但见每盒所蓄蚁络绎自孔出，约有千馀，各投所插色旗下。

中旗蚁帅，约长一米；左右两副将，长稍杀；馀俱细小与凡蚁等。赤左黑右，列阵毕，其人又击鼓数声，各帅乃督蚁兵争前交绥，前后进退，与鼓声缓急抑扬相应。两军相持良久，忽见赤队蚁帅率众便退，左右两副亦率众分路俱退，黑队蚁帅便统左右两副率众前追。约逾赤旗界才一寸许，忽见赤帅又统众转战，两副亦从两翼截出，三面合攻，黑队陷入重围。帅知中计，情甚窘迫，同两副竭力冲突，竟不得出，亡者甚众，势穷援绝。鼓声顿止。其人急出小铜钲连敲数杵，忽见赤蚁让路一线，黑帅急同两副率败残馀兵仓皇夺路而出。又鸣征数声，两帅各统众次第由孔入盒。是役也。黑蚁阵亡共计三百三十有五头，赤蚁亡者仅二十有七头。

其人手拈篾丝，定目视地，拨数战骨，太息谓众曰：「顷者倘不急鸣金收队，则黑蚁全军覆没矣！」便将赤盒盖揭开，请众观献俘。但见盒中畍界纵横，凡二十有五方，中一畍又划分前后各半，前为蚁王听政之所，后为妃嫔所居，以箬叶为庐，蔽不可见。但见蚁王巨若赤豆，气象英杰，端拱殿中。帅同两副匍匐诣王前，交头隐隐不知作何语，蚁王首肯，似甚嘉悦。须臾，帅同两副退下，群蚁迎上，交头隐隐，亦不知云何。但见群蚁争前献俘，将所噬黑蚁之首若足，各衔置殿前，筑若京观。王顾左右，似有所谕，两蚁似是近侍，下殿不知传何旨。蚁帅又独上殿诣王前，伏听谕旨毕，缓缓退下。两副同群蚁迎上，又交头隐隐不知云何，似俱欣欣有喜色。群蚁便趋至殿前，将所筑京观各衔出摈弃盒外，始各归列。

其人便将赤盒盖好。观者欲散，其人曰：「未也，有赏即有罚，即观献俘，不可不观治罪。」便又将黑盒盖揭开，请众观治罪。但见盒中方罫亦与赤者等，其王亦大如豆，端拱殿中，似甚震怒；正副三帅伏殿前不少动，似甚惶恐。少选，王顾左右，似有所谕，但见王帝群蚁类近侍者二十馀头，分半下殿，半三帅后股约嘬有数十许。三帅崩角乞命，但见王仰首不知作何语，始罢嘬。三帅稽首谢罪，缓缓退下，王亦退朝，群臣亦各归列。其人又将盒盖好，观者咸叹息称奇而散。

予询其人曰：「蚁乃极微之物，君以何术驯致若此？」其人曰：「蚁虽微物，其性极灵。尽其性而导之，不半月便可演熟。」予曰：「各插小旗三竿何也？」曰：「使之辩识，各归各队也。」「吹竹筒何也？」曰：「使闻声之多寡，知派几许队伍也。」「击鼓三通何也？」曰：「促其出盒列阵也。再击鼓以作其气焉，兵法所谓「鸣鼓进攻」也。既战酣而停鼓敲钲，亦犹鸣金收兵之义也。」

予曰：「君言是矣。顾每阵无论孰胜孰负，必有所伤，如今日黑部阵亡不少，日日如此，不将澌灭无噍类矣乎？」曰：「每阵亡之多者休息五日，少者三日。故将列阵，必先敛钱，计得小人五日粮，乃可博一战。」曰：「必须五日何也？」曰：「两部皆日日将雏，雏出，一日乳之，二日哺之，三日便知自食，四日便成立，五日便列队，故必须以五日也。」曰：「每部所蓄蚁几何也罫？」曰：「每罫仅容百头，除中罫王宫，计之当各二千四百有奇也。」曰：「今日所出队伍几何也？」

曰：『吹筒六声，系派六成队伍，计每部应出一千四百有馀也。』曰：『每盒三层何也？』曰：『上层为众蚁所居，中层将雏，下层储胥。』曰：『盒中方罫二十有五，何也？』曰：『中罫为王宫；环王宫之八罫，将相、百官、各执事居之；缘边十六罫，庶民居之。』曰：『王宫后半以箬叶为庐弊之，何也？』曰：『是妃嫔所居，不使人见，所以别内外、明尊卑也。蚁虽微物，固礼义廉耻四维毕张也。』

予肃然问曰：『何谓也？』曰：『王宫居中，各官早晚两朝，时无少愆；每罫男左女右，序无少紊。凡所供亿，皆取给于庶民，无敢或怨，是其礼也；有功必赏，有过必罚，号令严明，毫无宽贷，一遇急难，互相护援，是其义也；凡出觅食，一有所得，归鸣于众，同往舁运，上之于官，官又上之于王，命储库中以济公用，不敢少有所私，倘王赏有功，即私存志之，众亦不敢攘夺，是其廉也；凡蚁交皆有时，不令人见，其性最警，人欲窃窥，即便分散，是其知耻也。』又示以盒之中层，亦分二十有五罫，中罫为妃嫔将雏之地，外八罫为命妇将雏之地，再外十有六罫，为民妇将雏之地。谛视所生之子，累累然与虱虮相类。又示以盒之下层，但分三罫，都有旨蓄。予曰：『是人为之，抑自取之欤？』曰：『蚁贵自食其力，人所供者不贵。故日出觅食，预置各物于外，以待其飞挽，斯可矣。』曰：『蚁以何物为贵？』曰：『最贵者龙眼肉，其次胡桃肉，再其次膻腻各物，再其次枯死虫豸。而谷粒亦所珍惜，故谷粒另置一罫；日食粒几许，皆有定额，不敢虚縻。凡日所将雏，必报王，乃可给粮。』予曰：『其王亦出阵否？』曰：『间或有之。然两王出阵，彼此皆持重，不甚荡决，反不如命将督师之能鏖战也。」曰：『今日赤部大捷，其王赏有功，当赉何物？』曰：『今日赏赉必重，非龙眼即胡桃也。』其人言毕，拱手携盒，徽傒而去。

里乘子曰：君子观于蜂而知君臣，蜂固有之，蚁亦宜然。其人谓礼义廉耻四维毕张，然以战论之，诈败取胜，何其智也；争前合攻，何其勇也；重围让路，何其仁也；闻简派队，闻鼓进，闻金退，何其信也。匪直张四维，并能立八极，以彼微物而能若此，可以人而不如蚁？

笪侍御

镇江吴次垣观察台朗言，其乡笪侍御重光，世称江上先生，生平铁面无私。时权贵某公把持朝政，其子为江西监司，倚父势，极贪墨，声名狼籍，上官侧目而无如何。会先生巡按江西，特具白简劾之，监司寻置于法，而先生直声倾动海内矣。权贵嗛之，屡欲蹈先生隙，以图报复。先生知难自存，既疏求罢归，隐居山中，官橐萧然，但以书画自给。四方不远千里，急求恐后，户屦常满。先生藉以自娱，不论润笔之有无，皆曲应其求，无不满意。每岁笔耕有馀，尽周穷乏，囊中不留一钱，远近颂声不绝。

一日，有客来谒，广颡环眼，丰准修髯，年约四十许，口操秦音，自言耳名来求书画。先生异其状，以礼遇之，留住三日。客请问曰：「先生知予来意否？」曰：「不知。」曰：「先生真长者也！予非他，乃权贵某公使来，甘心于先生者也。」先生笑曰：「老夫束发读书，粗有所得，寿夭穷通，吉凶祸福，一切听之于天。今君既为某公所使，远来图我，此亦天命使然，复何尤怨？即请速为勾当了事，无庸游移濡滞也！」

客笑曰：「予果欲不利于先生，不待今日矣！方予来时，一路颂先生者甚夥；及始至于境，而颂者益众。老幼妇孺，如出一口，非大贤能若是乎？若害大贤，是悖天也！害大贤不义，悖天不祥，不义不祥，予不为也。今请为先生贺。」问：「何所贺？」曰：「此次幸使予来，倘使他人，则先生危矣。」曰：「此后保无有继君而来者乎？」曰：「先生请毋虑，徐俱予弟子行。吾侪极重义气，予既以义释先生，谁不知者？而肯为某公用乎！」

乃索所求书画，并解腰缠，取兼金一百陈几上，揖曰：「先生以此自给，戋戋不腆，伏惟笑纳。予自有以复某公，先生请毋虑。」一拱手，掉头不顾而去。先生为之爽然若失者数日。

李泥丸

吴介臣侍御台寿言，湖州闵小艮司马，素好学道，得真仙李泥丸秘传，后以尸解上升。李泥丸者，初乞食于市，衣须捷而身垢秽，人不能迩。

会有巨绅子患消渴疾，百医罔效。其妻祷于神，遇李于庙中，笑谓曰：『娘子欲活郎君耶？祷神无益，曷不求我？』从者陋其状，诃叱之。妻遽止之曰：『否否！我闻风尘中偶有真仙游戏，或有缘幸遇不可知，尔曹勿以貌失之也。』遽前裣衽，叩李求方。李笑曰：『娘子既诚心来求，亦易易耳。』乃掬地上泥，自吐沫搓为丸，授之曰：『归以白汤进病者，吞之当立愈。』妻谢而受之，从者吃吃匿笑。

妻归，思病者历试诸方皆不效，姑以此投之何害？遂进白汤趣吞其丸，巨绅子果一汗而瘳。自此，人皆以为遇仙，远近就李求方者日踵相接。俱以沫团泥丸予之，无不立效，佥称为李泥丸云。司马闻之，拜求为师。李相司马，谓有仙骨，可以入道，许之。

司马尝具汤沐、奉新衣，请李易之，笑却不受。每行市上，喜与小儿戏。群儿亦乐从之游，皆呼曰：『李神仙。』李戏拾败叶，呵之即成钱，分给群儿，使市果饵。钱上字幕分明，历久不变，何其神也！

司马尝叩拔宅飞升之说。一日卓午，李携司马立日中，取自着破毡笠置司马头上，又取司马角巾自着之，属司马视其影。李则但见帽影而不见人影，己则但见人影而不见帽影。李谓之曰：『所谓拔宅者，只就本身所御之物而言。身果能仙，平日即身所御之物皆随之而仙，非必宅果可拔也。』司马恍然，道以日进。或曰李泥丸即李八百。

里乘子曰：予初识吴氏昆仲于方子箴都转扬州官署。尝与次垣论古今收家，意见不合，次垣攘臂相争，自折其齿，举座皆笑；逾时意气俱平，谈笑自若，固各无芥蒂也。介臣喜谈道，一日，都转招饮，介臣席间谈李泥丸事，并述司马尸解后，以道传袁太太。某宅素凶，主人请袁治之。袁以绳连系七鬼，宅乃转凶为吉。词锋霅霅，四座口为之噤。会道州何子贞先生在座，素不喜人谈怪，枯坐欲睡，介臣方刺刺不休，亦不以为意也。乃曾几何时，不兼旬而昆仲竟相继下世，追忆朋友聚散存殁之感，为之愀然。

先大夫守湖州时，小艮司马居金盖山下。会先妣杨太夫人有疾，先大夫携予宿金盖礼忏，求丹药疗之，果瘳。司马遇醮坛则易道装，平时酬酢往来仍著冠服。尝至署中，先大夫觞之，予亦侍坐。司马茹荤饮酒，谈道娓娓不倦。惜予方幼稚，不能叩其旨趣也。方子箴识。

鱼城

洞庭湖滨渔人，户蓄鸬鹚，即杜诗所谓乌鬼是也。其嘴曲如钩者最佳，一头可值五十金。小鱼至数斤重者，一乌鬼可取；重数十百斤者，只四五乌鬼亦足舁而出之。其下水时，皆绳约其颈，不则自饱咽之，即不肯为役矣。

相传某年岁暮，正值需鱼之时，渔人日纵乌鬼下湖，连日竟一无所得。有善泅者下水侦之，知鱼已成城矣。鱼成城者，大鱼互衔其尾，层累打围于外，众小鱼实其中，又有极大之鱼，衔尾封盖于上，居然众志成城，撄守甚固，牢不可破。渔人聚议，无所为计。

忽有人言宜昌老渔某翁家蓄一乌鬼，鸷而且智，号为鬼帅，非此不可以破鱼城。遂醵金具重币，使人往求某翁暂假鬼帅一用，并约得鱼不吝厚酬，某翁许诺。不日携至，众视鬼帅，枭目鹰吻，雕瓴鹗爪，真神俊物也。重刑牲酾酒，祭祷湖神，试先纵鬼帅入湖，以觇其技。乃既达鱼城，四围循视，复遍察于上。见衔尾处有微隙可乘，以首锐入，摇身遽下，遇小鱼横乱啄之。小鱼惶骇，互相奔逃，势甚汹汹，大鱼猝难坚持，顷刻其城立溃。

渔人见众鳞陡跃，湖波顿兴，知鬼帅得胜，急纵群乌鬼下湖，一鼓而聚擒之。

某官妾

某官出都赴任，至袁浦，舍车而舟。有爱妾某氏，登舟失足堕水。某官恸甚，乃扬言谕诸三老曰：『有能入水得尸者，犒白金五十镒；如拯出尚未气绝者，倍之。』诸三老贪赏，争泅水寻觅。有篙师某甲，独于港汊得之，居然气尚未绝，大喜。既见某氏两腕俱约金玉跳脱，其馀簪钏首饰，俱系金玉珠宝，所值何止百镒？计不如戕其命而纳其物，后再献尸求赏，不较算无遗策耶？乃将某氏复拉至水深处，察其气绝，曳藏芦苇中。自独归家，具以告妻，夫妇交相庆慰。趣妻为具晚炊，饱餐毕，甲趁幕夜无人，约先往取物送回。

妻待至翌日薄暮，踪迹杳然，心殊疑虑，不得已，以告他三老求往视之。果见某氏尸藏芦苇中，面目如生，怒容可掬；甲跪其旁，抚之，则已僵矣。急趋白某官，始共知某甲险恶，为鬼索命而毙。爰舁某氏尸殡于舟。即取白金五十镒并某氏金玉珠宝等物，分犒诸三老，而某甲独不与焉。

里乘子曰：某甲得尸，气尚未绝，大喜。向使将去求赏，百镒之外，即另求某氏金玉珠宝等物，未尝不可。观后仍以各物分犒诸三老，可知某官并非悭吝人也。乃某甲贪念一转，自谓算无遗策，究之致人于死，而已亦卒为鬼索命而毙。某官分犒诸三老，甲独不与，然则险恶之人，复何益哉！某氏一弱女子耳，使非其鬼有灵，几致沉冤莫白。观其面目如生，怒容可掬，报仇雪愤，何其神也！噫嘻！阳有官刑，阴有冥罚，自古及今，焉有杀人而能漏网者哉？

兰茗馆外史卷六

吴和甫侍郎轶事

吾乡吴公和甫，讳存义，本休宁人，寄籍泰兴。由翰林起家，官至吏部侍郎。公正廉明，爱才如命。督学滇南，前后八年，士民爱戴。当回民逆命时，滇省大小官署及缙绅巨室，悉罹屠毒，淫掠甚惨，独相戒不犯学使者署。时盐巡道署中货财衣物攘劫一空，并将插架书籍以刀截为两段。案有公诗集四本，一贼方将加刃，一贼急止之曰：『此吴学使诗也，慎勿损坏。』所藏书数万卷，惟公集独占硕果，亦一奇也。

公按临永昌，试竣出城，甫数里，回视城内火光烛天，沿途回匪，白布缠头，戈甲森列，见公至，皆跪拜道左。公式舆训之曰：『汝曹皆是天朝好百姓，幸各自爱。』众唯唯嗷应，稽颡有声。盖汉、回誓不两立，必俟公出城乃敢互相格斗，居民多诡称为公傔从，幸免于难。

公按临迤西时，有举人李某攀辕，诉称丽江县属盐井，有横天都御史者谋叛，聚众数十万，克日举事。公以事关重大，密檄丽江太守暨巡绰官侦察虚实，复自易服潜访。乃知李前曾以首告谋逆，疆吏要功，诬伤二千馀命，李徼幸得钦赐举人，兹仍欲袭故智。其所胪列为首者，皆本地富家巨族；所称聚众，即井旁烧盐灶丁；所谓横天都御史，则彼处供奉之神时降巫者之身，乡民遂称巫为横天都御史。其馀所言，茫无影响。公据实咨明督抚，惟将巫者惩责；复咨部将李某斥革，一时士民额手感颂，皆称之曰『吴青天』焉。后回匪诱丽江人从逆，皆拒之曰：『吾侪小人沐吴青天之德，幸得保全首领。若犯上作乱，其何面目以见公乎？』故滇省变乱相循者多年，而丽江从贼者卒鲜。

其督学浙江也，按临嘉兴，时海盐某生以非罪系狱，受刑甚酷。公廉知其诬，占名至生，问提调官：『某生何在？』提调官以系狱对，公叱曰：『秀才有罪，应详准学使褫革。今未详革而敢擅下于狱，是何例也！如某生不来，老夫当停试奏办。』提调大恐，亟谕邑令出生于狱。比生至，发蓬面垢，形同重犯。公太息抚慰之曰：『汝发如此，种种皆老夫教令不行所至也。』提调、邑令相视忸怩，噤不敢语。及榜发，某生以优等食饩焉。

又试杭州，有商籍童生陈某卷甚佳。越日，面试二题，顷刻走笔而成，斐然可诵。公益疑非童生所能办，密使人访之，果新昌秀才俞某顶冒捉刀。后试新昌，占名至俞，乃训之曰：『凡为秀才者，有学尤贵有品。汝前次为陈某捉刀，吾怜汝才而姑贷之；若遇他人，则汝殆矣。是所得者少而失者甚巨，智者不为也。汝其戒之。』俞感激滋零。榜发，以优等食饩，自是改行，不敢再蹈前辙矣。

公性俭约，官至卿贰，在京邸只蓄二仆，典学时倍之。到处严戒仆夫，毋许悉索供亿。除廉俸外，一切陋规丝毫不取。浙省学租岁数千金，悉捐于各郡，创建育婴堂，所活婴婗不可胜数。今滇、浙两省，皆建公祠以尸祝之。浙祠滨于西湖，每届乡试，各郡士子，订期醵资聚祀者千馀人。於戏！非盛德感人之深，恶能若是哉！

里乘子曰：公直南书房时，文庙见所着貂服甚敝，问之，公叩首曰：「臣自授编修，仅此一袭，服之已二十馀年矣。」上微笑颔之。寻赐貂服，并拜典试之命。及任满入觐，上问滇省变乱原委甚详。既问：「汝按临几郡？」公叩首对曰：「以道梗均未按试。」上叹曰：「苦煞汝矣！」翌日，命兼摄顺天府丞事。谢恩时，上笑曰：「顺天府丞，每届考期，卷资例有千金，聊偿在滇之苦可矣。」其为文庙优眷如此。公每述及先朝高厚之恩，未尝不泣数行下也。

庚申秋，外夷至京师。乘舆北幸，都城汹汹。大小臣工纷纷携眷迁避，各道胡同曲突绝烟。公时抱病，闻难痛哭，谓所亲陆眉生给谏曰：「子有老母，其行也乎哉？宁慎持之勿妄动，免悔噬脐也。」陆慷慨誓死勿去，公壮之。事定后，既出复入者见公，咸有愧色焉。

江阴何廉昉观察栻，侨居维扬，筑壶园，座客常满。予尝于壶园座上得识诸公子，公次子礼园郎中宝清，博览群书，尤肆力于诗古文词；三子农山茂才宝让，何之婿也，皆能世公之学。予幸与纪群交稔，知公生平大略，爰著于编，藉以风世。《诗》有之曰：「虽无老成人，尚有典型。」惟公有焉。

年大将军

幼听野老谈年大将军羹尧轶事：或谓其祖籍本安徽怀远县，后隶汉军。父遐龄，初为驻防都统；母极悍妒，都统私婢有身，母知之，大怒，以婢给仆，生羹尧。术者相其必贵，复收育之。儿时性黠犷，力复过人。入塾不肯读书，师偶威以夏楚，反受其侮。齿已舞勺，尚不识一丁字。都统患之，遍托人物色名师，有能教化其子者，不吝厚俸。

有叟突然不介来谒，自称愿为公子师。都统出见，叟年可七十许，白髯布袍，举止不俗，心异之。因谓叟曰：「豚儿蠢劣异常，先生惠然肯来，敢问教化当用何法？」叟曰：「如公不弃老朽，请择乡村僻地，筑花园一所，池沼山石、竹木花草毕具，且备设经史图籍，及一切兵器、日用各物。园中惟居师弟二人，不用仆从。四围高其墙垣，不必设门，仅留圭窦，按时以进饮食。比及三年，老朽自有以报公也。」都统如言部署。

叟与羹尧居园中，日自兀坐观书，听羹尧所为，绝不过问。羹尧日浚沼填池，移山运石，种竹木，栽花草，嬉戏自得，亦与叟从不通一语。自春徂秋，园中池沼、山石、竹木、花草，或自东迁西，或至南徙北。迁徙既遍，羹尧颇自厌烦。一日饭毕，见叟观书孜孜不倦，旁窥良久，似有羡心，卒然问曰：「先生竟日看书，其中果有味耶？」叟漫应曰：「书味极好，非汝所知也。汝第戏耳，勿来相嬲。」曰：「然则我亦可学乎？」叟曰：「有何不可？但恐汝不肯用心耳。」曰：「我若用心，汝肯教否乎？」叟笑曰：「汝如肯用心，我有何不肯教？」

龚尧喜曰：「请从今日始，愿师有以教我，幸甚！然究竟读书有何好处？敢请。」叟正色曰：「书中好处甚多。上焉者为圣贤，其次立功名，又其次取富贵。不知汝欲自居何等也？」曰：「敢问何谓为圣贤？」曰：「则古称先，躬行不倦，明体达用，可仕可隐，道重一时，教垂百世，是谓为圣贤。」曰：「何谓立功名？」曰：「贯通天人，经纬文武，伐罪戡乱，拓地开疆，带砺山河，勋铭钟鼎，是谓立功名。」曰：「何谓取富贵？」曰：「简练揣摩，务趋时尚，弋获科第，雍容华朊，妇嬉子笑，温饱自甘，是谓取富贵。」

龚尧沉吟久之，曰：「圣贤非所敢望，寻常富贵又非所屑，愿师教我以立功名者，可乎？」叟曰：「汝果真心从学乎？」龚尧乃拔剑斫树，誓之曰：「如不真心从学，有如此树！」叟知其志已决，大喜。于是先取经史，日与讲论；又教其攻习举业，暇则谈论兵法，早晚或习射，或舞刀剑干戈，相与为乐。龚尧天资固优，凡事一学即精。三年，学果有成，其齿甫成童也。

会仆由窦进馔，叟笑谓曰：「烦寄语若主人，公子学成，可以开门矣。」仆告都统，开门，宾主相见，执手慰庆。都统见龚尧恂恂知礼，不似从前跳荡，知其学果有得。大喜，乃设筵款叟，酬以千金。叟固辞曰：「俟公子功成名立，再来索谢。」言皆兴辞，再三留之不可。龚尧雅不忍舍，独送一舍之地。师弟相对，依依难别。叟赠诗一首，令谨识之，洒泪挥手飘然而去。诗曰：

海水摇青云四垂，曈昽晓日照旌旗。愿君熟读淮阴传，毋忘低头胯下时。

里乘子曰：叟突然而来，飘然而去，神龙见首不见尾，其殆仙乎？龚尧他日仗钺专征，威震万里，功名显赫，皆叟之教也。迹其生平为人，卒不能去一「骄」字，伏法自取，夫复何怨？然则叟以教化自居，抗颜三年，意者教则有馀，化犹不足欤？临别赠言，具有深意，听之藐藐，良可嗟叹。抑又闻之龚尧与吾乡张文和相国齐年登第，过从甚密。文端相国尝谓文和曰：「是儿音洪而厉，目炯而怒，纵使功名显达，亦难免祸，汝其远之。」噫！先达观人于微，亦何神哉！

甲与乙为善友

甲与乙为善友，甲贫而乙富。甲将远出贸易，托家室于乙。乙毅然诺之。甲既去匝月，妻以食用不给，遣子往乙求助。乙冷笑曰：「曩与而翁言，特戏耳。若眷口多人，将仰给于我，来日方长，但供若坐享，虽铜山亦易崩也！请别为计。」子闻言觖望，不得已，又哀恳之，乙拒益力。子怏怏归，返命于母。甲妻叹曰：「今天下所谓金兰之友者，类如此矣！」米罄薪绝，举室愁对，计无所之。

忽乙之老仆来，甲妻数其主人负诺之非。仆亦颇为不平，义形于色，且曰：『人情反覆如此，焉用友？夫人第请息怒，老奴闻夫人一家皆精女红，曷不以针黹生活，较胜求人。』甲妻曰：『汝言固善，奈无资何？』仆曰：『果尔，老奴自有良策。老奴常为主人会计，各店颇蒙取信。夫人应需何物，老奴可暂住各店支取，俟鬻物偿资，亦无不可。』甲妻大喜称谢。遂央仆贷得针线布帛等类，日督妾女子妇诸人一意刺绣，自旦达夜，不肯少休。每业一物，仆即携去代鬻于乙，乙赏其精巧，不吝厚价。甲一家食用赖以不乏。久之，渐有赢馀，举家甚德老仆，而益不直乙。乙自甲去后，亦绝不过问。

初甲出门，同人合权子母，三年，客囊充牣。既归，见家室无恙，衣食丰腴，意是乙所周恤。询之妻，妻唾且骂曰：『君休矣！君若徒恃金兰之友，则一家之骨不填沟壑也几希矣！』乃痛数乙所为，并颂仆德，备述缕觋。甲不胜诧异，将诣乙诘责。

乙见甲归，大喜，执手叙阔，情谊殷拳。甲忿不能遏，作色曰：『别后以家室相累，今幸不致饿莩，微君之惠不至此！』乙笑曰：『君疑仆耶？诚然，老仆之代夫人经营者，皆鄙人之所筹画而指使者也。鄙意如夫人暨诸弱息皆在妙龄，君既远出，举家无主，若使坐食偷安，反恐逸荡生事。故藉针黹使之作苦，闲束身心。不有以难之，则有所恃而业不专，又高其值而利诱之，则更有所贪而益忘倦。仆之为君谋者，不可谓不忠矣，岂真需绣饰，藏为玩好者耶？』

乃使左右舁一箱至，见频年所购各物，堆积其中，灿然如新。顾谓甲曰：『仆留此实无所用，请仍携归。俟女公子逌吉，小助妆奁可也。」甲至此，始知乙用心之深、用情之挚，把臂痛哭，再拜谢过。归述于妻妾子女，始各恍然，无不感激滋零。嗟乎！如乙之于甲，真是不愧为友矣。安得今天下所谓金兰之友者尽如是耶？

里乘子曰：我闻乙平生轻财重义，甲则不轻取予，皆正人君子也。至今两姓子孙蕃衍昌盛，世为婚好，休戚相关，有逾骨肉焉。此事惜传者逸其姓名。然管鲍、羊左、范张诸公之后，又得甲乙二人，使友道之中添兹一段佳话，快甚快甚！

王素芳

清江名妓王素芳，字晓秋。尝薄暮假寐，忽一女郎披帷入，年可十八九，衣裙钗饰皆吴下妆束，来坐榻上。素芳起问邦族，女遽捉其臂，冷如鬼手馨，拽往外走曰：「汝随我去。」素芳姑从之。甫及户，见门外立一鬼，头与身各长尺许，戴皂冠峨峨然，目睒晹内向，素芳大骇踣地。家人闻声，毕集问讯。素芳神情恍惚，但见女在旁，言要报冤。素芳谓：「素不相识，何报怨之与有？」女曰：「汝不知耶？汝前世广陵汪氏，家素丰，十八岁举于乡，与妾中表。妾幼失怙恃，寄养汝家。年及笄，汝以诗相挑，谓愿效玉镜台故事。妾怜才心切，雅不欲拒。从此情均伉俪，酬唱甚多。后汝从亲命，另婚他氏，遂背前盟。亲迎之日，妾忿乳药而死。如此负心，我岂汝恕耶！』素芳谓前世事非所能知，可求见谅。

正辩让间，忽一白髯老者衣冠珠绂而至，谓是素芳前世之父，便谓女曰：『汝二人事，曲故在彼，但汝亦不能无过。当日老夫若知其由，必不另为议婚。稽渠前世册籍，禄寿俱丰，坐是罚削殆尽。以老夫平日为人，不应绝嗣，姑留为延一线，至二十三岁即已短折，今世遭变女身，且堕落为娼。阴曹法律至公，汝亦可以无憾。况渠所私处子尚有五人，不独负汝，不过汝死非命为可怜耳。然报应已彰，既往不咎，汝亦不必过嬲，可随我去。』女不肯。初，老者来时，从一苍头，便命留事女郎，劝其速去。

老者既去，苍头便从旁苦口劝解，素芳亦再三哀免，女坚执前说。素芳无可如何，忽思得一调停之法，乃谓女曰：『汝言我前世相负，我至今世悔之已晚。但我已贱而为娼，并无所归，薄命极矣！此后誓不从良，情愿奉汝为婿，设主祀之，以赎前愆，何如？』女沉思良久乃诺。素芳遂设女郎木主，夫事之，后果不复为祟。

此咸丰己未年事。毗陵徐镜三明府游清江，见素芳自作笔记，中载前世与女郎唱和诗词甚多。其时素芳年裁三十许耳。

里乘子曰：老者所言，亦殊娓娓动听，乃鬼坚执前说，竟不遵命；及素芳许以夫事，设主祀之，誓不从良，鬼沉思良久乃诺，岂犹念前世恩爱而不忍割耶？吁嗟，鬼亦可谓多情矣！然素芳所自调停，殊觉曲而奇、奇而当。

素芳说梦

镜三又言素芳笔记载一梦，甚奇。咸丰庚申暮春，倚枕假寐，见前苍头来言，今日公子初度，家人设筵为寿，请归受贺。身不觉随苍头出，乘舆将至一处，高门巨第，苍头导之升堂。内设三席，中席则前所见老者与一媪并肩上坐，西席处女六人，女郎预焉。己便欲阑入西席，苍头曳其裙，使独坐东席。水陆杂陈，备极丰腆。自顾己身，居然男子而衣冠也者。俄见一壮岁秀才稽首筵下，既退，又一老妪入，年可古稀，裣衽伏地，且哭且诉，音甚颟顸，不辨何语。心颇厌其絮聒，起身出席，欲麾之去。妪以臂相格，忽然蹉跌，头触屏风上，砰訇有声，顿醒。后悟初度为前世冥寿，中席乃前世父母，西席乃前世所私六处子，壮岁秀才及老妪乃前世妻子也。素芳醒后，发内甚痛，摸之一瘤坟起，即梦中屏风所触者。使镜三验之，尚未尽消。

吾乡某太史

京师都总管庙，其神为狐族之长。吾乡某太史登第时，年甫逾冠，少年选事，戏为文一通，就庙焚之。谓『闻尔族灵与人同，野乘所载仙缘不少，心窃羡之。鲰生独居京邸，旷然寡俦，如不以尘俗见弃，愿赐系援，传之后世，亦为美谈』云云。

越日薄暮，一叟款关来谒，自言胡姓，昨蒙垂赐佳文，不以异类见斥，曷胜荣宠，今特送儿女子来，望君始终温煦之，幸甚。即以手招之曰：『来来，儿曹可善事贵人，吾去矣。』太史闻言，仓促不能致词。但见粲者林立，九女二男，女固妖娆，男亦婉娈，目炫神摇，不能自主。由此闭门谢客。镇日与群美周旋，颇幸奇遇。

匝月后，精神怠尪，罢于奔命；而群美轮替值宿，苦无虚日，默自危虑。欲掬心告哀，又恐反遭侮虐。再四筹画，乃背书一疏，独诣前门关帝庙祈祷，大略控都总管纵妖作祟，求神驱佑。是夜就寝，见金甲神拘至一处，宫殿崇闳，上坐一人，气象尊严；左右唱名，令跽墀下。旋又唱胡某名，便闻锒铛声响，一人跽于右侧，睨之，即是胡叟。上坐叱问：『老狐何故纵妖作祟？』叟与太史互相争诉。上坐怒责太史不知自重，殊玷清班。姑念平日尚无大过，暂从宽典，急宜治任归里，毋得逗留辇下。言讫，叱之令去。霍然惊寤，见残灯犹明，群美不知何时俱已遁去。窃自庆慰，而回忆所梦，又复骇汗如雨。

向晨，即见叟拄杖蹩躠来前，戟手指而数之曰：『无理无情，莫汝为甚！汝初以姻好是求，予故以儿女相托。纵使反悔，亦应熟商。何得率尔妄渎上神？幸蒙圣帝仁明，仅予薄谴，臀股笞责三百，肉尽见骨，痛彻于心；合家老幼罚戍西羌三年。俟赦归，再与计较也！』言毕，恨恨而去。太史骇惧，从此告归故乡，不敢复作春明之梦矣。

里乘子曰：书生少登科第，不知自重。方其为文求缔仙缘，果见粲者林立，未尝不自幸从心所欲，得此奇遇；及置于奔命，又不敢掬心告哀，乃背疏祈渎神圣，尤属糊涂胆大，真非人意料所及。观神圣所判，虽老吏断独，亦不能如此精当。『姑念平日尚无大过，暂从宽典』，此正是默祖书生处。得免冥责，诚为幸事。而老叟戟手数责之词，情理兼尽，太史纵百口亦难置喙。乘一时之高兴，误毕世之功名，归老山林，春明梦断。所谓妖由人兴，孽由自作，前车可鉴，可不慎欤！愿以告天下之少年选事者。

指腹为婚

池阳有姊妹幼相亲爱者，既嫁，各有娠，指腹约曰：『均是男也女也则已，脱一雌一雄，当缔姻好。』佥曰：『诺。』且誓之。既产，姊雄而妹雌，大喜，各申旧约，南山不移矣。

亡何，姊夫为仇家牵讼，产业荡然，抑郁而卒。姊无以自存，尝携子往依妹。时妹已有子入塾，即留姊子伴读。先是约婚时固无媒妁，不数年两小俱已成人。妹夫某乙憎姊贫，谋与妹，讳其前说。以女字同邑富家儿，嫁有日矣，而女实不知有旧约也。妹使姊为女作嫁衣，姊知妹负约而不敢言，对女时潸潸泪下。

女察知有异，叩之曰：『姨与母兄弟也，儿视姨犹母，姨亦合视儿犹女。儿闻男婚女嫁，人之大伦，儿嫁有日，此一生大事，姨当为儿喜，何哀甚也？敢请其说。』姊第摇首而不肯言。女固叩之，乃拭泪喟然曰：『儿不知耶？儿固吾子妇也。今已矣，夫复何言？』女闻之大惊，穷诘得其颠末。沉吟久之，曰：『噫！我知之矣。姨诘朝须托故暂回家摒挡，倘父母使人招之，固辞以疾，俟儿自来姨家，再作计较。』姊如女言，诘朝与妹别，坚订三日必返。

妹以女嫁期迫，须姊代为理妆，三日不至，叠使人招之，俱辞以疾。固招不至，妹心益急，女乘间曰：『阿姨素怜爱儿，非儿自往招之不可。』妹笑曰：『老贱人自抬身价，须小妮子自往捉来。然斯迫矣，儿须速偕阿姨归，勿贪戏也。』女曰：『诺。』亟怀金而往。访知近村有贫妇新分娩，女以钱十千付姨，悄往说贫妇，愿假婴儿代哺一月。姊抱婴儿归，竟无知者。女计父必自来督趣，令姨闭门以待。

妹以女连日不归，果使乙自往趣之。乙至叩门，逾时始开，亟问姊曰：『吾女何在？』姊笑以手反指曰：『坐床者非耶？』乙至房中，见女蓬首拥被坐床上，解衣哺儿乳。见父故作羞缩状，面壁默默不作一语。乙瞪视失色，顿足叹曰：『奈何！奈何！』急趋而归，具以告妻，相对愁叹而已。一时里党传为笑柄，富家闻而耻之，亟倩媒退婚，索还聘物。某乙夫妻又女贻门户羞，暂令住姊家，俟弥月徐为之计。

比及匝月，贫妇自往索儿。女诧曰：「汝以十千钱鬻我，何又索还耶？」贫妇怒曰：「汝原约假我子代哺一月，焉得不还我！岂鬻子者耶？」彼此反辱相稽，女因靳不肯还。贫妇益怒，亟鸣鼓诉之官。官拘女至，女乃泣陈所以，官肃然称叹曰：「以智全节，奇女也也！可谓诡而不离于正。」拘乙与姊子至，见姊子温文尔雅，询知尚在塾读书，大喜。叱之曰：「汝以一女而字二夫，罪不容道。姑食汝女贤，贷汝过。」又指姊子谓乙曰：「此诚快婿，亟归，好助奁资为二人合卺，以赎汝过，何如？」乙叩头唯唯，答称愿从尊命。又令以婴儿还贫妇。远近颂神明焉。

里乘子曰：「此事吾乡啧啧称道。闻其夫妇至今尚在，其夫已贡成均。为一乡祭酒；生数子，亦有声胶庠。而富家自遭兵焚，竟荡然无存矣。即此亦可见天报贤女，而货财之不可恃也。凡憎贫者，尚其鉴之。

老圃某翁

老圃某翁好道，断酒茹素，鳏居六十馀年，一乡称善人焉。尝署夜就寝，忽闻窸窣声，见无数小人从门罅入，联臂登榻，撼翁骂曰：「嗜杀贼，休安枕高卧！吾侪隐忍数十年，今决不汝恕矣！」言毕，径上翁身，自首至足，跆藉不留馀隙。或擢发，或捋须，或撮唇捉鼻、箝耳扪目，甚至有挠其股者，有呵其肢者，有嘬其肤者，有吮其乳而噬其脐者。翁痛痒备至，欲言而口不能开，欲动而手足如有所缚。微睨其人，大者长尺许，次者或七八寸、五六寸不等，有老有少，有男有女，有面目娟好美如冠玉者，有环眼虬髯狰狞凶恶者，憧憧往来，如傀儡然。鸡鸣始下榻由门罅去。如是匝月，不堪其扰。自问平生尚无大过，不知是何冤孽。

闻某寺有老僧，道行甚高，往求忏解。僧命翁傍坐，自趺坐禅榻，手诀诵咒。少顷，小人果络绎至，膜拜，齐伏座下。老僧喝曰：「何物幺魔，敢祟善士？无说则死！」小人诉曰：「尊师听者，吾侪乃與父亭长之俦，伏处田间，自甘蔬水，与物无忤，与人无争。不图某翁包藏祸心，视吾侪恨若仇寇，数十年来，屠戮何止十族。倘再束手听其鱼肉，日复一日，我子孙必无噍类。为此号召同侪，决意扑杀此獠，庶可消宿怨而杜后患。所谓孤注一掷，誓不两立，诚出于不得已也。尊师座前不作诳语，请问某翁更有何说？」

盖翁素性勤俭，平生所种瓜豆各菜，每日灌溉外，必逐柯一一谛视，遇虫辄歼除之，恐其有损根蒂花叶也。翁闻言恍然大悟，遂向老僧白其故，且告之悔。老僧嗟叹久之，为强辩曰：「汝曹所言是矣。然老衲闻，近村某甲某乙等俱与翁同业，其畦垄较多于翁，性亦蠢恶，平日遇汝曹，摧残自必尤甚，汝曹何悉不与校，独与翁作难，得勿欺善而畏恶乎？」对曰：「非也。如甲乙等生平作恶较多，他日森罗殿上自有人与之对簿，吾侪何必作难！若某翁者，戒荤慕道，一乡称为善人，以善人而戕害物命，罪宜加凡人一等，《春秋》所以责备贤者也。吾侪修怨于翁，正是此意。」

老僧点首叹曰：「善哉！善哉！」因劝翁从此改业：「待老衲为汝解脱，何如？」翁合掌答曰：「幸甚！」老僧乃宣谕曰：「老僧闻冤宜解不宜结。某翁今已忏悔，痛捐旧业，但汝曹既已怛化，何能再生？老衲愿唪经诵咒，超度汝曹，听其淫化道中，流转轮回。或化蜉蝶，翔戏山林，或变鱼虾，泳游水国，各寻乐趣，永遂生机；尽释怨尤，莫事缠扰。汝曹有知，疾如律令者。」小人闻之，皆大欢喜，伏地膜拜，同宣佛号而灭。

某翁此后不复从事锄荼，惟织席编屦以终馀年。此庸通和尚言者。

里乘子曰：或疑蠢尔微虫，焉知报怨？大约禅师饶舌，故假此恢诡之谈以警世耳。予谓不然，杨雀宋蚁，载之典籍，非虫鸟之报德者乎？报德既有可征，报怨有何足怪？况出自善人，罪宜加等；责备贤者，更为近理。子何疑焉？

产蛇

合肥李季荃督军鹤章言，其乡农人某，家颇小阜。妻某氏最恶生女，每产男则字之，女则溺之。年将三十，业戕女六七矣。既又有身，将分娩，腹痛甚，比产一卵，内蠕蠕动，剖之，蛇也。鳞甲金光烂然，举首，目炯炯望母，哆口蛟舌，意似索乳。农人欲杀之，妻摇首止之曰：「此宿孽也。安知非妾平日溺女之报？倘再戕其命，结冤益深，其何以解？不如纵之，听其自然为善。』农人然其言，乃置诸筐，而放之深山丛莽中。

迨夜漏二下，闻户下隐隐有声，见蛇蜿蜒入，径上榻投母怀中，以口哺乳，嘬吮俨然婴儿。某氏痛彻心髓，而竟无如之何。蛇饱则蜷蜷蟠卧枕际，饥则就乳如初。日辄三哺，某氏甚苦之，向蛇哀告曰：『我与汝类分人畜，义属母子。汝齿日长，我乳实不足以果汝腹；况汝日大，则毒未免尤甚，我不堪痛楚，命合休矣。纵系宿孽，而以子杀母，其曲在汝，汝心安乎？今与汝约，以饭代乳，何如？』蛇颔之。自是日饲以饭。蛇渐长大，不三年已粗如碗，十石瓮藉以草，蟠卧其中。日三餐必需斗米，农人家由此渐落。蛇今尚在，人多见之，究竟不知何若也。

里乘子曰：古语有云：『虎狼虽狠不食儿。』彼溺女者自杀所生，是诚虎狼之不若矣。或谓凡遇溺女之家，当以无故自杀儿女律科其罪，此论最确。吾愿为民父母者，所在留心教化，力换浇风，其功德岂在施药、舍棺、掩骼下哉！忆在蜀时，闻熊一峰游击云，村有媪，溺女甚多，年五十馀，摘蔬圃中，忽有二蛇缘骭而上，窜入前后两窍。媪骇晕倒地，寻毙。此亦孽报，可以为世之溺女者劝。

乡民某甲，妻极悍毒，连举二子，意甚得；继生二女，恚令溺之。甲殊不忍，妻骂曰：『业有二子，恶用是赔钱货为哉！如汝不忍，我将手刃之！』甲恐，绐为诞置诸野，乃悄寄人哺育，后配农家子，家颇小阜。及二子长成，游惰荡产，举室难以自存。甲谓：「幸有赔钱货在，试往求援可乎？」妻惊，诘得颠末，悔而且愧。不得已，求援于女，相依以终。然则观某甲已事，女虽赔钱货，不且贤于不肖之子哉！为父母者尚其鉴诸。礼园吴宝清识。

雷击某总戎

丙寅春，某县令如金陵谒制军。舟次江东桥，邻泊一巨舰，上载总兵某，麾下健儿繁有徒，亦谒制军来者，气象森严，望之可畏。夜，雷雨大作，河水簸荡，某令同舟人众不能立足。正惶惧间，忽霹雳一声，巨舰凌空而去，而令舟与巨舰首尾相系，竟安然无恙。平明，三十里内村人来报，各处零骸断骼盈尺盈寸，皆为雷火铄炙，其黑如炭。船板碎若败叶，散落满地。佥谓非造大恶孽，不能干天之怒如此。

后闻人言，方雷击时，惟一庖人掷置洲上，幸免于祸。且为人言，有某公子者，挟巨资挈家如都门求官。薄暮，舟行患盗，见孤洲有总兵巨舰，大纛扬风，急趣舣其旁，冀叨翼庇。总兵耽视其资，夜半刃公子，并纵兵淫辱妇女，悉杀而投诸江中。搜括财物，半犒麾下，半入己橐。卒火其舟，舟人无一得免者。不匝月即遭此报。盖麾下惟庖人不肯染指，故得幸免于祸云。

里乘子曰：总兵为卫民大员，行过盗跖。麾下惟一庖人不肯染指，得免于祸。然亦赖有此硕果，藉以宣播其恶耳。吁！明明在上，残暴之徒欲徼幸漏网，岂可得哉？

崔太史

蜀中崔太史晴郊，未达时，娶父执某翁女为妻。逑好甚敦。翁老且鳏，疾革时，以小女尚在垂髫，无人抚育，遗命二子，将妹寄养姊家，并托崔夫妇善视之，待成人配一士人，老夫九原感且不朽矣！崔夫妇泣涕受命。

翁死后不数年，崔成进士入词馆，意气甚得。时妻妹年已及笄，慧中秀外，士族争来委禽。崔涎其色，谋于妻，救效英皇。妻不敢拂良人意，试商之妹，妹念骨肉情，不忍分雉，遂首肯。定情后，崔妻颇怀妒嫉，时加白眼。尝谓亲虽姊妹，分则嫡庶，婢子不得无礼。妹齿稚，腼腆不敢声辨。偶以小事忤崔意，崔遽批其颊而丑诋之。妹以不得于姊尚可忍也，不得于夫，则此生无望矣。展转饮泣，中夜雉经而死。人皆叹其薄命，而诮崔薄情，崔亦懊恨无及。

一日，崔方假寐，见妻之妹珊珊然来，揽其裙而诃曰：「薄情郎安得高枕无事？妾向念骨肉情，苦为汝夫妇所赚，致罹惨死。今得请于帝矣，岂甘心视汝夫妇静好耶？」言讫，拉崔僵仆于地，凡榻上衾枕之属，抛掷狼籍，见者毛发森竖。众掖崔起，色若死灰，不数日寻卒。未见，妻患恶创，遍体溃秽，肉脱见骨而死，人皆称快，以为薄幸悍妒之报。

里乘子曰：初，太史谋之妻，求效英皇。妻以不敢拂良人意，故试商之妹，原非出自本心。向使妹或不肯，亦可报良人之命而告无罪矣。不谓妹稚齿无知，情重骨肉，遂为其夫妻所赚。妻之妒加白眼尤可说也，太史竟批颊丑诋，是何心耶？然则妹之兔忿，非饮泣雉经，请命于帝，直不能白矣。吁！岂不痛哉！

王氏子

滦州榛子镇有王叟者，以鬻果为业。子名马头，年十九，素极不孝，所为多不法事。父母偶尔劝戒，不惟不听，甚则反遭殴骂。故事：果藏地窨，每夜分别生熟之等差，最熟者先售，最生者从缓，为可暂蓄不致烂坏也。

同治甲子二月十七日，夜漏二下，叟与子入窨选果。甫出，陡见火起，黑烟充塞窨中。急同下扑灭，皆为烟熏昏仆于地。邻舍趋救，将父子先后舁出。须臾父苏，而子竟僵矣。是盖天之罚不孝也。葛少莪司马所目睹，因函寄予，笔之以为不孝于亲者劝。

雷击邵伯民

邵伯民有伯仲析炊而同居者。伯素朴愿，病瘵濒死，召仲执手泣谓曰：「我病殆将不起，手足从此分矣！先人遗产，不忧饿殍，奈无子息何！顾汝嫂贤，弟所知也，幸有娠。男也，佐嫂善抚之，成人必教之读书；女也，亦善视之，为择一快婿，不使失所。汝后日子多，当分嗣我，佐汝嫂守柏舟节，吾目瞑矣。弟如重骨肉情，须念我治命，识之勿忘！」仲慰之曰：「兄弟安心调摄，当不至若是。万一不幸，敢不如命？」伯点首者再，不日寻卒。仲为治丧殊草草，嫂虽不慊，犹以奢不如从俭，曲谅其无他也。

无何，嫂分娩，视呱呱者俨然男也，心大快慰。仲亦欣然庆兄有后。儿状甚英伟，但苦善啼，乳之不哺，百方呵抚之不止。延医谛视指纹，佥谓无病，而哭则未尝一刻辍也。嫂甚忧之，甫三日，竟以不乳殇。

嫂抱尸恸泣，几不欲生，戚党再三劝慰，乃啜泣。召仲谓曰：「亡人寄托之言历历在耳，嫂所以忍死须臾者，恋恋此一块肉耳。今已矣，复何望哉！汝如重骨肉情，必厚其衣衾棺椁，待此藐诸孤以成人之礼。俟殡殓毕。吾亦将从汝兄地下，所有资产壹以付汝。汝如重违我意，我夫妇九泉亦必默佑也！汝意云何？」仲不得已允之。爰市美材殓儿，权厝兄墓之侧。嫂复延僧唪诵经咒，所费不资，仲心怏怏而不敢言。七日事皆，嫂遂绝食，粒米勺水不入于口，终日嚎啕恸哭，血泪俱枯。邻里闻之，无不寒心。

时方冬月，朔风怒号，黑云四合，气象愁惨。忽霹雳一声，天顿晴霁。人言伯与儿棺均为雷击开，有二人跽墓侧，不知何故。嫂闻亟挥泪，力疾趋视，见伯与儿俱生，而跽者则仲与邻村某妪也。急令人舁伯，自抱儿从与俱归，进食、进乳，居然各庆再生矣。

先是，仲以伯既死，虑生儿不能并其产，以某妪素为人接生，重贿之曰：『女也则已，男也则为计戕之。愿以五十金为寿。』妪初不肯，请倍之，妪利其贿，乃诺之。为嫂接生时，悄以花针纳儿脐中，而他人不知也。至是仲与妪被击，各手持元宝一枚，脐针则拔插妪额，其半入骨，血缕缕犹未绝也。

噫！谁谓彼苍者愦愦哉！众议以伯与儿棺殓仲、妪，即同葬其穴。后伯夫妇寿至八十，生四子。怜仲无子，以一嗣焉。儿后举孝廉。

里乘子曰：或谓雷击仲、妪诚快，可惜太晚；倘击于二人贿商时，不较直捷乎？予曰：否否。伯之再生，实嫂之烈感之也。倘击于贿商时，不过儿幸免无害，而嫂烈不彰，伯何由再生也耶？夫嫂贤虽伯所素知，而天必试其果否。迨儿死即决意绝食从伯地下，嚎啕千哭，人不忍闻，岂天听在上而忍闻之乎？至是，特于冬藏时，为嫂破格奋其一击之威，不惟当时人心称快，即千载闻之，亦无不同声称快。不然儿生可矣，谓伯与俱生，非嫂之烈有以感之，吾不信也。彼苍赏罚，历历不爽如是，可不畏哉？

大通佘翁

铜陵大通镇，前滨大江，商估云集。镇佘姓，巨族也。有佘翁设旗亭于江浒，过客就而啜茗，日繁有徒。一日，客散后，翁于座上拾一布橐，内贮白金三百两，两客所遗，姑藏待之。少顷，一客遑遽而来，东西寻觅。翁问客：『胡为者，得勿有所失乎？』客曰：『然，顷遗一布橐，内有白金若干，翁见之否？』翁以其言既符，笑曰：『君言不谬。幸是老夫拾得，理合奉还。』遂携橐出，并请验封识件数而后归之。客曰：『翁真长者，愿分半相酬。』翁坚辞不受。客感激拜谢，称叹而去。

将渡江，适遇大风，见中流一舟，簸荡欹侧，势甚危急，客恻然心动，以失金幸返，不如舍此傥来物作一善事。乃手持白金大声呼曰：『有能救来舟之急者，当重犒之。』岸舣渔舟甚多，贪利争破浪往，将来舟众人扶登渔舟，来舟载轻，得以无恙。既达岸，客出金分犒舟人，同声称谢。内一少年揽客袂曰：『小人危急，脱不遇君子，断无生理。请至舍间，当使合家拜德，稍伸谢忱。』客再三辞之，不得已至其家。

少年亟呼父出见客，其父非他，即佘翁也。翁年六旬仅此一子，向非还金，则已葬鱼腹矣。还金而救子厄，天道亦巧矣哉！

里乘子曰：好善之心，人所同有。施者初原不望报，而受者究断不可不报。古今负恩之人，岂有能常昌者哉！顾人之报施本于情，天之报施准于理。人情不满，天理自然不爽。太上曰：『善恶之报，如影随形。』言其速也。彼佘翁还金救子，其祸福转移，只争瞬息。天之报之，可谓巧且速矣。观此，而好善之心有不油然而生者乎？

雷击 三则

九华山庸通和尚言，池阳有塾师，设帐古寺，授徒凡十有三人。忽雷雨暴作，霹雳一声，将其徒俱击死，环跽寺外。远近来观，见冠者半，童子半，面各置钱三千八百四十六文，麻绳贯之，莫喻其故。旁一人言：『此得勿某生卖妇钱耶？若此，雷击宜矣！』众所何故，曰：『距寺密迩有某生，贫病交集，家唯一妻，伉俪甚敦。以无所为计，不得已将妻鬻去。夫妇相持痛哭而别。生得钱五十千文，铺垫草荐下，钥门出。及归，索钱不得，既恨失资，又恸失妇，遂雉经死。妇闻之，失声大恸，哭曰：「是奴负吾夫也夫！是奴负吾夫也夫！」乃援剪刀刺喉以殉。然则此钱得勿即某生者耶？」众统为计算之，恰符其数。盖其徒阚某生出，窍攫而瓜分之也。

众议以钱殡殓某生。且商之后夫，迎妇棺归，与生合葬。墓在池郡东南三十里，山上恒生连理树，人以为夫妇义烈所感，因称为「义烈墓」。

吾皖定远县北炉桥，巨镇也。有客冬月赁车过桥上，闻下有呱呱声，异而觇之，则席裹男婴存焉。客恻然谓车子曰：「我在客中，无可位置。汝土人，倘知有乳母能收养此儿，愿出白金五十两，为哺儿之资。」车子喜曰：「小人妻新生女，正苦无子。将此儿与女共哺，他日长成，即为螟蛉，不亦可乎？」客大称善。乃取羊裘裹儿，并出元宝一枚付车子，令抱儿送交其妻。车子至河上，掷儿水中，以银与裘付妻，徒手含笑而返。客问如何，曰：「比小人归，妻正哺女，得儿大喜，且颂大德不置也。」

越明年，三月，雷击车子死，背书「贪财伤命」四字。人问其妻，始知前事。

某年春夏之交，定远苦旱，早禾无收。六月中旬，甫得甘霖，农人心稍慰。佥谋种荞可以救荒，但苦无种。某甲藏陈荞甚多，虑颗瘪色黯，不能出售，以甑蒸之，顿觉硕大光润，大喜，遂榜其门曰「出卖荞种」。于是争往购求。荞价翔贵，获利千万。后所种荞竟无一出者，众无所归，怨叹为天意使然。然由此饥饿以死者，指不胜屈矣。无何，雷击某甲死，釜底书「蒸荞误人，粉身莫赎」八字。人始知甲险恶而不能逃天诛也。

此上二则，皆定远陈逸仙茂才维翰言之。

里乘子曰：天诛所以补国法之所不及，而较国法更为快意。何也？国法本乎律例，天诛本乎情理；律例但守乎经，情理可行乎权。彼车子溺婴，某甲蒸莽，及十三人以五十千钱而伤二命，倘执律例，或未必尽置之死；而揆诸情理，似此恶作剧，岂尚可一人而贷之以生乎？嗟乎！明明在上，凡蚩蚩之氓，可不时存警畏哉！

猎人某

池阳猎人某，素性暴逆。母年五十许，奴畜之。常以烹鹿蹄失饪，挞几死。妻贤，每以规劝，并遭棰楚。一日，网得生兔，命母饲养，绳弛逸去，母惧，伏匿积薪中。某求兔不得，拔剑向妻问母所在，妻不以告。某怒曰：「老畜得毋匿积薪中？待搜得，当杀却！」母闻而大惧，亟出狂奔。某见往追，妻哭，力揽其襟。某奋不得脱，益怒，杀妻，并断其手。复追母，母过关圣庙，大声哭且呼曰：「关爷救命！关爷救命！」某刚至庙门，圣帝座前泥塑周将军蓦驰出，以木刀腰斩某倒地上。远近闻而来观，见神像一足立户外，瞪目望尸，须眉奕奕，若有馀怒，刀上血犹淋漓滴沥也。

众乃舁去某尸，拭净血迹，醵资延道士礼醮三日，率其母刑牲祷祭，安神归庙。自是不孝者闻之，皆悚然改辙，不敢再忤其亲矣。

里乘子曰：世传周将军灵异少，陈延祚《三国志》竟不载其名，唯元人《关圣庙碑》有「乘赤兔兮从周仓」之语，自有所本，必非杜撰。或谓昔吴享关圣麾下一偏将，持大刀，搅鲁肃袂厉声责之，即是将军，惜史氏失载耳。木刀杀人，奇甚！如猎人之暴逆，脱不遇将军，则母休矣。天下有理之所无，而事之所有者，况乱臣贼子，人人得而诛之。岂有神武如将军，血食一方，而忍漠视不顾者乎？吾愿世之为人子者，闻将军之风，皆当加警矣。

行脚僧

池阳有老衲，独居古刹。丐募积有馀资，以钱易朱提十馀铤，铤各五两许，吝惜备至。衣常不周，食常不饱，晏如也。一日，晨起啜粥。会九华某僧行脚至刹，饥甚，出钵乞食，再三哀求，衲啜不顾。某僧饥忿莫遏，拔戒刀洞老衲胸殪之。饱啖，搜攫其资而遁。越日，土人见老衲杀死刹中，以其无主，瘗而火其刹，其事以寝。

某僧既杀老衲，缠资腰中，以无人知，意甚得。乃腰缠日重，久之，几如佩千钧，苦难行走。

不得已，至深山中，以刀坎地埋其半，而重如故，尽埋乃已。又每日暮，即见老衲在左右，且闻口宣佛号曰：「阿弥陀佛，阿弥陀佛。」喃喃不休。心恶之，知其冤孽难解，计朝菩萨或可忏悔，乃遍至五台、峨眉、南海各灵山，顶礼求忏，卒无验。无可如何，仍归九华，甫跻上天门，惨然色变，大声呼曰：「老衲又来索命矣！我去，我去！」遂历将前事朗告诸人，言毕，自挝其胸曰：「此事何能瞒人？我死晚矣！」耸身一跃，崖下适有枯枝，恰坠其上，贯胸而死。

斯时崖上崖下观者数千人，无不咋舌骇叹，佥合十作谒曰：「孽由自作，信不可活。凡我众生，鉴此行脚。」又下一转语曰：「吝粥一勺，甘丧躯壳。凡我众生，鉴彼老衲。」

里乘子曰：财之为祟大矣哉！老衲积资，行脚攫资，究竟两人丝毫未曾用得，转坐此结怨成冤，各丧厥命，斯岂非财之为祟也哉！崖上崖下人两偈，的是见道之语。吾亦从而为之说曰：合十两偈，当头棒喝。凡我众生，从善毋恶。

当涂令

某明府以进士宰当涂，性庸暗。县滨大江，冲烦难治，凶岁倍形拮据。某履任，恰值大水，田亩漂没殆尽，官庖突烟垂绝，而饥民日蹇署前，嗷嗷求哺。某书空嗟叹，谓幕友曰：「我贫甚矣。

自谋不暇，何能顾及若曹？」幕友笑曰：「公何太迂？大水民困若此，谁不知者？据实上状请赈，大吏必许，可得四万金，何忧贫？」某大喜称善。亟具牍申请，大府果发帑金四万。某半侵肥己囊，以半分犒合署幕友暨纪纲人等，而饥民沾惠未及十分之一。死者枕藉于道，惨不能状。某视之漠如也。

亡何，某父子与幕友俱染疫死，所吞蚀赈金，耗费无存。某之子妇与二女并幕友之妻子俱流寓当涂，竟不能扶榇回籍。典质既罄，无以为生。始则藉针黹聊以糊口，继为奸媪所诱，觉刺绣文不如倚市门矣。

道光丙午，德化万鳌峰夫子官斯土，招予幕府。邑绅蔡翁招饮，以予少年喜谈风月，谓某之雏女甫破瓜，艳而善歌，将召侑觞。予亟止之曰：「君休矣。此女流荡不偶，固乃翁居官作孽使然。然物伤其类，小子虽不肖，实不忍与见也。」蔡点首曰：「君言是也。」乃止。

金钱李二

吾皖某公，巡抚黔南。其公子自任所归应乡试，挟资甚丰。舟过岳州。忽岸上一客袱被遥呼趁舟，榜人不答。公子命割席地载之，榜人谓江湖险阻，多不测，不可不慎。公子笑曰：「我舟甚大，正若岑寂，得一人相伴闲话亦大好。况客只身无长物，当不至有意外变，载之何害？汝勿多疑。」榜人以公子说之谆谆，乃重违其意，舣岸招客。

登舟，视客年可四十许，紫面阔颡，髯丛如猬。拱手加额，谢公子高义，并叩邦族。公子以告，客敛容致敬曰：「固是贵公子。小人不知，失礼勿怪。」自言：「姓李行二，江西人。他日舟过敝境，当少伸地主之敬，幸勿见却。」公子颔之。见李语言豪爽，试与谈史事，颇熟，意非庸流。每饭必招与俱，李亦不辞，且豪于饮，醉后论古今成败得失，尤娓娓可听，公子大乐，相见恨晚。

一日薄暮，舟泊村市，李携白金一笏登岸。公子笑问：「何为？」李笑曰：「日扰公子，殊切愧恧，将薄市酒脯，聊酬万一。」公子摇手止之，李不顾，掉头径去。公子窃命仆展视袱被，内一匕首，长尺有半，莹然如雪，寒光逼人；又腊千人手一具，馀无他物。公子惊异，急命依旧束好，意李非侠客即盗魁，心窃自危，而不敢形于词色。计惟以礼款之，以德结之，或可相感。

少选，见李命人担酒一大瓮，并一彘十鸡上船。公子笑谓：「何太过费。」李曰：「小人幸得附舟，此中大有香火因缘。不腆之敬，聊酬公子，兼觞从者，并犒三老。」乃浼庖人代为烹饪。言次，以目视袱被，似已知公子窃发。肴酒既陈，李飞三大觥釂公子，公子亦飞大觥酬之。

酒酣耳热，肝胆毕露，李掀髯笑谓公子曰：「公知小人何许人也？」公子笑拊其背曰：「君为何许人，仆所不知；然义气见于眉宇，亦一世豪杰也。」李拊掌狂笑曰：「公真知我也。既遇知己，即不敢不沥诚相告。我非他，乃江湖盗魁金钱李二是也。公囊中黄金若干，白金若干，信否？」公子料不能隐，直应曰：「唯唯，君何以知之？」曰：「曩舟过洞庭，我于岳阳楼望气，即已知之。

初颇欲不利于公，以遇我厚，厚遇而惨报之，义所不屑也。自今以往，但请毋畏。然公子手无缚鸡力，挟多资远涉江湖，亦危也矣。」公子闻而失色，如坐芒刺，强为言笑，觥筹交错，痛饮尽欢。

既过道士洑，李命榜人系缆芦洲，谓公子曰：「沿途辱公雅爱，业至敝境，即须拜别。蜗庐咫尺，敢请暂税大驾，为林壑生色。」公子辞曰：「理合造庐，一瞻胜境，缘试期已近，早归为幸。」李笑曰：「顷裁夏首，屈指距试期尚远。不敢多留，但作平原十日之饮可耳。」公子再四推辞。

时天色已黑，牙月初升，李长啸一声，忽芦苇中无数舴艋，蜂拥而至。公子大惊，李喝曰：「止，止。勿惊贵人！」乃笑谓公子曰：「特召儿曹延请贵人，别无他意，请勿惊畏。」乃自扶公子登小舟刺入芦苇。谓公子：「尊舟泊此，尽可放心，已命儿曹加意逻守，保无他虑。」一二三里许，抵一山谷，已有笋将相待，舍舟而陆，道路蜿蜒，或险或夷。约行四十馀里，前隐隐有鸡犬声，树木阴翳中灯火如星。李曰：「至矣。请公子下舆。」见庄舍一所，涂垩华美，气象甚壮。门外健儿百数十人，左右侍立。李肃公子升堂，铺毡张幔，华烛灿列。时漏已四下，膳毕，请公子就东厢客舍栖宿，供设亦殊不俗。

翌日，张乐设席，水陆杂陈，梨园甚精，奢侈过于王侯。如是者六日，公子颇觉厌倦，李已窥其意，便命停乐。家故有园亭，花木、山石、池沼毕具，接构曲而有致。李尝邀公子游览，颇为赞赏。李乞命名，公子笑曰：「君乃虬髯之流，即名「虬园」，何如？」李大乐，即请为作擘窠书榜之于楣。

日偕公子宴饮虬园，出家姬十馀人，清歌侑觞，态度装饰亦颇不恶。内一雏姬，头绾偏髻，发蓬松覆额，风致韶妙，如奇花之初胎。歌喉清脆，善弹琵琶，目波时溜睨公子，公子亦甚倦倦。李已会意，笑曰：「此儿名夜月，年十三矣。性颇不拙，山妻素所眷爱，尝留意为之择主。公子如不嫌僵偻，俟其成人，当以相赠。」公子唯唯称谢。

李有二子，俱从师读书。公子偶至书斋，见其师年可五十许，须发苍然，清癯如鹤。叩之，与李同宗，以多病不乐应试，藉课读养静，颇工导引之术，吐词亦甚博雅。李之二子，长十六，次十二，头角崭然，揖客居然彬彬有礼。室中图书环列，经史悉备。视案头所读本，乃孙吴、穰苴《司马法》各书。公子问师：「何不令攻举业？」师笑曰：「若辈之志不在毛锥。姑令粗解韬钤，万一他日有事，未尝不可执干戈以卫社稷也。」公子嘉叹不置。

惟以李维絷甚殷，欲归不得，殊切主臣。乃谓李曰：「君言平原之饮，今既半月，业已过之，愿早就道，免误试期。受惠不浅，况一江上下，路所必经，他日过此，当趋访以续未了之缘可也。」李笑曰：「公子归心甚急，不敢久留，明日即送启行。但君子一言，重于九鼎，他日过此，务求枉顾。夜月既荷不弃，暂为畜育，俟重来携与俱归。切勿负约！」时夜月正侍饮在坐，李拔其金钗一股授公子，亦请公子解所佩玉授夜月，令各藏之，聊以表信。

明日晡，设祖帐于虬园，使夜月清歌送行。夜月唱《会真记·长亭饯别》一阕，深情绵邈，泪随声进。公子相对脉脉，於邑无色。李强与揖战，使为欢笑。漏初下，始罢席。公子兴辞，李袖出小旗一角授公子，令善藏之：『江湖倘有不虞，出示便可免患。』复以千金为赆。公子受旗而返其赆，李作色曰：『公以小人之物为盗泉耶？盗泉去贪泉几何？如恐为盗泉所污，则公囊中所有，亦未必果皆廉泉也！』公子以李言激烈，只合拜受。

李坚订后约，谓泊舟处时命儿曹侦伺，过客至此，问贱名无不知者。嘱毕，仍命肩舆送公子归舟。道路坦夷，不似旧径，昧爽始达舟次。舟人见公子，皆大欢喜，佥谓公子去后，李遣人逻守维谨。公子大喜，重犒来众，并寄语致谢李。急命解缆，以幸脱虎口，不可常恃。

自后涉江，时有戒心。下第后，由陆赴黔。明年春，方夜读书，忽闻檐际有声，如鸟飞堕。举首，见李二昂然而入。公子惊问何来，李曰：『顷以有事交趾，必得抚军信矢，乃可免关津之阻，惟公子图之。』公子笑诺。明夜果窃以付李。李叹曰：『公子真磊落丈夫也！此去匝月，缴还不误。』甫届一月，晨起，果见案头信矢一枝，李附函鸣谢，谓后会有期，必报大德。公子惊诧，以李行踪不测，遂秘不敢告抚军。然心常惴惴，殊切隐忧。

越三载，又挈重资旋里。恐过道士洑为李党所识，遂避道由蕲水陆行。一日，暮过峻岭，忽林中吹唇作声，健儿百数十人持械骤至，仆辈骇奔，如鸟兽散。健儿将公子与行装掳至一村，献捷渠魁。俄一男子袒衣秉烛出，见公子，惊曰：『是非某公子耶？』公子睨之，固是李二，急呼曰：『故人救我！故人救我！』李笑携公子手问：『何由至此？』公子托言，以君言江湖险阻，不敢再事舟楫。李笑曰：『有我小旗，即泛舟何害？此我别业，若不在此，则公休矣！』

公子再三称谢，李亦谢信矢之惠，谓交趾之役，获利不少，彼此殷殷叙阔。公子问：「夜月无恙否？」李笑曰：「我以公为忘之矣。此儿的是痴情，日把所赠佩玉，玩不释手，金钱叠卜，望眼欲穿。公在此少住，不日即可接至。」

越日，夜月果至。李笑谓公子曰：「此禁脔也，完璧奉赠。」公子笑谢。视夜月云髻初盘，玉容半腆，较前尤艳。弹袖隅坐，颦眉不语，似怨公子负约。李谓陆行究不如舟行之逸，以公子仆辈散失，命健儿护侍，溯江而上，自送公子与夜月登舟，并还所掳之物，拳拳挥手而别。

公子问知夜月固良家子，李夫妇皆善视之。自许公子后，倍加爱重，并未涉一戏言，公子不胜称叹。夜月问公子何以负约，谓：「君如再不来，儿已判祝发，托命空王矣。」言毕，以帕揾泪，哽不成声。公子揖而谢曰：「书生胆怯多疑，几负李君高义。劳卿盼望，罪不容辞。然往者不究，来者可追，此后报卿之日方长也。愿卿怜而恕之。」夜月笑曰：「妾所言非敢抱怨，亦非要宠。缘数载痴情，不可不略使君知耳。」公子拥坐怀中，甘语而慰藉之。夜间侍寝，果然处子也。

里乘子曰：李二之于某公子，赆金赠美，执礼极恭，窥其用意，大抵不过欲劫假信矢耳。交趾之役不知何事，公子竟窃符相授，可谓孟浪。以李行踪不测，秘不告亲；而所赠小旗又胆怯不敢一试，甚至畏而避道，直忘夙约，脱非薪水意外之遇，亦徒令痴情人望穿两眼而已。此等公子，若明若暗，若贤若愚，若有情若无情，首鼠羝羊，不能名状，令人失笑。李二其盗而近于侠者欤？居然粗熟史事，又能延师课子。观其师侃侃数言，亦非寻常村学究可比。惜二子究竟渺不可知，殊为歉然。惟李谓公子高义，公子亦谓李高义，此种高义似是而非，傥即邹峄氏所谓「非义之义」也耶？

九山洞

九山在吾皖定远县东北，一名韭山。其下有洞，土人采石钟乳，恒至其中。春夏秋内多毒蛇，必俟严冬，蜇伏殆尽，乃敢结伴裹粮而入。

洞口极狭，秉烛蛇行十里许，腰始直。又二十里，至风籁纽，豁然开朗，另有天地。石路一线，阔不满尺，左峭壁矗竦，无藤萝可扪；右临深壑，俯不见底。至此辄相戒，箝口兢兢，次日蹑足。行约三里许，渐坦夷，始可放胆纵步。顾多歧途，凡所由之路，非以灰志其迹，则迷不能辨。小山无数，石齿齿，童无寸草。钟乳到处皆是，无事寻觅。

再行十馀里，有河一道，阔可十丈，其水清可鉴影；探之冷彻指骨，其深莫测。河滨泊一石船，狭仅容刀，而不能任载，试以手按之，立沉水底，须臾仍浮故处。相传水通淮河，昔有好事者放鸭其中，颈系木片，书己姓名识之。既淮滨人网得鸭，见木片，来访此人，询之果在。

岸旁有石枰，子嵌其上，可推运而不可拈取，足供象戏。对岸衰草遍地，浩如瀚海。远望，隐隐一山，横亘天外。山腰露城垣一角，城上时仿佛有人来往，惜无处可以问津耳。

地温暖，无雨雪，隆冬袒臂犹汗，夜藉地露宿，亦殊不冷。尤奇者，至其境即不饥、不渴、不私，人往往乐而忘返。故每冬至前后入洞，偻指交春启蛰，始缓缓归矣。洞近禅觉寺，冬月丐者多巢其中。寺僧恶之，凿巨石堵洞口，其道遂绝。

里乘子曰：尘世有此福地，倘可栖眷其中，此生真不忘温饱矣。况隔河仙山楼阁隐隐在望，脱使石船可渡，许我问津，则彼岸诞登，又何须远涉弱水而访蓬莱也哉！

少年客

庐州李某，由宁波附海艘赴沪。共载者五十馀人，内一客年甚少，美秀而文。与李联床，彼此接谈，意气颇洽。李叩其姓名，但漫应之。

中途，客附李耳低语曰：「君知舟子何如人也？」李曰：「不知。」客曰：「君不惯涉江湖，不知道途之险。我日来细察舟子，殊非良善，其柁工、篙师等人，面亦多露杀气。若曹居心甚叵测，唯我能辨之。计一路唯某洲最险，倘经其处不停泊，当无患。君须识之。」李惊问曰：「倘在此停泊，奈何？」客笑曰：「君毋多言，幸有我在，彼何能为？」李疑信参半，姑默识以觇之。

既至某洲，日甫晡，舟子果命其党下碇系缆。诸客佥谓天早，尚可趁程，何遽停泊？舟子不答，诸客大哗，少年以目止之。洲孤悬海中，四望无际，更无别舟停泊。少选饭熟，舟人但自饱啖，并不食客。众饥索食，亦竟置若罔闻。无何，夕阳西沉，诸客饥焰中烧，颇不能耐。

舟子忽率其党，各执刀械进前，厉声谓诸客曰：「此地险要，向为群盗出没之区，汝等所挟资可速献出，我当为善藏之。不则恐有不虞，悔无及也！」客多巨贾，挟资颇重，闻言互相惊愕，知其来意不善，乃哀告曰：「我等既同一舟，患难自当与共。各挟薄资固在舟中。纵有不虞，亦全仗主人防卫，如可免患，不惜重酬。又何必献出，劳为善藏也。」舟子闻言，怒目叱曰：「尔辈死在目前，犹哓哓饶舌，想作看财虏耶？」言毕，回顾其党曰：「此时不速了结，复有何待？」其党闻之，争持刀械而入。诸客相视觳觫，计无所之。李依少年傍，亦窃自危。

第见少年从容起立，喝谓舟子曰：「汝休孟浪！汝抑知步家兄弟乎？」舟子卒然敛容答曰：「唯唯，小人不敢。」少年叱曰：「汝率党入内，意将何如？」乃以肱一挥，即堕其最犷悍者五人于海。舟子等大恐，急弃刀械，环跽乞命。少年口中不知作何语，舟子等益恐，崩角叩舷，声如撤菽。自称无知冒犯，罪该万死，愿出资另为买舟，载众至沪，以求赎罪。少年叱曰：「汝既知罪，姑暂宽贷。仍乘汝舟，亦不必另买。如再萌恶念，决不轻恕！」舟子等稽颡，唯唯而退，急命具酒食以款诸客，一路小心将事，伺应惟谨。

至沪后，同人佥德少年，谋有以报，少年悉笑而却之。李私叩寓所，容图踵谢，少年笑曰：「我居无定所，君盍告我所寓，暇当相访耳。」李具告之，后三日，少年果来作别。问将何往，亦不

剑侠

某太守由部曹出守吾皖宁国府，途中遇一少年，美皙，弱如处女，口操秦音。问其邦族，自言齐产，韦氏，弦佩，因应京兆试，下第南归者。试与谈论今古，博闻强识，无所不晓。太守大悦，款洽甚殷，因聘为司掌书记。

韦至署中，镇日下帷，焚香静坐，不甚出户。同幕诸友偶过访其室，萧然可亲，却无迪拒人之意，人以是乐昵就之。视其室中，寒暑只一布帐、一布衾、一藤席、一皮匣为枕，案上唯设笔砚，此外别无长物。

月必出游数日，佥问：「何往？」谓：「少嗜山水。今客游至此，如皖北之潜、霍，江右之匡庐，浙江之西湖、严濑，四明、天台，池州之九华，新安之黄山、白岳，皆近在咫尺，不得不次第遍揽其胜。」佥谓：「君所言名胜之地，近则百里，远则千里，欲遍揽其胜，谈何容易？」韦笑曰：「仆少遇异人授秘术，日可行千里，可难之有？」佥窃异之。

一日游归，神色皇遽。人叩其故，谓：「昨游黄山，登天都峰绝顶，遇一野僧，欲与角艺。以空拳难敌，急驰而遁。渠蹑迹穷追，不日行且至矣。」佥问：「如何？」曰：「黄山唯天都峰最高，

答，究不测其为何许人也。

峰腰细削，如壶卢之有颈，人迹罕到。近时闻甘风池曾陟其巅，见上有席棚，一少妇掩泣其中。甘问知为山下村妇，被妖僧飞劫至此。问僧何往，曰：「朝出募斋，莫则来归。幽妾于此，待死而已。」甘慰令无恐，乃急负妇人驰送其家。复自登峰，眮僧暮归，乘其不备，反肱力麾之。僧遽挽甘臂，相将俱附。幸甘压僧上，出死力扼其吭而殪之。僧技固出甘右，脱压甘上，危矣。盖僧恶贯满盈，天故假甘手以诛之也。仆素耳其事，而窃慕甘之为人，故欲登峰一访其遗迹。不谓甫至其巅，又有席棚在焉。比眮棚中，一僧枯坐炼气，见予至，侧目微睨，意予非常人，口出青气一道，将先发以制。予知为剑术，急驰遁以避之，倘非善行，要领殊矣！计此僧不日且至，逼人已甚，予不得不一挫其锋。诸群君如有胆略，可作壁上观也。」

越日，僧果至，声言请韦角艺。韦笑谓诸人曰：「野衲不自度德量力，予不能再恕之矣！」遂订约：夜漏二下，相会于敬亭山之阳。有好事者偕往觇之，于时新月上弦，蟾影西斜，疏星交映。既至其处，见韦与僧左右相向而立，僧口吐青气一道，韦口吐白气一道，互相激射，盘旋空际，夭矫闪烁，如电交掣。少选青气渐弱，白气益锐，砉然一声，响若裂缯，将青气划为两断，堕地顿灭。白气直射僧顶，僧惶惧投地膜拜，稽颡乞命。韦笑曰：「吾戏汝耳，胆何弱也？汝如捐去故技，从事正道，吾贷汝矣！」乃吸白气于口，以手摩令僧去。僧稽颡再拜，以袖障面而窜。

观者咋舌失色，叩问何术。韦曰：「皆剑术也。彼所炼青气为雌锋，是谓邪道；吾所炼白气为雄锋，是谓正道。雌不能胜雄，实邪不能胜正。彼挟此术，横行江湖，已称无敌，惟予足以克之。

今既折断，已成废物，为人除害不鲜也。向游黄山，剑藏皮匣，未曾携得。不然，天都峰顶早已互决雌雄，毕乃事矣。」

观者旋署，述诸太守，怵然称异。诘旦诣韦，将请试其术。至其室，已阒然无踪，人物俱杳矣。

父子同日合卺

曩游蜀中，闻土人言，乡有某生者，幼聘舅氏女一妹为妻，以中表亲，素不避面。生成童，从塾师读。他日归，过舅氏之门，见女独自在家推磨。生入，问舅妗，俱他出，戏曰：「妹役良苦，我为效劳好否？」女曰：「甚善。」时女已及笄，两人情窦俱开，调笑甚乐，以无人，遂私焉。生素畏舅，既讫事，自念女脱有孕，舅知之奈何？别女而出，徘徊中道，遂逃亡不知所之。

越日，师使人探诸其家，家固以为在塾。彼此诘究，互相骇诧，到外使人踪迹之，卒无朕兆。而女身果体妊，久之，腹渐膨脝。母察有异，诘之，计不能隐，遂吐其实，乃使人告生父母。其父母仅此一子，以出亡，方切隐忧，闻女有孕，大喜。商诸冰人，以礼迎归，待生归家，再为成礼。

初，生出亡，乞食至汉口。质库主人某翁，见生貌不类乞人，留使学贾。既喜其勤谨，委司会计，大为宠任。生频年蓄积，不下万馀金，爰与人合伙开张布店，特归省视。既至乡里，见道周鼓吹伧伫，车马喧耀。询之旁人，谓某氏子亲迎，是固有母无父者，今娶妻矣。生闻惊喜，既念生平只一索，那便有子？试详探之，果然。

先是，一妹迎归分娩，果幸得男。比长，读书甚慧。十三岁应童子试，学使赏其文，拔冠一军，名噪庠序。同里某富翁有爱女，遂以字之。今适于归。

生到家，见宾客满堂，姑与为礼。佥问客从何来，生诡言至自楚北，为某生作寄书邮者。其子闻有父书，喜出叩见，问：「父书何在？」生笑抚其背曰：「儿不知耶？我即汝父是也。」问父母，已先后去世，不胜凄然。其子惊喜犹疑，生窥其意，谓曰：「儿如不信，可呼汝母出见，自能知之。」其子不得已，入请母出，生遽前揖之曰：「卿幸别来无恙。推磨推磨，不如我与汝磨。」其母闻之，喜谓其子曰：「果儿父也！」盖生所云，乃当日推磨时相谑之词，非他人所与知也。

宾客闻之，交口称贺。佥请具香烛酒醴，即于是日，父子姑妇同拜祭天地祖先，行庙见礼而合卺焉。

毛甲

颍州毛甲，能知前生事，其左手宛然猪蹄。人问之，自言前世为江西九江府人，姓李，与同里赵某至汉口作小贸易，经年折阅将尽，议同遄归。赵忽染疫，疾革，泣谓李曰：「初与君出门时，本期稍得什一。今天降灾，断难再起。囊仅存钱十馀千，烦代购薄材，为之殡殓。如有馀钱，乞带付其子，幸甚！』李挥泪应诺。赵不日寻卒。李以数千为市薄材，权厝义山。尚馀钱六千文，即私入己囊。既归，但告赵子，谓其父染疫已故，柩厝某所而已。

越岁，尽寝，忽见赵来索钱。拉李至野外，剥去衣服，推堕河中，听其浮沉。倏达彼岸，忽有一长人援拯上岸，以黑衫付令着之。导至一处，人烟辐辏。过一短垣，其人蓦自后推之，身忽倾跌。拭目自视，已变为小豕。闻赵子笑呼曰：『猪母又生子矣。』知身已死，变畜以偿夙逋，颇自悔恨。唯腹苦肌，见群小豕俱就母哺乳，不得已，亦就哺之。日渐壮长，年馀居然肥腯。一日，忽见赵子率屠人至，索钱六千，付其宰割。急欲逃避，乃屠人已出索紧缚，舁置案上，遽以刀捌入喉际，直刺至心，痛不可忍，且伐毛解肉，备受苦楚，久之肉始割尽。售讫，身复为人。

见前长人来，笑谓曰：『衣可见还矣。』便为解衣，极力褫脱，左袂尚未曾褪下，又蓦自后推之，身忽倾跌。拭目自视。复变为小儿，即毛甲也，唯左手宛然猪蹄。比长，每自顾其手，念及前事，而心轧惴惴也。

戴明府

合肥戴子开明府，谒选入都。将小妻某氏暂寄居清江，自携旧仆甲乙买舟北上。甲乙故各有所昵妓，惓惓不能忘情。知戴囊藏白金一千三百两，谋杀戴而攫其金，以充缠头之费。

舟次沧州，夜漏三下，眴戴睡熟，甲持刃入内，遽剁戴首于枕，未殊，手颤几难举刃，乙继进刃而殪之。榜人闻声起窥，大惊欲呼，甲乙遽掩其口，劫之曰：「声则杀汝！」榜人禁龂不敢复声。甲乙乃舁尸投诸河。启囊各瓜分六百金，以百金并衣物犒榜人。又假戴手书，寄小妻某氏，谓甲乙伺应无状，途次业俱屏逐，如来见汝，切勿再留为要。

既甲乙来见某氏，问何不随主人北上。甲乙答称材愧驽骀，不足任主人驱策，已被摈弃矣。某氏以前得戴书，不敢再留，好言慰令俱去。甲所昵妓在清江，乙所昵妓在如皋，各携金分投所欢。

他日，乙出游，遇戴友郭君月楼，诧问何不随主人北上。乙答如前，谓材愧驽骀，不足任主人驱策，已与甲俱被摈弃矣，郭颔之。忽闻耳畔有人言：「戴子开已被若曹杀了！」郭四顾无人，大惊，心知有异，急拘乙付有司，一讯而吐其实。复遣人至清江，拘甲至所，供无异词，遂将甲乙同付大辟。其金各存妓处，分毫未用，爰取以归某氏。惟戴尸已投诸河，榜人尚稽诛待缉。鬼如有灵，知终难漏网耳。

兰苕馆外史卷七

某公子

姑苏玄妙观，内有太岁祠，向供六十甲子神位。士女各按生年所属，前往祈祷。每岁春首，祈祷愈众，香烟絪缊，旦暮不绝。秦中某公子者，慧中秀外，素有璧人之誉。弱冠领解，人皆称其才可问鼎，公子亦顾影自负。以丧偶求凰，择选甚苛。

会其父由侍御出任苏松监司，随侍游吴。尝于春日至玄妙观，见一女郎靓妆媥姺，独拜太岁；迫而视之，玉貌珊珊，盖天人也。窥其所拜甲子，计年才十七。心恋神痴，遂屈膝跽诸裙角。拜云则拜，就谛双钩，瘦不盈握。爱极忘形，不觉伏嗅其胫。女觉身后有人，回首蓦见公子，秋波微睨，红晕两颊，毫无怒色。拜毕，又频以目视公子，含笑登舆而去。公子益不自持，亟尾缀舆后。从行二里许，眴女郎下舆入室，默识其地，怏怏而归。

自幸奇遇，秘不敢遽告父母。潜托心腹友，就其地代访氏族。友复命，谓其室主人某叟，固是老儒，只二子远游在外，家并无女郎。公子谓友代访不实，颇怀怨恚。因自往前地，遍讯左右邻舍，所答一如友所言，心甚讶之，以为白昼目所亲睹，岂有差舛？坐是犹疑成疾，镇日忽忽若失，眠食俱废。延医诊治，百药罔效。

友人无可如何，密以致疾之由备告其父母。观察公仅此一子，素极怜爱。商之夫人，亟召媒妁，遍为物色佳丽，意在求遂子意而速已其疾。公子闻之，太息谓友人曰：『我病殆不起矣！烦代禀二老人，不必妄费心力。』友曰：『然则君将奈何？』公子叹曰：『我前日明明目睹，既无其人，非仙即魅，我魂已为摄去，行将访彼于地下矣！又何必舍却巫山而另求别岫之云哉？』友曰：『若使巫山云在，又将如何？』公子点首笑曰：『非此不可。』友人知其情不可夺，又以言备告其父母。因共筹商，折柬召某叟来从权计议。

少选，叟至，观察公降阶相迎。见其白髯垂胸，举止不俗，心甚异之。谈次，公笑问叟曰：『尊丈宅中，向日可否有妖？』叟拈髯笑曰：『老朽今年政七十矣。自高曾以来，居此宅者五世矣。愧非高明，幸免鬼瞰，公何所见而有妖也？』观察不得已，以公子所见告之，且问：『尊丈可否有女？』叟曰：『老朽只有二子，糊口在外。家惟老妻督率儿妇作苦，并无一女。不然，如公子才望，方恐系援不得也。』

公曰：『豚儿谬荷奖饰。君为一方耆宿，闻见较广，意中颇有淑女堪与豚儿妃匹者乎？』叟曰：『此非仓卒所可报命。无已，老朽有两甥，颇不恶，公如不论门第，或可塞责。』公问：『令亲何许人也？』叟曰：『妹夫楼某，攻媿的裔，以名诸生曾中副车。无子，仅生二女，幼即教其读书。妹夫去世，吾妹极其珍爱，欲择快婿，相依以终。今两甥长成，尚称端丽，兼通翰墨。里党誉之曰「前有三刘，后有二楼」，谓其不减孝绰三妹也。次甥近遘小恙，长甥曾寄老朽为女。容与吾妹商之，倘肯令其远嫁，与公子差堪妃匹。」

公问知年甫十九，少公子二岁，大喜。亟倩叟为道地，谓：「曾寄名君女，暂请易舅为翁，即就君宅亲迎，以释痴儿之疑。凡此权宜行事，烦寄语令妹，务求曲予成全。俟结缡后再作别议，无不惟命是听。」叟为人亦甚通达，一一首肯而别。

公乃使友风示公子曰：「顷尊公召君前所见之室主人至，皤然老叟，一乡祭酒也。再三询诘，乃知渠固有爱女，年已及笄，才貌两绝，不肯字异地人。凡有问名，悉浼邻舍托词以谢。尊公再三恳求，渠亦素慕君才望，允缔婚媾。君闻之，颇快意否？」公子冷笑曰：「君休相戏！天下岂有此快意事？」友正色申誓，以明无欺。公子忻然推枕起坐曰：「田舍奴，我岂妄哉！我谓其中必有曲折，今果然也。但未知何日委禽？」友谓：「俟君病愈。」公子亟披衣起立曰：「烦君代禀二老，我固无病。」友喜以语观察。亟为聘叟之长甥，如议亲迎成礼。两情倍极欢洽。

晨兴，女坐床着履，公子欹枕注视，觉女新上鬟，较初见时尤为丰艳，情不自禁，戏捉女足曰：「小生初窥双钩，谓瘦不盈握，信然。」女讶曰：「妾及笄后，母教严，不轻出门。君从何处得见？」公子笑曰：「卿会打谎语！小生为卿，一病几死，卿真不知耶？」女益惊曰：「君言妾实不解。请明谕，以免疑闷。」公子笑曰：「卿真不知也耶？」遂历历笑述前事。

女闻之，愀然叹曰：『若然，是君杀吾妹矣！奈何！』公子亟叩何故，女曰：『君固不知，叟非妾父，乃舅也。初舅向吾母议婚时，语多颟顸，母殊不解。以素耳君名，勉强允诺。不料有如许委曲。』

公子亟问：『究竟何谓我杀卿妹？』女叹曰：『君固不知，妾姊妹二人，幼相亲爱。妹年十七，少妾二岁，尝长枕大被，拥抱而卧，每谈衷曲，愿得一可共白首者同侍巾栉，俾免骨肉乖违。前妹以生辰，奉母命往祷太岁，顺道省视舅妗。归，私谓妾言，庙中见一郎君，仪容蕴藉，多情人也。倘我姊妹得同事之，平生之愿足矣。妾比让：痴婢休得呓语！汝匆匆一面，何由知其多情？妹谓其人情见于面，尾缀與后，直从至舅氏之门，无情者能若是乎？姊如不信，数日必有好音。妾方笑其太痴。久之，音问杳然，吾妹失望，竟至成疾，眠食俱废，医治无效。其致疾之由，唯妾知之，不敢告母。前妾嫁君时与妹作别，并以好言宽慰。待嘱君物色其人，不谓竟是老奴也。然则据君所言，谓非君杀吾妹而何？』

公子闻言，如梦方醒。乃叹曰：『今而后我知之矣。大约家君恐小生疾不能起，故商之阿舅，换羽移宫，可谓弥缝甚巧。但卿年齿较所拜甲子差长，面貌较初见时微丰，且谛视颊无微涡，不无少疑。然难弟难兄，亦何酷肖若此？』女曰：『妾姊妹面貌相肖，多疑孪生，即吾母有时亦几误认。今即若此，将焉置吾妹也？』公子笑揖女曰：『卿妹几杀小生，赖卿救之；小生几杀卿妹，亦非卿不能救之。二人之命，生死惟卿。脱卿妹不起，誓不独生！卿其怜之。』女笑曰：『君亦无赖矣！容徐图之，必有以报命。」公子笑谢之。

亡何，女归宁。见妹瘦如削玉，不胜诧惜。因私谓妹曰：「汝以姊夫为何如人也？」妹曰：「不知。」曰：「汝向所谓有情之郎君，即今之所谓姊夫者是也。」遂备述公子所言。妹闻之不禁神痴，移时乃曰：「嘻！信如姊言，窃为姊贺得人矣！姊如念畴昔之愿，不以妹为不肖，愿事姊以终身焉。不然，媵之可也。惟姊所命。」女泣慰之曰：「妹其善保玉体，姊特此归宁，正为妹事。待商之老母，当无不谐。」妹挥泪以谢。

既女见母，与叙述婿家琐事。母问：「汝婿为人何若？」女曰：「婿为人温文尔雅，读书君子也。」母又问：「其兄弟几何？」女叹曰：「翁姑以男丁单寡，行将为婿谋置簉室，冀多添孙，以昌大其后。」母闻之惊曰：「我固谓仕宦之家不可与为婚姻，正为此也。况男子得新弃旧，大抵皆然。果尔，则吾儿休矣。奈何？」女颊蹙曰：「儿日来亦正虑此事。昨筹得一策，未审母以为然否？」母问：「如何？」

女曰：「母生儿姊妹二人，幼相亲爱。假使妹他日又适远地，姊妹作别，故难为情；即母依婿以终，在此在彼，究不免有所牵挂。儿愚以为，与其妹归他人，不如亦适儿婿。一则儿婿免滋别议；再则姊妹得以常聚，即生子亦无分畛域；三则迎母同居，婿分属半子，二女同婿，则情逾一子。似此骨肉永得团聚，较为万全。母以为何如？」母沉思良久，曰：「汝言亦似近理，未审汝妹抱病，于意云何？」女曰：「比视妹恙，谓已小愈。具告此意，渠重同怀情，亦甚乐从。」母曰：

「既儿辈乐此，吾复何说？但须与婿斟酌尽善。禀明舅姑，毋使汝妹负屈，纳采成礼，勿得草草。」女曰：「诺。」

既归，公子亟问所事如何，女摇手曰：「已遭阿母谯诃，事不谐矣。君休妄想！」公子闻之，怅然变色，垂首潸潸欲涕。女遽前以罗巾为拭其面曰：「君真志诚种也。妾与君戏耳，何遽若是？」爰为笑述母言。公子大悦，起揖女曰：「卿真一尊救苦观世音也。他日卿妹来时，当同以黄金铸像，香花供奉，聊报玉成之德。」女笑曰：「君亦可谓善于将将。但愿鱼水偕老，毋忘冰人足矣。」越日，公子倩其友将此意告知父母。父母以爱怜子故，又嘉新妇之德，一如所议。择日延媒召傧，鼓吹迎其妹归。

初，公与夫人以一时行权，恐新妇来不当子意。既见其伉俪情笃，老怀顿慰。及见其妹，讶与新妇酷肖。后闻友人备述始末，心始恍然。然每值两妇定省时，犹不辨其孰姊孰妹也。乃迎其母同居，公子事之，不啻所生焉。厥后，姊生二子一女，妹生三子一女。公子由词馆官至少宰，具表陈情，姊妹皆封夫人，并貤封及其母云。

里乘子曰：天下事有由死而复生，由拙而反巧者，此类是也。初，公子自幸奇遇，及一再访之，而竟无其人。方疑见神见怪，病不能兴，以为死灰决无复燃之理矣。乃群出下策，权宜行事，冀释其疑。是诚掩耳盗铃，不可谓不拙也。迨至穷原竟委，剥蕉见心，始知姊妹花开，天然一色。

于是因错就错，卒使英皇遂愿，甥馆偕归。至是，拙者反巧，而死者亦因之俱生矣。此事吴人多能言之，每过太岁祠，辄啧啧称道不置云。

雄黄弹

相传雄黄得山川灵气，三千年结成圆颗，光明滑泽，形类弹丸，俗名之曰『雄黄弹』。气辛且馥，蚺蟒触之辄死。其大者如鸡卵，小者如龙眼。愈大愈可宝贵，未易轻得。

维扬有名妓杨少女者，名巽，二字巽巽，色艺冠其侪侣。年甫及笄，声誉极隆，客非具厚贽不见。楚北舒生，故世家子，容止甚都，才华丰蔚。以父执某公守扬州，为司书记。慕姬名，厚贽往见。鸨媪导至曲房，令坐少待。久之，两婢扶姬出。姬时小极新瘥，蓬首裹青绡帕，缟衣素裳，绝无修饰。而黑发白肉，明眸皓齿，光彩倍觉照人。见生，展问邦族，彼此略一酬对，意甚相洽。日昳，生欲兴辞，姬笑止之曰：『君去何太急也？如不嫌仓卒主人，即屈晚餐何如？』生喜出非望，亟答曰：『唯唯。』饭毕，姬命婢秉烛，导生入己室。室中奁具之外，琴书图画，罗列满案。生故善琴，取壁间琴解囊视之，朱弦玉轸，装潢精洁。随手挑拨，其声清越异常。

姬曰：『君亦解此耶？』生曰：『偶尔为之。此琴甚古，卿从何处得来？』姬曰：『此卞玉京物也。鹾贾出兼金购以见贻。君不见腹有款识耶？』生视琴腹，镌隶书『四善』二字，下有行楷书铭曰：『风吹空桑，水声浪浪。花天月明，心清意凉。』款署『乙酉春三月玉京道人』九字。

生阅之，极为称赞。谓：『卿蓄此，必是高手。请试一挥，愿为洗耳。』姬曰：『久未弄此，今既遇赏音，不敢藏拙。倘有舛误，乞赐指点。』乃高卷翠袖，轻舒玉腕，为谱《合欢》之词，曰：

君何翩翩兮妾何娟娟？未见兮心相怜，既见兮心相欢。花合欢兮并蒂长春，人合欢兮如意延年。皆大欢喜兮合人天，适所愿兮永弗谖。

弹毕，笑曰：『弦涩手生，君其勿哂。』生击节称妙。见案有薛涛笺，走笔书一绝赠姬曰：

尘海茫茫几赏音？玉人为谱白头吟。多情惟有红桥月，不照吹箫照鼓琴。

题毕，持示姬曰：『布鼓雷门，不值一笑。』姬微哂曰：『白头吟三字甚好，未审可能成谶。』生听夜漏二下，欲起作别。姬低声问：『君居停较牛奇章何如？』生会意曰：『小生有愧樊川，居停怜才，则较胜牛相。』姬面发赤，笑曰：『果尔，君何妨在此少叙。』生大喜，遂止弗去。

人谓姬平日遇生客之风雅者，或陪一枰，或酬一画，至厚者赠一诗，曾未有作歌而以琴谱之者，况一见留髡，尤为异数。妒生者心殊不平，使人潜谮于太守。太守笑谢之曰：『君休饶舌，使太牢公笑我。』生闻而喜，述于姬，两人同声称感。自是益无忌惮，夙夜必偕，殆有终焉之志。客来，姬概谢不见。媪以生为太守客，多不敢与校。

亡何，太守内擢京卿。生恋姬，不肯偕行。而客囊垂罄，益不能厌媪所欲。平日妒生者又从而交谤于媪，媪益嗛之。生来，尝拒不令与姬见。姬私谓生曰：『始君为太守客，凡事得恣所欲，媪尝敢怒而不敢言。今已矣，平日妒君者皆欲报怨，媪日来颜色，君当窥之。脱不早见几，且不免于祸。』因脱金缠臂一双纳生腕，又赠白金一铤，趣令速去。且曰：『妾年方十八，君方二十有二。请待君三年，以补司勋之恨。尔时齿各未衰，为欢有日。以君才华门第，何患不出人头地。尚其努力进取，好自为之，莫怪妾此时太恝也。千万珍重自爱。』生泣听姬言，一语一首肯，不得已，挥泪而别。

乃将白金略偿宿逋，趁舟旋楚。比至汉皋，计距家仅百馀里，以无资赁车，又无傔从，襆被徒行。日暮失路，寄宿邮亭。跋涉劳顿，一偃仰便已熟睡。平明，见巨蟒僵死身旁，大惊，不知何故。俄顷，土人毕至，见生，讶问姓名，多有知者。群谓：『此蟒伤人甚多，方苦无计诛除，今忽就歼，君身有何宝物？』生言无之。群不信，试展其被，见巾裹一物，大于鸡卵。有识者曰：『此雄黄弹也。君有此至宝，岂不自知也耶？』

先是，姬每于暑月，辄患虫蚁，有溧水药商赠姬此物，置诸枕畔，凡虿蝎及蝇蚋蜚蚤之属，果尽灭迹。生无事尝取把玩，别时无意携裹巾中。因识者见问，诡称祖遗，向实不知何用。其人具言其宝贵难得，群争传观，咋舌称异。爰共将死蟒剥皮刳肉，刮鳞解骨，共得大小珠无算。其额上一珠大如鱼目，遂以归生。并各具酒食，延生至家，小住数日，以车送归。

生至家，喜老母无恙。问知妻已物故，不胜伤感。每忆姬约，誓不再娶。将所赠缠臂金变易，营负郭田数亩，养母读书。明年，一战捷于乡，以母老，不愿应礼闱试。又越两年，计已逾约，于无人时，追忆坠欢，不禁潸焉出涕。转念业已爽约，玉人或别有主，思维展转，已拚割爱。

会有事过洞庭，猝遭暴风。适巡抚某公之任楚南，官舻势在危急。某公见满湖客舟漂覆殆尽，惟生舟安稳无恙，异之。亟命榜人舣依其旁，果亦转危为安。命材官持刺召生至，叙及先世，因有世谊。因问生有何术，令舟无患。生殊茫然。公忽见生角巾上缀蟒珠，瞪视诧曰：『君从何处得定风珠？此诚希世之珍，无怪涉险不惊也。』生始恍然。因取以献曰：『此珠先世所遗，不意竟能定风。公出入王命，此所必需，敢献以备济川之用，聊代羔雁。』公大喜。以生谊属通家，且共患难，令夫人暨众姬妾出见，并示以此珠之异。乃绮罗粲列，杨姬亦在其中。生与姬相视错愕，不觉双泪承睫。公讶问何故，两人跽陈颠末。

公亟掖起，掀髯笑曰：『数有前定。老夫方愧无以报赠珠之惠，请效合浦还珠，用答嘉贶，何如？』生顿首谢，并叩数定之说。公谓：『前过扬州，闻姬通翰墨，以三千金为脱籍，将令司内记室。便祷诸露筋祠，默问后事，得第五签云：

碧云舒卷碧天晴，杨柳依依送客行。合浦还珠张乐地，公真一笑比河清。

今味其词，前二句明点两姓，三句暗切洞庭，四句调侃老夫，谑而不虐。谓非数有前定耶！』生亦啧啧称奇。公命人送生与姬过船。姬衣饰值数千金，尽令携去，并馈千金助妆。两人叩谢公与夫人，感激涕零而别。

初，生母闻洞庭大风，多遭水厄，甚切倚闾之望。今见子携佳妇归，大喜。生为母备述前事。乃出金益治田庐，且蓄仆婢，居然类素封家。母无事，与姬围棋，或看姬作画弹琴，甚欢，因谓生曰：「前我以无人侍奉，故不令汝远离。兹得汝妇，事我甚孝。汝如再以我藉口，不肯计偕，是恋汝妇，即为不孝。汝其奋志显扬，以慰老怀。」

生重违母命，是科捷南宫，观政吏部。不数年，荐擢正郎，出守扬州，板舆迎养。旧地重来，凡向所媒蘖者，悉置不校，口碑藉甚。姬受诰命，封恭人。每鱼轩出，昔之俦侣俱侧目窃视，交口称羡。生常与姬话旧事，爰倩画师写《弹珠图》，以志不忘所自。一时题咏甚夥，传为美谈。

里乘子曰：昔牛奇章、裴晋国二公，怜才重义，百世而下，闻其风者，无不津津乐道。乃舒生一生而两遇其人，可谓盛矣。《弹珠图》题咏甚夥，不知至今尚在人间否？杜司勋扬州梦后，得此足以补恨。

有外山王

明成祖文皇帝，既有天下，恶靖难诸忠，戮及十族。薄海疑惧，盗贼蜂起，帝窃患之。尝密使爪士侦察四方，又手诏疆臣，随时剿抚兼施，并许便宜行事。其英谋睿断，多史册所未载。

儿时闻野老言，帝初定鼎燕京，山东巡抚某公入觐陛辞，帝赐画一轴。某公旋任，展视之，见所画大海汪洋，重峦叠巘，中有楼阁，似是宫殿。并无题咏款识。公朝夕思索画意，忽然有悟。麾下某游击，短小精悍，素极机警。公召至，屏去左右，出另纸仿画一帧，授之曰：『此中有绿林之豪，访之最确。汝其为我生致之，宜秘宜速，功成不吝厚赏。不则勿归也。』公令素严，某不敢辞，贸贸然袖画归，泣别妻子。

至登莱，孑身浮海，听其所之。值飓风，漂舟次一山下，舍舟裹糇上山，欲穷其境。经旬，见前山树木阴翳中，隐隐有楼阁，形势与画略肖。疾行十馀里至其处，见宫殿一所，巍然类王者居。门外白石铺地，洁无纤尘。壮夫百数十人，超距击刺，气象雄猛。见某，叱问何来，内一人曰：『勿多言，第拘去请夫人处分。』遂以索反接其手，驱入四重门内，絷诸檐梧。某惴惴不知何处，自分身死异域，即亦不畏。

俄闻呵殿声，传言夫人升殿，命将某带进问话。又入一重门，见大殿左右武夫数十人，皆躬擐甲胄，佩刀剑，屏息侍立。上坐一女子，年二十以来，珠冠绣袍，颜色姣艳。叱问：『何物奸宄，敢犯秘境！汝有几首？不畏死耶！』某伏地泣陈身系客商，遭风覆舟，无意误犯，罪该万死。女子又问邦族，某谓晋产。女子喜曰：『我亦晋产，与汝有桑梓之谊，合是天意。』命左右释其缚，并令更衣授食：『在此少住，俟主人翁来，筹送汝归。』某顿首谢。左右导至客房，供给精美。惟见诸人行踪诡秘，无从诘其端绪，时切犹疑，吉凶不能自决。

一夜漏二下，将就枕，忽两婢秉烛叩门，传夫人命，召某入内室。见夫人频蹙危坐，某屈膝欲拜，夫人急止之，并赐隅坐。夫人问曰：「汝知此为何地，此间主人翁为何如人耶？」某对曰：「不知。」夫人曰：「主人某甲，固海盗之魁也。此山名有外山，人民多穴居，房舍甚少。物产丰饶，家给户足，向无统属。主人翁近以威胁之，令岁供赋税。此山纵横四万馀里，主人宫室凡三十二处，每处或岁一二至，或间岁一至。主人初号有外山主，近号有外山王。其人孔武有力，日可行二千馀里，明能察远，身不在此，此间事纤末俱知，即君此来，当已备悉。」因问某究为何事，质言勿隐。

某窥夫人意不恶，遂以直告。夫人叹曰：「我家大同城内，父富有巨万。以春日郊游，被主人飞劫至此。今年二十有七，已阅十一寒暑矣。他日君归，能为寄语父母，感且没齿。」某起立曰：「倘托夫人福庇，万一生还，敢不如命！」夫人曰：「主人去此年馀，默计旦夕且至，汝见时须道其实。主人尚质，稍涉虚言，恐察及隐情，则齑粉矣。切记勿忘。」嘱毕，仍命前婢送某归寝。

亡何，西南风大作，闻众哗言：「大王行且至矣。」盖某甲制铁甲一领，能避五兵，上缀铁铃一百八颗，名曰「铁铃甲」。每披甲顺风凌空行，五十里即闻其声，使人预知有备。铃颗重一十二两，摘铃以击人，百步之外，百不失一，亦绝技也。

时天色微曛，新月东上。某伏暗地窥之，见铺毡张幔，灿列灯烛，夫人华妆，率众环跽门外。但闻空际铃声琅琅，自远渐近，约二刻许，一莽男子自空而下，紫面虬髯，貙目乌喙。脱去铁甲，内着绣裲裆，足着吉莫靴，仗剑昂然视众，略一点首。夫人率众环拜欢呼，拥簇入门。殿上鼓乐伧伫，肆筵设席。某甲上坐，夫人跽进三爵，起，坐左侧侍饮。少选，庖人进蒸豚，甲拔佩剑，脔切大嚼。

徐问别后事，夫人唯唯以对。又问：「有远人来未？」夫人谓：「某月日有某至此。」甲笑谓：「我固早料及之。」即命某来问话。某至，但长揖不跽。甲问：「汝居何官？」某忆夫人所嘱，直答曰：「忝官游击，殊不称职。」又问：「汝来何为也？」曰：「巡抚某公慕大王威名，欲一望见颜色，故使末将为致殷情。」甲冷笑曰：「此燕藩之命，某公焉足知我？」某曰：「末将实奉某公令，不知其他。」

甲曰：「汝胆亦非小弱，居然不远而至，岂谓我剑不利耶？」某对曰：「某公将令素严，大王所知也。明知违令死，奉令而远犯虎威亦死，等死也，违令其死速；奉令而乞怜于大王，倘怜末将之死。肯赐一行，以大王神威，行止可以自由，某公又将奈之何？且大王若去，某公方将结纳之不暇，岂敢有他图哉？果尔，则大王不过一举趾，而末将即可因之不死。他日馀生，皆出大王之赐矣。惟大王怜之！」甲沉思久之，曰：「汝且退，容细思之。」某拜谢而出。甲亦罢席。

越数月，某见甲曾不述及前事，亦不敢促迫，姑耐候之。一日，忽闻甲大宴宾客，为某祖饯，某窃自庆。顷之，使者来召，某喜，从而去。见甲冠服立阼阶，某至，笑执其手，迎入大殿。殿中凡设数十席，所谓三十二夫人，及部下谋士武夫，济济毕集。甲一一指道姓名，某俱与为礼。中一席，某坐客位，甲坐主位，馀席按班环坐。甲飞三巨觥谓某曰：『今日为君祖饯，须满引勿辞。』某称谢立饮，亦飞三巨觥相酬。

甲饮讫，乃掀髯谓众曰：『我忝据此山，十馀年矣。本期与尔曹共图大事，今燕藩部署粗定，已洞悉我底蕴，我复何望？兹某巡抚使某来通殷情，是必燕藩之所指授。已许同某一行，我其不归也矣。』夫人及众闻之，皆掩面而泣。佥曰：『大王何出此言？以大王神威，即永据此山，亦可优游自适。何必以千金之躯，远涉险阻也？』

甲曰：『我意已决，业许之矣，尔曹毋得多言。惟与尔曹约：此去如某巡抚执礼甚恭则已，不然，我匝月必归。再作别计，或未知鹿死谁手。如匝月不归，诸夫人等俱听自便，所有子女、玉帛，尔曹可瓜分之。或入海，或入山，各自为计，慎勿系念瞻顾，徒自取苦也。』众默默相视，不置一词。俱饮不尽欢而散。

越日，甲召某登舟，并戒众勿送。比至舟中，则大同之夫人在焉。甲指谓某曰：『是与君同乡，烦为寄语其父母，好为安置。渠所携金玉珠宝，一生吃着不尽。』某姑漫应之。问甲共有几子，甲谓：『诸夫人类生而不育，今有娠者尚八人，然我躬不阅，遑恤我后。君亦何必多问也？』某深叹其豁达，于是相与沿途共览山川形胜。甲喟然叹曰：『实不相欺，我初据此山，闻燕藩抗命，屡欲兴一旅之师，前往问罪。既思故主出亡，神器有主，一家之物，仍归一家，天命有归，岂人力所可争哉！』

及将至登莱，乃谓某曰：『计日达岸，烦君先驰报巡抚某公，须从我三事，可则行，否则止。』某请其说，则曰：『一、我登岸后，某公须率所属文武，郊迎于五十里外；一、我此去即于巡抚署栖止，进署时我乘舆，某公骑马作先导，洞开重门，由中道直入宅门；一、饮食务极丰腆，每日须择好梨园演剧侑觞，所需犒赏，不得少吝。只此三事，可则行，否则止。』某曰：『诺。』

达岸，即先驰报。寻复命曰：『某公闻大王至，大喜，所约三事，无不惟命是听。』进署后，某公果执礼甚恭，曲尽绸缪。甫匝月，甲忽谓某公曰：『闻诸公子甚佳，愿请一见。』公即令六子出拜。甲一一相之，曰：某清贵，某方面，某民社，某部曹，某卿贰；『唯四公子头角峥嵘，勋业在公之上。』指所佩剑曰：『此出自吴大帝冢中，当日六剑之一，所谓「流星」者是也。当以相赠。』公为称谢。

甲笑谓四公子曰：『今夜与老夫抵足如何？』公笑曰：『童子何知，合当遣事长者。』是夕果使同寝。平明甲起，唤四公子曰：『为我谢而翁。吾事毕矣。』拔所佩剑曰：『请以相赠。』遂自刭而死。撒手以剑授公子，头虽断而身僵立不仆。四公子大骇，趋以告公。公喜，以礼殡殓身之。

具实入告，帝大喜，爵某公以国公，某游击超擢总戎，并予伯爵。大同夫人以父母命归某游击，封夫人。后四公子由词馆出入将相，以征虏功封爵国公。馀公子所官，亦俱如甲言。

里乘子曰：昔永乐时，鱼台妖妇唐赛儿谋逆，或借其事撰《女仙外史》。稗说谓为靖难诸臣雪愤，今证以野老所言，或亦有因。惟某甲能知天命，甘心伏剑，使一切篝火狐鸣、妄希非分者观之，亦可爽然自失矣。

蒋柿姑

蒋柿姑，楚北士人女也。幼失怙恃，育于孀婶。年及笄，美而慧。以针黹佐婶食用，相依为命。婶有子椒哥，少柿姑三岁，从塾师读。晚归，柿姑必课其日所业若何，意藉自求识字也。久之，竟能粗通文理，婶益爱之。媒妁议婚，高低多不就。

里有某公子，素渔于色。偶见柿姑貌，艳之，冒托瓜葛亲，时来相挑。柿姑窥其意，恒避不与相见。某计贫士女当可以利诱，瞯婶他出，特华服而往。柿姑见某来，遽阖其户。某脱缠臂金自窗掷，谓柿姑曰：『卿视此物好否？』柿姑大怒，掷还骂曰：『汝「卿」谁？谁是汝卿！汝以此为好物，盍将去献汝母，固不失为孝；不则给汝姊若妹。似此龌龊物，休污我肉也！』某知不可犯，拾取衔恨而去。婶归，柿姑且哭且诉。婶性最烈，众所敬畏，诘朝，登某之门，声其罪而痛数之，某匿不敢出，邻里再三缓颊乃已。某羞且忿，从此绝迹。

婶有兄子幸生，少孤，母课之读书。十六岁，母殁，遂废读。成人后意气轩昂，性黠而介。家徒四壁，自命甚高。尝道拾遗金，坐待其人而归之，闻者多哂其痴。会岁暮，有同学友鬻业于邻翁，浼生居间书券。翁酬白金一流，以资润笔。友固与生善，又另赠白金一流。

生得金随制袍服，竟体华美。献岁，诣婵叩贺。婵讶曰：『几时不见，何一旦光采若此？得勿发义财耶？』盖楚人谓掘窖为发义财也。生微笑，漫应之。婵益疑为真，固诘不已。生无奈何，曰：『何必穷究，后自知之。』婵曰：『是矣，愈秘之，愈久昌也。』盖楚人每掘窖，虽亲友皆秘不肯告，向有『秘一年，富万千；秘一代，富万载』之说，故婵云然也。

夜间，婵悄告柿姑：『幸生大发义财，且秘不肯语我，此事愈秘愈能久昌，我亦不便穷究。惟渠年少，难保不无浪费。我见汝日长，尚未字人，时切忧虑。汝如肯嫁渠，佐治生产，一举而两善皆备。汝意云何？』柿姑面赪不语。婵又诘之，良久答曰：『如大人审得良确，儿无不惟命是听。』婵喜曰：『我审之极确，复何多疑。』

越日，以告幸生，命即请冰速为订盟。幸生辞曰：『此儿一生大事，家本寒素，何敢孟浪！』婵笑曰：『汝休狡狯！吾意已决。此后一切礼节，仍旧从俭，吾不汝苛也。』生迫于婵命，寻遣媒草草委禽，亲迎而归。

柿姑至生家，见室磬萧条，别无长物。偶叩生是否真发义财，生但笑而不言。柿姑叹曰：『贫富，命也，妾亦不怨。男儿不读书，究无长进。君果肯下帷，妾判劳十指，亦不至冻馁，君子愿之否？』生笑曰：『读书是小生分内事，有何不愿？但累卿十指，于心良不忍。卿无忧，小生自有治生法也。』柿姑以生言殊涉恍惚，恚曰：『若是，君果发有义财？秘他人，何亦秘妻耶？』生笑曰：「至时自当相告。」

他日生出，柿姑见后有小院，蓬蒿满径，试遍锄之。果于墙角见瓮口，再发之，白镪累累然，大喜，仍覆以土。越日，生有急，将质物，柿姑笑曰：「君休矣。明明有财不用而质物，宁非颠耶？」生闻而惊，既而曰：「汝何知我有财耶？」柿姑笑曰：「汝秘不肯告我，而谓我终不知耶？」乃笑携锄，搴生裾至墙角掘之，瓮口毕露，白镪充牣，指让生曰：「此何物也？而谓我不知耶？」生大喜，乃诡答曰：「既卿知之，亦复何秘？然置此终非长策，不如运而藏之为是。」柿姑笑曰：「然。」两人竟夜运取，共计五千金有奇。柿姑谓：「得财但秘而不用，是守财奴也，复何益哉！」乃渐出金置备产业。不数年，良田夏屋，居然素封矣。

初，某公子为柿姑所侮，心时衔恨；既闻嫁生，且暴发义财，益羡且妒。爰贿剧盗，指生为窝藏，以图雪愤。时生果尊妻教读书，已入邑庠。柿姑以秋闱伊迩，督攻举业甚严。忽苍头喘汗来言，有县役持签到门，谓主人窝藏剧盗，立提候讯。生闻面色沮丧。

柿姑让之曰：「君岂真窝藏者耶？何懦怯之甚也！」生曰：「奈何？」柿姑曰：「妾思此必仇人所嗾，断非畏避可以了事。君第挺身赴公堂，侃侃辨论，堂上官未必果不分皂白。万一愦愦，谁良谁莠，乡里自有公论。妾当鸣众绅衿，同上公词辨冤。如一畏避，则假反成真，转为仇人所笑也。」生闻，胆气顿壮，立愿赴邑辩白。

柿姑乃自见来役，命之曰：「我家官人在家读书，素安分守法。今为仇人所嗾，横被盗诬。既蒙邑宰提讯，理合前去辩白。今将官人交汝，好为照拂，大钱十千，聊备不腆。俟无事回家，当另犒赏。如妄恣鱼肉，九阍虽遥，勿谓我女流不能披发上叩也。』初县役所望甚奢，今见柿姑容光照人，且复语言刚决，料非善弱，只得唯唯听命。

生既至县，暂寄囹圄，邑宰并不讯问。柿姑不时使人探视，待至十日，更不能耐。乃折柬遍招绅衿，肆筵设施。席罢，柿姑于屏后白所求，众人彼此相视，默无一语。柿姑知众无能为助，不禁浩然长叹，含泪归房。乃自走笔具词，为夫辨冤。

翌辰，遣仆赍呈邑宰。中有联云：『将错就错，参乎几误杀人；以讹传讹，回也岂真霸产。』宰见词叹赏，立提生面讯。既问：『汝同乡有蒋九成上舍，曾识其人否？』生叩首对曰：『蒋上舍即生外舅。』宰改容起立曰：『上舍固吾师也。然则汝妻即上舍之女，无怪立言得体也。』遂以柿姑所上之词付生阅之。即日出生于狱。

邑宰某公，固长白人，父官都统。柿姑之父少以诸生纳粟太学，应试京兆，都统延课其子，即某公也，今由笔政授邑宰矣。柿姑襁褓失父，九岁失母，儿时仿佛闻母言『汝父曾在京授徒』，而不知即公也。

生归述公语，柿姑大喜，嘱生衣冠往谢。公于师谊最为惓惓，越日枉驾答拜，并请见柿姑，问师身后事甚详。闻柿姑终鲜兄弟，不胜叹息，并遗以锦段笔砚等物。临行，柿姑谢且请曰：『寒家赖公祖荫，幸免覆盆。顾平日与盗无仇，是必有人指使。尚求研究昭晰，幸甚！』公点首笑诺。归署，果提盗研讯，初不肯吐，榜之，乃供称为某公子所嗾。公怒，飞签提究。某大惧，诣生谢过，并求关白，愿以千金为寿。生辞曰：「窝藏剧盗，罪名匪轻，诬人者应自坐之，复有何说！」某益惧，渐增至三千金。生入以问柿姑，柿姑笑曰：「破悭囊助君膏火，计亦得，质告公当无不诺。且冤宜解不宜结，怨者以德遇之，善莫大焉。顾小人多反复，必先令彼输金，而后为道地，乃万全也。」生曰：「善。」出以告，某大喜称谢。即日，果辇金以献。生诣公，备告所以。公喜诺曰：「我方为君筹膏火资，而苦无法，若此甚善。」某幸免究，深感生德，前隙尽捐。

自是，公常召生至署论文，夫人亦时与柿姑来往。公尝问柿姑，贤妹，前词谓回也霸产，典出何书？」柿姑掩口笑曰：「妹子俭腹荒疏，以「参乎杀人」无对，因忆《聊斋志异》载有原壤控颜回一事，姑戏拈凑塞责，原属一时急就。既拟用拾尘故事，将「霸产」改「盗食」二字，以业已缮好，懒再涂鸦，果为大方家所笑。」公赞曰：「《志异》虽小说，将来必传。足见贤妹无书不窥。霸产二字较盗食为新鲜，不改何害！」

柿姑感婶教养，迎其母子同居。后生成进士，官部曹；椒哥领乡荐，官中翰；公由邑宰荐擢楚抚。彼此以通家之宜，休戚常相关焉。

里乘子曰：幸生待还遗金，柿姑掷还缠臂金，一介一贞，的是天生嘉耦。义财必待柿姑掘发，天赏生之介，实天赏女之贞也。或谓婢为幸生所愚，不知生初固无愚婢之心，而婢忽启疑团，迫成夫妇者，亦天使之，非生愚之也。顾生闻婢穷问，但含糊不辨是非，即此足见其黠，固无足怪；惟睹柿姑掘财，犹诡答不肯质言，则黠而近于诈矣，吾无取焉。若柿姑，天性英爽，观其斥责某公子与面命邑役之言，何等光明磊落；而破悭囊以助膏火，怨者以德遇之，立论尤为谛当，真非寻常男子所能及。所谓『健妇持门户，终胜一丈夫』者，非耶？得妇若此，即不掘义财，吾决其家道之必昌也。彼公子图人，几反自坐，输金获免，犹属幸事。祸人转以福人，射影含沙，徒劳心计，纨绔少年，当奉为殷鉴。至邑宰某公，惓惓不忘师谊，存心甚厚。其适然来宰斯土，意者亦彼苍预为位置欤？不然，何其巧也？柿姑之父名韶，幸生姓名，则予忘之矣。

活佛

江南某生，客游。舣舟江浒，登岸独自游览。信步至一兰若，阒其无人，见内殿壁板所画山水人物甚工，以手摩挲，不觉巧触其机，壁上门忽洞开。内有妇女数辈，正与髡奴掷倒为戏，瞥见生，叱问：『何人？』生大骇，急趋而出。

僧徒三五人蹑迹驰追，将生挽回。生泣哀之曰：『乞师慈悲，恕我无知，誓不饶舌。』僧众叱曰：『汝自寻死地，尚望生耶？』一僧曰：『扼之便。』一僧曰：『扼之不如烹之，较易灭迹。』生闻而觫觳，料不能脱，再三哀之曰：『小生冒犯，自知无再生理。求师慈悲，赐全要领，其功德胜于浮屠合尖矣。』一僧曰：『我佛慈悲，姑念无知，其言也哀。将来送活佛生天，我辈可藉渔利，较为得计。』佥曰：『善。』

遂将生发剃净，幽诸密室，饮以喑药，日给淡食，不入粒盐。百日，肌肤肥白如匏，且腰脚柔软，不能行立。乃于郊外架木为高台，谓某日活佛肉身，趺坐台上，涅槃示寂，藉火化以生天。举国男妇闻之，扶老携幼，不远而来。皆香花顶礼，瞻拜祈祷，一唱百和，舞蹈若狂。

郊外距邑城密迩，邑令某公，健吏也。耳其事，率干役数人，微服自往诇察。见台高丈馀，一僧戴毗卢帽，面白皙如满月，身披五色袈裟，趺足坐榻上，闭目泪涔涔下如雨。台下僧众百数十人，各执鱼钹、鼓磬、笙箫、琴阮，旌幡羽盖，循环旋绕，喃喃啐经礼忏。众男女从其后，同宣佛号，一体膜拜。台前后左右置薪刍，间杂旃檀纸帛，高等丘陵。待时至举火，送活佛生天。

公谓：『活佛生天，复何流泪？岂尚有尘缘难割耶？』初固疑其妄，睹此益信。亟遣干役驰白主僧，曰：『邑侯闻活佛生天，欢喜无量。亲来拈香，谕众暂缓举火。』僧众素知公威严，不敢有违。亟含笑答曰：『邑主肯赐降临，为我佛之光，僧等曷胜荣幸，理合敬候。』

公亟反署，盛设仪仗而至。僧众合掌前迎，公问：『活佛何在？』主僧笑指台上谓：『趺坐者即是活佛。』并详述其平日清修高行。公啧啧称叹，谓：『今日天刑，活佛生天，恐未能遽登极乐之界，暂请改期，何如？』主僧答称：『此活佛自订日期，未便擅改。』公笑曰：『活佛未曾留意宪书，下官忝主一邑，合为改正。明日天赦，生天最吉。请活佛在邑署暂住一夜，藉使署中细弱，得遂瞻拜。」主僧答称：「活佛功行圆满，即绝口不言；又肉体尊重，不便行动，碍难进署。」公笑称：「我自有法。」乃命健儿数人，将活佛舁至署中。僧众箝口相视，不敢阻止；又莫测公喜怒，殊切悬虑。

活佛即至署中，公命安置内记室，夜半潜自研诘。见其涕泪交并，言动俱绝，心知有异。因问：「能作字否？」活佛点首。亟命将笔砚至，活佛胖软，臂不能举，惟以指蘸墨书纸上，历叙颠末。公阅之大怒，命活佛安心，药食调治，俟差愈，牒送回籍。

翌旦，谕寺僧齐集台下，毋许擅离。又密牒骑尉，督营卒多人，乘僧等出后，围寺穷搜，果获妇人数人，所藏金珠衣物甚富。公至台下，僧众请迎活佛。公笑曰：「活佛有命，请主僧替代生天。」主僧大惧，跽称知罪求宥。公叱左右，将主僧缚掷台上。又指主谋助虐数人，谓当追配，亦命同缚掷台上，叱令举火。火烈风猛，一转瞬俱成灰烬。僧众环视，面如死灰。观者闻知其事，同声称快。公命将馀僧笞责，谕令蓄发归农，其妇女各归亲属。乃将寺改为义塾，即变易其金珠衣物，以资膏火云。

里乘子曰：髡奴托名三宝，无恶不作。兹以人命渔利，愈出愈奇。邑令某公请君入瓮，以其道还治其人，较西门令邺更为称快。传者逸其姓名，惜哉！

礼部书吏

明万历时，礼部书吏某，穷乏无以自存。时值岁暮，益难为计，闻术人李实中精星命，特袖例金，往求推算。李细玩命笺，叹曰：「论尊造乃巨富之命，奈终身无一佳运，殊属可惜。」某请其说，李曰：「命由舟也，运由风也。虽有巨艘，不遇顺风，亦惟有胶搁浅渚，听其腐朽焉而已，何足贵哉！」

某闻李言，嗒然若失。久之，复请于李曰：「据先生言，巨富非所敢望。尚求细推，未审得免饿填沟壑否？」李又为掐指轮算，忽诧曰：「奇哉！奇哉！尊造以演禽之法测之，明年五月五日午时，当有昴日鸡到宫。昴宿在十二地支属酉，酉内藏金，金星透露，主有意外机缘。虽巨富可唾手而得，此巨艘遇风时也，君其识之。过此以往，则非鄙人所敢知矣。」某不敢再渎，酬以例金。李却之曰：「此戋戋者，暂存尊处，俟所言果验，当以千金酬我可也。」李笑曰：「诺。」既归，忆李所言，疑信参半。

乃瞬届端阳，落莫较常尤甚。故事，每节必留一人在部听差。其侪知某避债难以归家，因共醵钱三百馈某，聊贯肴酒，在部伺应。某乃沽酒一瓶，置书架上，又出刀脔切羊脯，将备赏午。忽书架上两鼠相斗，将酒瓶触翻堕地，砰然一声，已成粉碎。

某停刀瞪视，顿忆术士所言，不禁喟然长叹曰：『承诸君高义，瓶酒且不能享，尚何望意外机缘哉！』比视架上，簿牍已被酒渍湿，恐系要件，急取翻阅，乃三年前琉球国册立世子表也。以例表无甚关系，其心始定。因将瓶瓦拾抛院中，又取湿表，将就日中曝之。

甫一掉头，忽门外一人迎面而来，揖问某曰：『此是礼部，有书吏先生在此否？』某观其人，系琉球国衣冠，默自惊讶。即拱手答曰：『小人便是书吏，未审有何见教？』其人笑曰：『下官乃琉球国使臣也。今为册立世子一事，特求斡旋，望勿见拒。』某问：『如何？』使臣四顾无人，乃谓某曰：『三年前册立世子，曾进表大国。不谓世子荒淫无道，顿失国人之望。顷我王与大臣会议，将废而改立，以前已进表，不敢擅专。今特谋诸先生，如将前表抽还，俟改立既定，再行进表，泯去废立之迹，较为得体。如事幸成，不吝重谢。』

某闻使臣言，故为沉吟，良久乃答曰：『事关废立，非同恒泛，不敢轻诺。然必以慎密为要，倘一泄漏，为害非浅。此地耳目甚多，不便商议。请约定翌辰于前门外酒馆报命，何如？』命臣笑曰：『君言甚善，谨遵所约，万勿失信，幸甚！』某送使臣去后，试测日影，恰是卓午，自然术士之言有验。

翌辰，前往酒馆，使臣已在此久待。见某至，含笑相迎曰：『先生来何迟也？』某笑曰：『非敢来迟，但为君故，费煞经营，昨访知此表为吾侪某甲所藏。某甲为人猾而贪，不足与谋，已施小策将此表赚出，一俟到手，即行奉献。未审事成，果何以犒小人也？』使臣笑曰：『如果事成，以三十万金相酬，何如？」某曰：「三十万金原不为非，惟贺贵国废暗立贤，兆民是赖，小人不为无功，敢请少益。」使臣笑伸五指，谓曰：「君言是也。事成，请以五十万金为先生寿。先生好为图之，愈速愈妙。」某笑曰：「诺。」

遂订三日献表兑银，果唾手而得巨富，其侪竟无一人预知其事者。某寻罢役归乡，润屋买田，以财雄一方。乃延术士于家，以千金酬之。

肇庆府署五异

广东肇庆府署中，异事有五：

一、署有金砖二十四方，方各十馀斤，其色黝然而光，完好无少缺损。或携以妥几榻，或叠以庋什物，均可。倘欲窃而藏之，则头立痛，寒热交作，送还即瘥。

一、署后有枯树一株，枝干杈桠，秃无片叶，不知何代物也。土人言是张四姐摇钱树。每新太守至，必具衣冠拜之，否则不吉。

一、署堂皇前有破瓮，大容数石，传为镇妖之物。新太守至，亦必拜之。

一、署内有空屋一椽，封锸甚严。相传宋时包孝肃守肇庆，日理阳事，夜理阴事，此名「覆阴堂」，其理阴事处也。太守来者，尤不敢不拜。

一、堂皇有古井，上覆以石。言是孝肃治水怪于其下，人不敢启视。旧有『包收陆放马成潮』之谣，自来太守无姓陆与马者。闻曾有陆姓捧檄来守此土，郡人大惧，绅耆联名哀禀于上官，寻将陆太守调任他郡，否则一郡陆沉矣。

此袁竹畦参军起为予言者，其叔祖香亭先生曾守肇庆，故知之最详。

鬼批县尉颊

茹古香尚书棻，未达时，暑夜偕同学友三人，在城外大桥避热。三人者，后一为方伯，一为太守，其一则为县尉也。其时皆布衣，同至桥上，见石栏杆上坐一女子，月色昏黄，面目不甚可辨，意其亦为避热来者。

诸公藉地而坐，上下千古，纵谈甚欢。少焉，月至中天，较前皎洁，照见女子面色惨淡。群疑非人，少年选事，因议分立桥四隅，阻其去路，得以观其变相，藉博一笑。

夜色将阑，女子果起身，在桥上两头蹀躞，苦不得去。即而鸡声乱啼，女意益急，忽腾身起，以掌批县尉颊，骂曰：『汝不过一县尉耳！亦欲与阿娘作梗耶？』其人略一侧身，女子倏已不见。

此周涑人刺史言者，古香尚书，其同乡先达也。

里乘子曰：鬼能预知人爵秩，大奇。岂以诸公之中惟县尉官阶较卑，气焰亦较杀，择其可欺者而欺之耶？吁！鬼之揶揄，亦何虐哉！

庚午神诛水怪

周涑人刺史又言，某年暑月，湖北木商运筏至九江关，忽江中一爪大于箕，抓其筏不能行。后筏来者愈多，遂将江路梗塞。或谓木商是必获罪江神，宜以少牢祀之。商从其言，刑牲衅血，酾酒祭祷，爪卒不释。或又谓是必筏藏有妖。商不得已，折筏去木，甫六层，见中藏一蜴蜥，长五尺许，跃入江中，爪倏不见。俄顷，波浪大作，风雨雷电并至，怒涛掀簸，声如万马奔腾，震耳骇心，舟人无不战栗失色。忽霹雳一声，一物死江干，形类蜴蜥，长丈馀，其腹中裂，有篆书十一字云：「水怪为害，帝命庚午神诛之。」

金毛吼

周涑人刺史又言，道光初年，江苏崇明县乡村，秋获后，地中无故火起，延烧人家甚众。其处旧有古冢。一日，风雨骤至，一物自冢中出，形如狻猊，竟体皆火，所过草木尽灰。空中数龙下与物斗，雷电随之，且斗且走，入海而去。海水为之沸腾，经日始定。或曰其物即金毛吼也。

蜘蛛怪

海州海中，有母子二蜘蛛，母大于箕，子大于釜，滨海居民皆见之。尝秋日禾黍登场，积草隆然如山，小蛛戏以臀吹之，堆草乱飞，俄顷尽净。

道光八年五月十四日，暴雨如注，天大雷电以风，大木斯拔。海滨居民见大蛛起悬空中，五龙环绕，蛛故缩其足，伺龙将及身，足怒伸如劲弓反弛，龙即四散。蛛又缩足，龙来，又如前怒伸，卒不能近其身。蛛又吐丝缚龙爪，胶不能开。赖火龙来燃其丝，爪乃不为所缚。相斗逾时，仍入海而去。翌日，人拾所火断丝，粗于臂，或盈丈，或盈尺，两健儿持两端而力挽之，竟不能断。

骊叆卿

方伯融公子燕昭言，粤有骊叆卿者，明中叶时，于罗浮出家学道，今四百八十六岁。其子孙甚蕃衍，尝至罗浮，叩请其祖回家一省祠宇。叆卿初不许，求之至再，乃首肯，遂以肩舆舁至宗祠。约炊许，即欲还山。子孙环拜请曰：『老祖宗既归，何不少留？』叆卿让之曰：『此间尘俗气太重，哪可久住！」子孙不得已，又命肩舆送其还山。行这市廛，人多见之，其身长如十三四岁童子，白髯垂胸，爪长数尺。甫出城，舁者觉肩上渐行渐轻，察之身渐缩小，未几，才如初堕地之婴，寻倏不见。舆中仅存玛瑙烟瓶一具，以献其子孙，宝之，以为宗器。

记海鹿门别驾少时事

海保，字鹿门，裔出自襄阳孟氏。先世忠毅公乔芳，以从龙勋，隶旗籍，累代有显宦。君幼侍尊人，宦游三吴。容止玉立，风神恬定，读书过目辄了了。弱冠从李申耆先生兆洛游，极爱赏之。兼精骑射、击刺、拳勇、超距诸艺，性喜任狭，负气好义，见不平事，不惜以身殉之。

姑苏玄妙观者，一郡游观之薮也，士女日集恒万人。无赖恶少，见游女少具资首，必环而尾之；甚至一人唱呵，万声响应，四方赞裹，将只身妇女迫困重围，姿意戏侮，手摩足弄，无所不至，既将巾履簪珥分劫携去，名曰『打圈』。在妇女之寡廉鲜耻者，不以为辱，反以为荣，以为必己之色貌过人，方应斯选，且常夸述于人，自鸣得意；而少知自爱者，不幸遇此，亦不免羞愤欲绝。缘陋俗相沿即久，浸习成风，都人士视为惯常，恬不为怪。是以荐绅闺阁，有事至观祈祷，必乘肩舆，从健仆左右护持之，非示夸也，实畏打圈耳。

君少时尝同人救一雏女，得免打圈之辱。其事甚快意，故为志之。先是，女郎偕一童游观中，猝遇众无赖，窥其意不善，亟携童踉跄反走。奈众麇缀要遮，女东亦东，女西亦西，评头论足，肆口秽谑，涎视耽耽，不少宽纵，愈逼愈紧，丑态百出。女郎不堪其嬲，宛转娇羞，气急败坏，仓皇四顾，正无计得以幸脱。

适君同人至此，目击其状，义气填膺，忿焰莫遏。慨然谓同人曰：『承平世宙，岂有人家弱息，而听强暴公然肆虐于光天化日之下！我辈不救护，谁救护者！诸君其谓之何？倘激于义愤，惠然御侮，抑暴扶良，仆不敏，愿助一臂。』同人笑曰：『君又选事也耶？人家儿女，何预卿事？』君白眼争曰：『谁家无儿女？奈何受狂且窘辱若此！诸君既忍心袖手，不肯向前，仆当独身任之！』

言讫，攘臂跃入人丛，横身要截，厉声叱曰：『止止！鼠子不得无礼！』众无赖正猖狂畅意，闻君言，怒答曰：『吾侪逢场作剧，若何人？敢败乃公事！』彼此硬语抵牾。一人遽前，以掌掴君面，君伛身疾出腋下，反掌搏其背，复以趾踆之颠。一人踵而前，又颠之，连踣四五人。馀乃不敢继进，始纷纷鸟兽散，女郎之围以解。于时，旁观如堵墙，初以君文弱卤莽，恐难撄众锋；今幸君胜，欢声雷动。咸色喜耳语，窃谓何处少年，重意气作此快举？啧啧称道不置。

同人从而虑之曰：『君但快心于一时，懋建义举。然群儿溃窜，怒形于色，必号召以图报复。倘众寡不敌，奈何？』君曰：『实逼处此，讵容中馁！惟今之计，为德不可不卒，请与诸君约：毋短气，毋贰心，当同卫送两小归。纵与若曹遇，共击无不利。』佥曰：『诺。』盖君所同来五人，皆好身手。中有陈叟者，素号「万人敌」，年近七十，精神矍铄，犹能手格虎豹。馀四人亦各矫捷有胆略。因询知两小固同怀姊弟，女郎年才及笄，含睇腼腆，意甚德君，告明居址。君领两人作前导，女郎姊弟居中，陈叟率两人殿后。

行至饮马桥，众无赖果召集百数十人，执梃当路，决眦向君，欲得而甘心焉。陈叟须髯怒张，大声嘱君与四人：「第拥其姊弟，从间道急行，勿却顾。若曹来，有老夫在，当以老拳饱之。」君既送女郎至家，其父母审悉颠末，感涕称谢，款洽甚殷。然匆遽间两忘问姓氏，至今君不知其父母为某某，其父母究亦终不知君为何许人也。众无赖见君等护送女郎去且速，又以陈叟独作后劲，咄咄逼人，料非恒流，气为之夺，竟不敢犯。

君尝笑谓人曰：「是役也，固儿时选事，但其时亦恃有陈叟在，吾故敢向前。假令尔时吾亦袖手，则陈叟不肯为力，女郎危矣。」其少年负气好义，类如此。

里乘子曰：「君从李申耆先生游，肆力于诗古文词。向同在高淳耆次，相得甚欢。丁巳冬，君摄事巴城，予特造访。时当岁暮，风雪凄然，封篆无事。君素嗜酒，命童燃炉烧烛，手巨觥拈髭，纵谈往事，精悍之色，犹见眉宇。今阔别且有十馀年矣，每一忆及之，殊令人神往于苏长公遇方山子时也。

纪梦

道光乙巳夏，大兴朱子泽刺史甘霖，摄灵璧县事。遇予皖城，执手喜曰：「顷将之任灵璧，考邑志，其地实垓下旧壤。故有虞姬墓，岁久芜圮，将事修治。碑文非燕许不办，请以属子。」予再逊而后诺。爰为骈文一首，邮寄刺史，勒诸贞珉。虽一时盛夸人口，然俳青偭白，体制较卑，寻亦不复记忆。

越明年丙午，自金陵秋试归，阻风乌江。时当八月下弦，孤篷岑寂，凭窗露眺。凉风浣襟，残月窥幕，江天一色，荡涤尘虑，心畅神奂，儽然欲寐。忽见一古装美人，蹁跹登舟，容采照耀；后侍两婢，亦复姣美。予愕眙避席，不知所措。美人乃前敛衽曰：「妾与先生固有文字因缘，故涉嫌就教，休得惊怪。」予亟答拜曰：「一介鲰生，伏处穷巷，不省何处得侍夫人？所谓文字因缘，儞瞀莫解，请明谕其旨，以开愚窦。」

美人笑曰：「妾乃西楚虞姬是也。前朱使君泽及枯骨，知碑文出自椽笔，崇论伟议，使妾读之，千年幽愤，顿为一泄。昨同戚妹往东海寿上元夫人，过我王庙宫，顺道一讯起居，将归瑶池。稔知君舟舣此，特诣谢巨制耳。」予懔然逊曰：「仙姬贞情烈魄，愧咫闻肤见，不能揄扬万一，辱挂齿颊，反增汗颜。」姬曰：「先生勿过撝谦，文信必传。但承褒誉过情，未免感极生愧。妾尤喜叙次论断多与当年情事符合，方恨与君风马悬隔，晤言无自；今既遘止，良夜正长，愿略将梗端为先生道之，可乎？」予曰：「幸甚。」

爰敬展茵榻，肃姬上坐，再三固让，乃抗礼就席。叩以当年情事，姬蹙然曰：「君所论楚汉之仁暴强弱，毫厘不谬。龙门作史，书以本纪，具有深心。惜我王妇人之仁，犹豫寡断。当日若听妾言，季何能为？」予曰：「奈何？」姬曰：「君固不知，鸿门之计，妾所与谋，不图范玦空举，庄剑无用。既纵季去，亚父恚甚，急趣妾力争于王，且援吴越已事相况，谓勾践一去，夫差恐终不免。王故不乐妾干预军政，比闻妾言，怒视叱曰：「谁嗾而言？而妇人焉知大事！」君文所谓「鸿门之计不行，乌江之祸已伏」，恰中当时窾要，使妾至今思之，犹有遗憾。」予曰：「垓下之战，何遽一败涂地乃尔？仙姬当日身处其境，其何以堪？」姬喟然叹曰：「君言及此，只令人悲。彼日汉兵匼匝，薄暮小雨，黑云如磐。妾待王帐中，方计秣马厉兵，决一死战。夜分忽闻楚歌四起，王拊髀垂涕，顾谓妾曰：「大事去矣！卿将若何？孤悔不听卿言，致有今日。」妾泣慰王曰：「王但自爱，速自为计。妾荷王厚遇，自有以报，幸勿以妾为念。」王闻妾言，益悲不自胜，乃作《垓下之歌》，泣以付妆。妾知王意有所授，遂勉和其歌，掣所佩之剑，自刭于王前，以明无贰。」

姬语至此，珠泪犹盈盈承睫，不胜悲哽。予亦为之欷歔。但见一侍者出淡红绡帕，前为拭泪；一侍者执碧霞唾盂，前承其唾。予劝慰曰：「仙姬久归仙籍，兴念往事，只合当作他人成败，聊供判论，慎勿过事伤感，有损玉抱。况当日青锋决绝，大节皭然，较息妫、西施等辈，转眼怜人，其薰莸相去，何可以道里计哉！」姬叹息谢曰：「此是先生藻奖，然若曹所为，妾实羞之，宁死不愿效也。」

予曰：「不揣再有所请。未审仙姬当日毅然死别，后事犹能知悉否？」姬曰：「妾身虽死，魂固在王左右。王见妾已死，号恸失声。恐人跆藉妾尸，命军校裹以纛旗，异瘗浅土，王乃独骑决围而走。」予曰：「王所乘骓马，究竟何若？」姬曰：「骓乃神骥，日行千里。先三日，前蹄忽踠，王恨以为不祥。后所乘似骓而实非。此亦天意，倘骓足不踠，其涉水如平地，何至及乌江之难？王歌所谓『时不利兮骓不逝』，正谓此也。」

予曰：「王歌激昂慷慨，仙姬和章，必能相敌。今所传五言，恐是赝鼎。」姬曰：「妾歌仓卒失传，正幸藉以藏拙。乃村儒必欲代彰其丑，妄为拟作，不知妾歌虽属急就，固非五言，究亦不足溷大雅之听。」予坚请赐教，姬乃诵曰：

愁云沉墨兮风声悲，楚歌四起兮中心凄。揽王衣兮前致词，大事已矣兮妾将安归？妾安归兮事已矣，愿王保重兮妾为王死。

诵毕叹曰：「巴里卑音，聊抒哀绪，君其勿哂。」予侧聆默识，深为叹服。

二侍者便趣姬行，云恐戚妹久待。姬曰：「先生非外人，良觌匪易，况夜尚未阑，何妨小坐。」予叩七妹为谁，姬曰：「戚妹乃戚夫人，固非七妹。」予曰：「何不偕来？」曰：「以君文讥为人彘，故羞与相见。」予曰：「此乃吕后悍妒所致，史臣笔之于书，并非小生唐突。」姬曰：「固然，但渠素腆弱，妾亦不得相强。」予曰：「仙姬何独与彼同行？」姬曰：「妾前身本王母第九女，渠乃阿母侍儿。既先后同婴尘网，各历一番苦趣，再返天曹，遂略除前分，齿以姊妹。」

予曰：「仙姬此后曾再诞人世否？」曰：「上帝念妾无辜，应得为后，以赎前恨，曾一降世。」予问：「何朝？」曰：「在唐。」问：「为谁后？」姬羞不答。坚叩之，乃答曰：「武后。」予骇然曰：「武后生平所为，较仙姬判若两人，曾自知否？」姬叹曰：「软尘一踏，本性便迷，后果前因，茫无省忆。」予曰：「今天曹尚别有一武后否？」姬曰：「有之，替换托生，各为尔我，譬如树之分植，一树可分数树，一身亦可分数身。即妾而论，妾自一人，阿母之九女又自一人，武后又自一人。顾各具一形，即各赋一性，亦由一树所分枝叶，疏密斜整，终各不同耳。」予为首肯。

因笑问曰：「武后为人，不类仙姬，却略似吕后。未审仙姬在日，曾与吕后相见否？」姬笑曰：「岂惟相见，渠尝留我王后宫，乐不思汉。妾鄙其为人，劝王纵之。」予笑曰：「得毋樛木盛德，有所难容？」姬曰：「非也。妾固能容渠，渠反不能容妾也。」予曰：「身后曾受赤眉之辱，信有之否？」姬曰：「此事固不足信。渠殁时齿已濒衰，距新莽二百馀年，纵使朽骨如生，亦非留妙。贼虽淫暴，夫复何图？意者后人恨其所为，造作此言，以快道路传闻之口，未可知也。但君文感叹汉事一段，可谓才人之笔，面面俱到。妾每循诵及此，辄复破涕为笑。」予谢不敢。

因叩项王为人何若。姬曰：「平居燕私，雍容退让，有类文士；一着甲胄，便赳赳可畏。」又问：「今王与仙姬皆返仙班，偶一晤对，尚忆及夙昔儿女之私否？」姬面发赤曰：「蜕脱人寰，孽缘尽割，偶一晤对，俨见大宾。倘少涉妄想，一经上帝觉察，又不知遣谪堕落几重尘劫矣！」予深悔失言。因又问：「仙姬佳城，果否有定远葬首之说？」姬曰：「否否。王初瘗妾之地，妾兄田安实知之。汉兵去后，即为迁葬今处。其时有一侍儿，亦死垓下之难，貌微肖妾。或误为妾首，持以献季，即今定远所葬者是也。重以后人好为傅会，亦何足怪？」姬词锋霅霅，予甚心折。

方欲再有所叩，忽听村鸡遥唱。侍儿又前相趣，姬乃兴辞曰：「本愿稍憩，藉罄积愫。缘人天境隔，且有戚妹相待，未便久稽。」爱解珮玉一方，持谓予曰：「此妾在日极所玩弄，珮诸穷绔，葬时幸未遗失。今以贻先生，聊作润笔。先生珍重。」言讫，率婢珊珊凌空而去。

予木立神驰，正深怊怛。忽闻榜人相呼解缆，遽然惊寤，知为隐几而梦。然残灯明灭，芗泽犹存，果于枕旁检得一玉，长二寸，宽一寸有半，厚盈二米。其色坚润洁白，上锲藻火粉米等形，精致绝伦，的是汉物，不知来自何处，洵可宝也。急援笔记之，以志梦中文字缘也。

附 重修虞姬墓碑

灵璧之南，垓下之旧址也，其东则虞姬之墓在焉。呜呼！烟销白骨，古战场鬼哭时闻；露暴黄肠，幸从人魂归何处？茫茫千载，累累一抔，寻废垒之存亡，恸前朝之成败。重瞳休矣，大王行妇人之仁；执手卷然，贱妾赍英雄之恨。兴念及此，能不悲哉！

向者，胜、广倡乱，馀、耳景从，竿木皆兵，锋镝竟炽。言姁恭谨，未分项暴刘仁；喑噁猝嗟，方谓楚强汉弱。试逐中原之鹿，可奏肤功；恐诛当道之蛇，转为呓语。而乃羹未分于俎上，剑空舞于筵前，一着棋输，六州错铸！经战阵者七十，败北如斯；失子弟者八千，引东何忍？人心既畔，天命有归。盖鸿门之计不行，则乌江之祸已伏。当其汉军剽速，楚唱憧惶，慨赤手兮难支，唤红颜兮无俚。森严刁斗，吾末如何？憔悴胭脂，谁能遣此？引杯看剑，挥涕牵衣，听震耳之鼓鼙，惨断肠于儿女。拔山力竭，徒嗟骓足难前；略地声哀，赢得蛾眉先殉。噫嘻！可谓难矣！

彼夫勾践既报夫差，西施转归范蠡，反颜事虏，伊独何人？向使姬以桃花命薄，逐水东西；柳絮身轻，随风来去，则息妫嫁楚，纵令生子不言；甄后归曹，未免有人平视。而乃饮刃计决，匪石心坚，拼一死所以报恩，庶千秋斯无遗憾。原情略迹，在天可配英、皇；国破家亡，入地不同褒、妲。君子谓：「姬贞而有操，烈而不污。」谅哉！嗟乎！金刀运尽，玉匣尸寒，王业同霸气俱销，尺地与一民安在？戚呼人彘，生罹辉耳之灾；吕号野鸡，死受赤眉之辱。以视姬之就义凛凛，伸志昭昭，完大节于生前，留清名于殁后者，其得失为如何耶？

或谓定远之南，亦有姬墓，彼葬其首，此葬其身。花歌草舞，傅会有之；头岱腹嵩，荒唐颇甚。间尝考其图史，按其山川，知仓皇遇敌之时，正宛转捐生之处。金钿委地，指故壤之未湮；紫玉成烟，信佳城之不远。窃恐星霜屡易，瓦砾交丛，石发既滋，溪毛莫荐耳。

今令尹大兴朱公，凭吊芳薇，主持韵事，披榛扫径，伐石坚茔，酹旨酒以招魂，征新诗而表烈，不使阿环罗袜获见人间，庶几玉奴金钗永藏地下。江山无恙，风月自佳，茂草遍锄，野花如绣。香埋净土，青冢则怨异明妃；墨洒新碑，黄绢则词惭幼妇。

舒伯鲁郎中焘评云：「偶效南朝徐庾体，娓娓可诵。至赞姬好处，原是平心之论。虞兮有知，当感泣地下，为君一作楚舞也。」

王研云学博宝仁评云：「笔意大似陈伽陵，而排偶之中，畅发议论，又伽陵所不及。」

兰苕馆外史卷八

小卫玠

山右卫生，世家子也。儿时颖悟过人，温其如玉。十三岁应童子试，学使者命题面试，赏其文，以为神童，拔冠一军。且谓其学校官曰：「此小卫玠也，异日当清贵，可善视之。」由是小卫玠之名，噪于一黉。遐迩皆倾慕之，愿妻以女。生益自负，择配殊不肯草草。顾幼失恃怙，而家甚寒，年将弱冠，逑好尚虚。生攻苦弥笃，自以为青紫唾手可得，但有千钟粟，何患无颜如玉也。

邑鄘翁者，家称素封。有女珊柯，年及笄，美而慧。女红之馀，酷嗜翰墨，翁与人酬应书札，类皆倩女代笔。翁益爱怜之，尝夸谓戚党曰：「我家有扫眉才子，若开闺阁科，何患不状元及第耶？」一坐是，遴选东床，颇难如愿。

一日，珊柯与嫂五台礼佛归，途中适与生遇。珊柯秋波频睨，情殊惓惓。嫂窥其意，悄谓之曰：「小姑知此人乎？此即乡里所称小卫玠者是也。渠与家兄为社友，过从甚密，故识之。小姑如有意，当使兄为执柯。」珊柯红晕于颊，笑而不答。既归，思恋綦切，饮食俱废。

嫂固与珊柯善，不时省问，珊柯喟然低谓嫂曰：「我亦不解何故。他日归后，魂魄若失，似此恹恹，恐非佳兆也。」嫂戏慰之曰：「小姑得毋为小卫玠乎？果尔，得谐伉俪，的是嘉耦。当即风示渠，央吾兄来，请命于翁，无不谐也。但其人才丰境啬，家徒壁立，与相如等，未审小姑患贫不？」珊柯叹曰：「实告嫂氏，妹筹之已熟，命好，贫亦可富；不则富亦可贫。富贵在天，有命存焉，何患贫之与有？惟嫂氏图之。」嫂笑曰：「如此，易矣。小姑请自保重，不三日，必有以报命。」珊柯大喜，厥疾顿瘳。

里有某公子者，父官粤东太守，卒于任，宦囊充牣，公子扶榇归。服阕，年甫十八，适聘妻某氏病卒，耳珊柯名，倩媒求婚于翁。翁慕公子门第多财，遽喜诺之。嫂闻之，知难挽回，乃备告珊柯，且婉劝之曰：「非嫂方命，奈翁已许公子，虽智如良、平，亦难为计。闻公子少年才貌，亦不减小卫玠，况门第家道，有过之而无不及。可见婚姻大事，自有天定，人力断不能与造化角胜。似此天作之合，未尝非福，小姑亦何必甲彼乙此，沾沾然成心不化哉！」珊柯闻之，无可如何，只得惟父命是听。

亡何，吉期已届，公子亲迎，演剧宴宾，备极华侈。夜分客散，入房更衣，复出自私。突有人掩出其后，以刀洞其胸而殪之。其人疾入房，吹灭灯烛，知珊柯坐床上，入帏遽抱求欢。珊柯以为公子，骇问：「君何为者，如此卤莽？」其人低答曰：「我、我非公子也，乃小、小卫玠也。感、感汝意，特、特来谢。」珊柯惊曰：「公子行且至矣！宜速去，毋使两有不便。」其人曰：「公、公子我，我已刃之矣，可请放心。」珊柯骇曰：「汝言真耶？」曰：「哪、哪敢相诳。」珊柯顿足失声大哭曰：「汝累我矣！奈何！」

其人知不可犯，又恐人至，急摸取珊柯髻上簪，出房拔关窜去。比婢媪等闻珊柯哭声，各秉烛来问讯，见珊柯披发汗喘，惨无人色，争前问故。珊柯具告所以，众大惊，急出觅公子，果见洞胸，僵仆地下，血流遍地。须臾，合宅男妇毕集，公子两弟未及成童，抚尸大哭。

平明，具状诉于邑宰。词内并牵连珊柯，保无知情。邑宰即率伍伯来验，时当暮春，见公子身着短袷，俯仆地上，果系出其不意，被刺身死。乃拘生与珊柯，分别研讯。珊柯哭称素与生漫不相识，实不知情。及至讯生，生素未登公堂，骤见有司厉声叱诘，仓猝莫知所对，情殊惶恐。邑宰信以为真，遽请褫革巾衿，备加榜虐。生不堪酷刑，遂致承服。爰书既订，直延颈以待秋决。珊柯虽不知情，以事出有因，亦不能遽释出狱。

会按察某公，由牧令起家，陈臬晋省。虑囚及生，颇疑其冤，思为平反，而苦不得法。夜梦一人，持铜镜一枚掷地，碎其半而存其半，歌曰：「铜镜如月，半明即灭。先缺后圆，先圆不缺。」寤后，寻绎梦兆，味后二语，忽有所触。乃授计狱吏，净除一室，备设床帏衾枕，纵生与珊柯聚处其中，以察其情形来告。狱吏如命，并具肴酒，延二人至而告之曰：「公子一案，业已定谳。怜汝二人实一双嘉耦，生离死别，近在指日。特具不腆，聊与稍叙决绝，勿却为幸。」二人俱再三固辞，狱吏笑曰：「我不过一片哀矜之心，并无他意，请勿疑虑，决不使长官知之。」言讫，钥扉径去。

初，五台途中之遇，珊柯因嫂知生，而生固不曾留意于珊柯也。自公子狱起，生以为珊柯素无仇隙，意外横遭诬陷，殊深抱恨；至珊柯虽有意于生，自遭公子之变，颇恨生凶暴，前念顿灰。兹被钥于一室，彼此相视，未免心动。

珊柯见生温文尔雅，似非杀人之人；即或如此，亦因爱我起见，我幸免祸，而彼指日即正典刑，究竟与我毫无所染，徒丧厥生，情殊可悯。一种怜生之心，不觉时形于色。生虽尝耳珊柯艳声，未曾见面，即狱起，偶与对质，更不敢公然平视。今近在咫尺，细意领略，果信名不虚传。因忆狱吏之言，死期伊迩，与其徒坐虚名，不如暂图实乐，纵正典刑，死亦无憾。

乃强颜向前，揖珊柯而叹曰：「小生与娘子平日并无仇隙，一旦横遭诬陷，果何故耶？」珊柯腼腆久之，叹曰：「君所作事，君自知之。妾纵不无怜君之心，然杀人者抵，有国法在，于妾何尤也！」生叹曰：「卿今日尚以为杀人者真小生耶？以卿视小生，力乏缚鸡，岂能杀人者耶？卿既苦口相坐，百喙难解。但枉被虚名，心实不甘！卿如慈悲，俾得一亲肌肤，死亦瞑目矣！」言讫，便拉珊柯求欢。珊柯闻生所言，心甚凄然，雅不欲拒，解衣并寝，曲尽绸缪。

事已，珊柯问曰：「始君口吃，而狐臭之气刺鼻，今何不尔也？」生笑曰：「小生向无此疾，卿何所见而云然也？」珊柯因述曩日公子被害后，其人灭烛入帏，所闻实系如此，「然则果非君耶？」生叹曰：「事已至此，想是夙冤。今蒙卿见怜，复何尤怨！」珊柯又将五台归后，如何抱恙，如何与嫂同谋，历历为生具述一过。生不胜感激，叹曰：「小生谬承错爱，若非娘子述及，至死不知。然此中消息，得毋漏泄，俾奸人乘机假冒，致嫁祸于小生乎？」珊柯叹曰：「闺房秘语，人何由知？信如君言，果系含冤。然爱书既订，料难平反。君如屈死，妾誓相从九原，必不独生也！」

二人喁喁絮语，狱吏潜听甚晰，一一转达于公。公笑曰：「得之矣。」亟密召鄜翁至，问曰：「汝家侮甬来往人等，有口吃而狐臭者乎？」翁沉思久之，对曰：「平日往来人等，惟衣工金二朋者如此。」公曰：「是矣。」亟飞签拘金至。公见其气象猛鸷，料非良善，据案叱曰：「汝杀某公子，嫁名卫生，何也？」金固口吃，闻公言，顿惊失色，口中喃喃，犹欲强辩。公叱左右搜其身，果得质券一纸，赎取验之，即珊柯当日髻上簪也。公笑拈以示金曰：「赃物已得，汝犹欲辩耶？」叱令痛笞之，果吐其实。

先是，金幼从师学为衣工，在翁家制衣。比长，所业甚精，翁家男妇衣，大半皆金手制。及珊柯长成，所需衣裙，非金制不着。金尝闻珊柯美，恨未一见。珊柯偶往省妗氏，金窃窥之，不禁狂喜。以珊柯衣非己制不着，谬幸于己有缘，时萌妄想。有某媪者，向在翁家服役，固与金有私。前珊柯与嫂所谋卫生一事，不料媪属垣有耳，闻之，戏述于金。金久欲图珊柯，正苦无当，闻媪言，陡生恶计：乘公子亲迎，潜入其宅，拚为孤注一掷，计杀公子，假冒生名，当可遂愿；即不然，嫁祸于生，己亦可脱然无累。至是，尽吐其实。以金坐抵，而生冤以白。

公念生无罪，几陷大辟，诃责邑宰及承讯各官，使为媒，以珊柯妻生，并罚醵资助奁，资生膏火，以赎其愆。闻者无不啧啧称颂。公始悟梦兆，铜镜掷碎其半者，仅存二金字也；歌词「铜镜如月，半明即灭」者，月合半明，为朋字，统合之，金二朋即灭也；后二语，谓生与珊柯当为夫妻，先有缺陷，而后团圆；然必先暂使团圆，而后乃无缺陷，故曰「先缺后圆，先圆不缺」也。公初授计狱吏，固是揣度结句而有所触，不谓果以此而获真犯也。

生出狱后，喜妻珊柯，又得所助醵资，益发奋下帷。寻联捷，入词馆，秩跻清要。士林传为美谈，足征学使品藻不谬。

里乘子曰：听讼折狱，谈何容易！圣门七十子之贤，独许仲氏，其难可知也。小卫玠之狱，邑宰颟鼾锻炼，遽订爰书，使非按察某公设法平反，几何不沉冤莫白。可见天下断无难折之狱。如事关人命，尤不可草草听断；至万分疑难，亦必审慎迟回，澄思渺虑，务求水落石出，不使稍留馀憾。否则，生杀自由，视人命如草菅，漫不加意，彼苍昭昭，难保不无冥报也。某公精诚所格，见于寤寐，授计狱吏，神妙莫测，可以为法，所谓「思之思之，鬼神通之」。观此，足证古人「田中走，东门草」之说不虚也。

婉　姑

前明世庙时，浙江绍兴某甲，少游京师，学为银工。心性慧黠，所制务出新式，极臻奇巧，一时长安良匠，佥逊谢不逮。以故都中戚畹勋贵及一切仕族，凡闺阁钗饰，非出某手不贵。缘此出入显者之门，累资数万。

甲有妹名婉姑，素所钟爱，年已及笄，姿首妍丽。幼字同里某乙，以贫故，不能至京亲迎。甲又以事繁不得送归，时以为虑。会有中表弟某孝廉，公车北上，依甲为居停。试毕下第，将归，甲置酒祖饯。

数巡后，甲以朱盘盛朱提一函列几上，前再拜致词曰：「仆有心事，思之数年，未得其人，今幸得吾弟，此愿可了。吾弟少年豪俊，且系至诚君子，倘荷允诺，乃敢毕其词。」孝廉见甲情词恳切，答曰：「我尔至戚，如力所能任，自当如命，义何敢辞。」甲遂以婉姑相托，谓己不能躬送，「今吾弟南旋，敢请挈带归里，就便为之完姻，曷胜感幸！谨具戋戋，聊助资斧，蕲勿以不腆见却。」孝廉感其情亲谊厚，遂毅然允诺。

即抵浙，孝廉即留婉姑在家小住数日，涓吉送其于归。某乙惟有老母，婉姑既嫁至乙家，翌日晨兴，见乙与其母皆为人所杀，骈死厨下。大骇，喊呼，邻舍毕至，觇验猜异，互相惊诧，因共鸣官讯究。明府某公，少年科甲，素以精刻自负。勘验毕，先后拘婉姑并孝廉至，审得同路回籍情事，乃拍案作色厉声曰：「此案不待问，固已了如指掌矣！以怨女旷夫，同行数千里，且皆少年美好，旁无一人。谓一路彼此防闲，历数月之久，能始终作鲁男子，吾不信也！」命虔婆验婉姑，果非处女。某公更以自神，益得意曰：「何如？吾言固不谬也。」遽命以严刑相加，惨掠倍至。二人不任棰楚，只得诬服。狱具，论以大辟。时人亦同声称明府之神，且姗骂婉姑与孝廉人面兽心，有负某甲之托，死不为枉。

某甲在京闻之，骇异懊恨，亦以二人之非人类，罪有应得。既又念婉姑自幼相依十馀年，向以礼自守，言笑跬步，不稍苟且；即孝廉为人，亦少年纯谨，边幅甚修，何遽作此蔑礼犯法之事？以此沉吟，疑信不能自决。缘离乡多年，暂将店务倩人督理，自旋展墓，藉侦访此事迹耗。

甲故京师名匠，北道大店商贾多与往来。日者至一典店中，正与主人谈次，忽见店伙持金钏一股来，请于主人曰：「此钏制法精巧，因质价太昂，不敢自主，特请命以定去留。」某甲从旁见钏，大惊，泣谓主人曰：「此乃小人女弟于归时赠嫁之物，今幸无意见之，则死者之冤可白矣！」乃具为主人道其原委，请将质钏之人用计留禁。自诣辖邑，鸣鼓上状，饬役拘质钏者至，一讯而服。

先是，某甲以某乙家寒，恐妹嫁去难以治生，遂广制金钏数事，约计千金，以作妆奁之资。质钏人本京师剧贼，探知此事，沿途尾婉姑、孝廉之后，直至浙江。于归日，乙家以贫故，合卺成礼后，诸亲便各自辞归。贼乘人众时，预伏厨下。乙母至厨，料检什物，贼暗中突出，以刃挥而殪之；乙闻扑击声，自往烛之，贼又突出刃之，遂将乙衣履更换，秉烛进房。婉姑新至，不辨真伪。就寝后，贼以言丙婉姑云：「闻汝兄赠嫁有金钏数事，制法精巧，何不出以相示？」婉姑以为己夫也者，乃尽将所有出而献之，贼大喜，佯为称赞不已，又与同寝。天明，眴婉姑睡熟，尽携所有而遁。贼之所供如此。

邑令以状上大府，移知浙省，并以入告。世庙震怒，除贼寸磔外，命将该邑令即素以精刻自负之某明府，处决论抵；承讯在事各官，自督抚以次，均严加议罚。又特旨婉姑给予旌表建坊，孝廉子给荫入监读书。恩法兼施，存殁均感。然则折狱者慎勿以精刻自负矣！

里乘子曰：予尝谓折狱有三不可：一不可忽，二不可动气，三不可执己见。忽，则曲直是非未尽分明，便已潦草结案，倘有不实不尽，不唯有害于人，兼亦不利于己。动气，则一坐公堂，如临仇寇，不问情由，横加鞭扑，如系罪有应得，固不为过；假使波及无辜，问心亦复何忍？在乡曲良民，平日无事，见官已多恐惧骇汗，况有事拘质公堂，一见官长怒威相加，纵有十分冤情，亦觳觫不敢上达。有司更复执以己见，则棰楚之下，何求不得？虽逞一时之威福，差自快意，而鱼肉苍生，凿伤元气，恐一旦权移势夺，兴尽悲来，作孽既多，报施亦复不少。某明府少年科甲，素以精刻自负，遇此大狱，遽命以严刑惨掠，诬服具狱，所谓三不可者，某明府兼而有之。厥后，世庙震怒，罚令论抵，此真罪有应得，夫复何怨？吾愿世之为民父母者，倘遇大狱，皆当以此为鉴。

某氏子

某氏子，频年出外贸易。家惟一母一妻，母老而且盲，赖妇贤孝，藉针黹以供甘旨，晨昏定省，不敢或亏。姑妇二人，相依为命。他日，某氏子归，母喜，命妇烹鸡食之。中夜，某氏子暴亡。邻里以为异，鸣之官。验之，果有中毒。邑令疑妇有私，倍加搒掠，妇不胜其苦，遂诬服。问：『奸夫为谁？』妇本无事，况所识素无多人，仓卒间遽以十郎对。十郎者，某氏子在服之弟也。

初，某氏子出门时，嘱十郎时为省母，藉代支理家政。十郎年少诚谨，以受某氏子之托，时至其家，经理甚周，母与妇甚德之。今妇迫于严刑，不得已以十郎塞责，令签拘十郎至。十郎见妇，泣曰：『嫂氏云何？』妇亦泣曰：『叔叔，奴……』语未毕，已哽咽不能成声。令见其情状，拍案叱之曰：『奸夫淫妇，在公堂之上，犹不知耻，而靦然人面，相对嘤喔，作儿女丑态耶！』乃不容十郎置辩，横加鞭楚，死而复苏者数次。十郎无奈，亦遂诬服。狱具论辟，行刑有日矣。

巡抚某公者，公明仁恕之大君子人也。虑囚至此，心甚疑之，以问幕宾。会幕宾方与其徒围棋，正专心致志，不遑旁骛，乃漫应曰：『此狱已具，属吏不知费几许推敲，料亦无所冤曲。公又何必故意驳诘，致滋多事耶？』某公乃不复平反。妇与十郎遂均坐大辟矣。

是夜，漏三下，幕宾将就寝。忽闻门外剥啄声甚厉，审是妇女声音，怪暮夜何得有妇女来此，叱令速去。闻门外厉声答曰：『尔不开门，我岂不能入耶？』欻见一女从门罅入，披发喋血，怒视幕宾，戟手指而詈之曰：『尔以布衣为军门上宾，不过粗识得几个之无，便谓精熟申韩，诓骗居停，坐享厚俸，以人命为草菅，毫不详慎。昨妾此案，中丞方欲平反，不耻虚怀下问，倘能迎机襄赞，或得一线生机；尔但以围棋故，支吾漫应，以致妾等冤情不能昭雪。妾死固不足惜，惟弑夫恶名，心实不甘。妾已请于帝，许向尔索命矣！」言讫，便欲向前扑攫。幕宾骇汗如雨，急长跪请于妇曰：「某罪诚应死，但离家年久，尚有八旬老母，能容回家一诀别不？」妇应曰：「念尔孝心，姑宽贷一月。尔宜速归，迟则无及矣！」言讫，恨恨而去。

某见妇去，毛发竖立。诘旦，谒居停，具以实告。治任驰归，匝月果卒。中丞某公，闻而骇异，乃改装易服，亲诣某氏子家。见妪备审崖末，闻瞽妪泣且詈曰：「客尔何知，吾儿之惨死，不知其由；惜有司昏愦，不加详察，诬我贤妇，坐以大辟，伤哉冤也！」公佯问：「何谓也？」妪曰：「客固不知，老妇与彼，名虽姑妇，恩逾母女。终朝厮守，坐卧不离，何由有私？乃有司刑逼诬服。闻巡抚某公，公明仁恕，狱上，万一希冀或得平反。不谓亦一体瞉雾，诬正典刑，沉冤莫白。惜老妇残年向尽，又以自废，不能上叩九阍，一为申雪耳！」公又问：「十郎为谁？」妪曰：「彼乃老妇之犹子。吾儿出门时，以老妇及家政相托，少年诚谨，德反成仇。想业由前世，夫复何说！」公不胜叹息。

既诘得食鸡一事，便托腹肌，出钱命代市一鸡，倩人烹好，即置于向日子所具食之处，乃一葡萄架下。公留心默察，见热气上薰，少选，架上一丝下缒，直入碗中，非竭目力不见。公知有异，取一脔饲犬，犬毙。乃谓妪曰：「尔妇之冤，我能代申，尔姑待之可也。」妪不解所谓，但合手称谢而已。

公将熟鸡裹以旋署，檄邑令及承讯在事各官至，以实告之，众喏喏相视，若不深信。公随命呼一犬至，饲以鸡一脔，果立毙，众始服罪。命人往搜架上，得一蝎，长四寸许，盖所缒之丝即是物也。

公乃以实入告，自请议处，邑令以诬拟罪论抵，馀各议罚有差。又请以贤孝旌某氏妇，以义士旌十郎，各建坊以慰冤魂。妪着地方有司优恤，以终馀年。制曰：「可。」此狱幸赖中丞之贤，卒得暴白。向使幕宾因居停来问，一经诘驳，断不致令贤妇义士抱屈九泉。观其暮夜叩门索命一节，洵属快事。可不慎欤！可不慎欤！

里乘子曰：某氏子之狱，巡抚某公疑问幕宾，向使幕宾闻公之言，细意重究，未尝不可覆盆得雪；乃贪恋手谈，漫应了事，致使含冤地下者暮夜前来索命。彼鬼所责之语，句句中的，幕宾虽有百喙，不能置辩。鬼念其孝心，宽贷一月，得以归正首丘，诚为徼幸之至。窃惟吾儒读书读律，出膺民社，折狱一事，切不可自恃精明，稍事疏忽。先贤曾子有言：「如得其情，则哀矜而勿喜。」是得其情者尚当哀矜，况未必尽得其情者乎！《书》曰：「罪疑惟轻，功疑惟重。」又云：「与其杀不辜，宁释不经。」此数语与曾子之言，实可互相发明。凡司刑名者，皆当时存方寸，则子惠元元，造福无量矣！

媚芗

巢县富室某翁，五十无子，惟一女，名媚芗，美而慧。年十四，犹延师教之读书，诸子百家，过目辄了了。翁夫妇皆钟爱之，凡泉刀出纳，皆归经理。每晚读罢，纪纲仆鱼贯而入，屏息立左右，白事毕，先后呈簿请会计。女耳听目察，口咨手画，无毫厘差谬。众咸敬畏，不敢稍欺。翁尝曰：「古云：生女虽逊男，慰情良胜无。若我媚芗，正恐男子中亦未易多觏也。」

初，邻舍某秀才，有子曰恂生，长女一岁。髫龄即与女同学，齿相若，情亦极相亲；丰姿颖悟，亦甚相埒。见者皆叹为天然嘉耦，翁夫妇亦以为然，但以贫故，未之许也。

一日，师饭后来塾，见女被人杀死地上，大惊，急呼翁夫妇至。验之，女下体衣褫褪，私处伤痕狼藉，血流至踝，审是强奸迫杀。翁夫妇睹此情状，恸彻于心。疑必恂生所为，遂指名讼之官，并贿求必以恂生议抵而甘心焉。

邑令某公，健吏也。既受翁贿，又默自因事揣情，亦不甚径庭，遂将恂生严刑敲楚，迫勒具供，以逼奸致杀，加等坐抵；师以约束不严，失察酿祸，议流二千里。某秀才仅此一子，虽心知其冤，以家贫无力营救，况素性懦葸，但坐视其诬受大辟而已。

师故邑名诸生，流至闽省，士林中怜其非罪，又仰其文名，故多乐与之游。会尚书某公予告在籍，欲延名师，以课其公子，选阅多人，都不当意。或以师荐，尚书命取平日所为制艺读之，大为赞赏。聘币相延，极称契合。师适需理发，命呼整容匠至。甫入户，瞥见师，踉跄返走。师甚诧异，以其面熟，猝难省忆，以叩公子。云：『比来待诏，乃师乡人，不知何以见师返走。』师闻为乡人，顿觉省悟，乃瞿然曰：『是矣，陷我于此者，殆即此贼也！』

盖此匠本与富翁同里，幼即出入其家。彼日亦因将为师理发来塾，见唯媚芗在此作书，更无他人，不禁顿起淫心，强拉求欢。撑拒间恐女声喊，恰有一切书刀，遂按而刭之，怀刀而奔。又恐狱终及己，乃逃亡。转徙至闽，不图忽与师遇，深虑行踪败露，故心虚情怯，猝见师，急欲回避。师初固料不及此，今见其形迹可疑，因忆此狱初兴时，彼便无故亡去，安知非畏罪而遁？爰以情告尚书，拘送有司，果一械尽吐其实。

闽抚以师无罪，具文咨准开复。并将整容匠槛解回籍，讯质定罪。此狱已越六七年，某秀才正以恸子卧病，忽师归，述知此事，大喜，沉疴顿减。谋与师联名上控，务求昭雪。时前邑令已荐擢郡守，奉准公文，情知错误；又闻师与秀才将谋上控，恐不利于己。乃倩人关说，以重资啖二人，求罢控。初固不许，既念死者不能复生，又贪重资，遂不复控。惟将整容匠瘐死狱中。

里乘子曰：向闻此县令由翰林出膺民社，素号健吏，此狱以贿故，不肯详察，锻炼坐抵，致使无辜儒童含冤地下，可谓惨极。然天道之巧，其师议流，不于他处而在闽省，俾与真犯相遇，事越六七年，卒使覆盆得雪，诚属快事。惟师与某秀才，但贪重资，不肯联名上控，不然县令虽擢郡守，焉能逃罪哉！

清苑县某氏女

直隶清苑县，有兄弟伯仲析爨而居者。仲无行，遗产荡尽，赖伯友爱，时周济之。伯年逾五旬，仅一子，弱冠娶某氏女，逑好甚敦。会仲妻以急逋，诣伯求助。伯子暮从市中归，腹苦饥。某氏女方晚炊，伯子遽索蔬饭，食之，七窍血暴涌，逾时顿卒。

某氏女惶恐失措，奔告伯夫妇，相持恸哭，几不欲生。仲妻瞪目旁哭，厉声曰：『伯年半百，仅此一脉，今无辜暴死，某氏女不能辞其咎矣！若置不究，其如死者何？予夫妇忝期服亲，决不稍贷也！』归诉于仲，遂借伯夫妇共鸣之官，直控某氏女毒死亲夫。官使伍伯验之，确系服毒致死，乃严刑搒讯。某氏女荏弱，不能耐五木，遂诬服因奸起见，并指某甲为奸夫。某甲故中表亲，读书虽未成，而素行不苟。拘至，畏刑，亦直承不敢置辨。爰书已定，将付大辟矣。

适讷近堂制军移节总督直隶，虑囚至此案，疑其不实，欲平反之。明府某公者，健吏也，听讼为一时之冠。因公晋省谒制军，讷公告以此狱，命为平反。明府以案逾三年之久，业经多官研讯，又系大辟，不敢承鞫。讷公怒让之曰：『君久膺民社，素著循声，若不昭晰此案，是视人命如草菅。似此畏难规避，吾将以白简劾之，勿谓老夫无情也！」明府不得已，细核历年案牍，厚几盈尺。观其屡断屡翻，其中情词实有可疑，爰命拘集在案诸人，隔别细研。

见某氏女与某甲均辞气温和，不类杀人者，益信其冤。又讯伯夫妇，佥谓某氏女入门后，事舅姑甚孝，夫妇亦曾无诟谇，且未见某甲往来，是非有无，不敢臆断。讯至仲妻，则厉声哭骂，谓贱婢以奸斩伯氏之嗣，不付大辟，不足以服死者云云，词色悍暴，殊非良善。明府谛审久之，忽拍案叱谓仲妻曰：「下毒者非他人，即汝是也！汝毒犹子，奈何诬某氏女乎？」仲妻失色，极口叫屈。明府怒命严刑拷之，不肯遽服。

是方冬月，自日昳讯至漏三下，犹未吐实。夜半，忽阴风惨栗，屋瓦飞鸣，满堂灯烛幽绿如萤。众见一大蜈蚣，长二尺许，蜿蜒由户外也入仲妻裈中。群诧为异事，急命褫裈搜之，不得。明府知为冤鬼作祟，益命加刑。仲妻知不可掩，乃尽吐其实。

盖仲妻久欲吞伯产，每至伯家，必怀砒少许，伺隙投之。恰值某氏女晚炊，瞯其无人，遂潜下焉，固欲鸩伯一家。及伯子以饥先服毙命，遂乘机嫁祸某氏女，亦计之至得也。至此吐实，始共颂制军虑囚之神，且叹明府不愧为老吏断狱。或请于明府曰：「公何以知为仲妻也？」明府笑曰：「是不难，要在听讼者留心察言观色耳。彼姑舅且不敢臆断，而仲妻竟敢直声其罪，令人可疑；况其日适至伯家，更露破绽。姑试恐喝，不谓竟成信谳也。」爰以仲妻抵罪，又以某甲无辜株连，遂以某氏女妻之，并嗣为伯后。

里乘子曰：此狱据舅姑供称，某氏女入门后，事舅姑甚孝，夫妇亦曾无诟谇，且未见某甲往来，是非有无，不敢臆断，而讯及仲妻，则厉声哭骂，竟敢促付大辟。揣情察理，原有破绽可寻，惜粗心人不能细意领会。一经健吏听断，便难掩饰。「察言观色」四字，的是听讼要诀。吾愿为民父母者，凡遇折狱，皆当以明府某公为法；然非制军，则明府虽有才亦不肯用，尤愿为大府者，虑囚当以制军为法也。

杜有美

太原诸生杜坚，字子密。世席厚资，藏书甚富。壮年生一子，命名有美，字小甫。杜有妹，嫁同里诸生卢某，家亦小阜，有女名慧娟，与有美同月生。杜妻郑，与妹极相得，以故，妹时归宁，小儿女常易乳而哺，相爱各不啻己出。既齿日长，容貌都美，情亦日亲。

年已十三，俱未婚配。凡为有美执柯者，郑意在慧娟，悉却之。试商之妹，亦首肯，归以告卢。卢褰迂拘，以有内戚嫌，殊不以为可。妹让之曰：「腐儒，何太不脱头巾气！只许我杜家人嫁汝，不准汝卢家人嫁还我家耶？况我侄殊不恶，亦未必有玷汝女！我业已许之矣。生女当由母作主，勿预父事，汝休得过问！」卢大怒曰：「汝何太不通道理？古云：女子三从，在家从父，出嫁从夫，夫死从子。我一息尚在，不惟慧娟当从父命，即汝亦当从夫命。今我不肯缔婚，汝焉敢擅专耶！」夫妻反唇相稽，几至反目。

初，杜妹归宁，每携慧娟与俱。自议婚后，卢不许慧娟再往。有美偶来省视，亦不许慧娟相见，中表从此路人矣。有美与慧娟，一经睽隔，思慕綦殷。荏苒倏逾两年，情窦俱开，益难为情；而两地相思，只可自喻，各不能掬心相示。有美无可奈何，倩画师写《太真献镜图》，自题一诗云：

狡狯温郎绝世才，风流不厌自为媒。三生幸遇金闺彦，一笑亲陈玉镜台。

将画与诗，贿某媪密付慧娟求题，以察其意。慧娟正苦思有美，不知可否同心，见画与诗，喜感交并，爰拈笔端楷题一绝于轴末，以答其意。曰：

两地相思两不知，玉台一献当红丝。老奴伎俩何难料？请待良宵却扇时。

题毕，仍倩某媪携归有美。有美见诗狂喜，朝夕焚香披诵，如获异宝。由是两心遥遥相印，各以嫁娶自誓。惟苦不得遂，不觉恹恹俱病，医药罔效。杜夫妻与妹皆知两人致病之由，筹有以破卢之执。妹曰：「腐儒外固而内葸，非以计劫之不可。兄嫂可无虑，我自有以报命。」杜夫妻大喜拜谢，并求速为玉成，妹诺之。

卢固钟爱慧娟，见其病甚绵惙，实深愁郁。会杜妹归，卢问有美病状如何，妹怒答曰：「殆不起矣，何劳汝问！」卢叹曰：「我正虑慧儿疾革，不谓汝侄亦尔！」妹白眼相视，诋之曰：「一双好儿女，皆为汝杀却！夫复何说！」卢惊问：「何谓也？」妹唾其面曰：「老物尚梦梦耶！若自幼哺同乳，寝同席；比长，相亲相爱，此人情也。既知亲爱，则必欲偕伉俪，以图永好，此尤人情之常也。圣人制礼，尚缘人情，偏汝老物，拘执成见，竟不曲体人情耶？自汝拒婚后，若即俱病，病且日剧，殆皆不起。我实不忍仰息见若俱死，请先自到于君前，泉下当撮合若仍成嘉耦，以偿夙愿。老物又将奈何耶！」言毕，袖出匕首，长尺有咫，莹然如雪，掷置案头，铮铮有声。指谓卢曰：「我两人结缡廿载，请从此别！」

卢瞪视良久，曰：「卿且少安毋躁，容再商议。」曰：「我志已决，复何商议！」曰：「然则允若婚配，卿可不死否？」杜妹笑曰：「果尔，若疾当已，我又何必求死？」卢曰：「如卿所言。卿重母党，尝自誉其侄；我本俗人，不喜白衣女婿。必俟汝侄读书成名，方准亲迎，可乎？」杜妹笑曰：「有何不可？吾侄喜如所愿，必能刻志用功，又何患不成名耶？」卢曰：「若是，汝可归告兄嫂，速遣冰人来，当遵前命。」杜妹乃袖刀而藏。

翌日，归告兄嫂，大喜，遂委禽焉。两小闻之，疾俱若失。有美果下帷攻苦，岁试，补博士弟子员；越岁，食饩秋闱，一战捷于乡。杜妹闻报，喜曰：「若今可以亲迎矣。」卢犹欲待礼闱后再议，杜妹抵之曰：「汝始终不免固执！科名迟早难定，吾侄乡荐已属徼幸，人生能得几回徼幸？青春几何，何忍令其孤负耶！」卢不得已，准其亲迎。杜夫妻大喜，遂涓吉为两人毕姻。

同里有周生、韦生者，皆名诸生。以杜藏书多，皆袱被下榻其家，与有美同窗肄业，意气相得。周生是科亦登副车，情谊益洽。吉期当九月下旬，杪秋天气，已凉未寒。届期，周生窃语韦生曰：「有美与慧娟天生嘉耦，得谐琴瑟，煞费周折，当此良辰定情，不知若何欢洽。我两人当设法侦听，以快所闻。」韦曰：「唯唯，是不难，青庐上是藏书之楼，我与尔预伏楼上，大好侦听。」正窃议间，适有美在屏后闻之，点首匿笑，默筹预防之法。

先是，有美之乳母朱媪，有子曰阿笨，游惰无赖，酷嗜赌博，负辄盗杜家物，典鬻以偿赌逋。有美亲迎，铺张务极奢华。慧娟固卢爱女，妆奁亦颇壮观。杜素恶阿笨行止不端，患其盗物，戒阍者不许入门。阿笨果早萌胠箧之念；以杜家不许入门，心益衔之。是日，新娘下舆，观者如堵，阿笨在人丛中混上书楼，计俟人静，蹈隙行事。漏二下，宾客甫散。有美脱去冠服，将次就寝，蓦忆日间周生言，欲觇二人所为，以博一笑，乃蹑足轻步上楼。

于时，残月初升，阿笨正凭栏凝眺。有美窥之，以为必是周生，悄从背后出两手于面，反掩其目。阿笨固强有力，意有美特来恫己，既惊且恨。急回身，紧抱有美颈而扼其喉，须臾气绝，倒卧楼上。时慧娟坐帏中，方命伴媪出具汤沐更衣，见有美蹑足上楼，不知何意。俄闻楼上窸窣作响，心甚讶之。阿笨见有美已死，陡起恶念，欲犯慧娟。爰脱衣履塞藏书箱下，将有美短褐皞靴褫下自着之，大步下楼。知新娘在帏中，亟吹灭双烛入帏，遽抱慧娟求欢。慧娟念有美平日温存，何忽狂暴？况两人逑好不易，今幸觌面，无数款曲，合当絮诉，何将烛吹灭，得勿有所不慊耶？心殊不快。阿笨近身，遂极力撑拒。阿笨知难强合，急探手脱去慧娟两腕缠臂金，并摸索头上簪珥等物，慧娟益复骇异。适伴媪秉烛携沐汤进房，阿笨恐被人窥破形迹，急以袖掩面，夺门越墙而遁。伴媪不知谁何，大惊，急燃双烛，搴帏见慧娟披发汗喘，神魂不定。叩问所以，慧娟备诉顷间情状。方共诧愕，忽闻楼上欷歔有声，命伴媪烛之，则见有美赤身卧楼上，吁息不已。盖扼喉一时气绝，须臾气复流行，故得再生。然暴苏，身体绵软，猝难起立。伴媪另取衣履着之，缓缓扶掖下楼，偃卧绣榻，默不一语。慧娟情不能忍，急靦腆傍身，低问所苦。有美自指其喉，摇手令其勿语。慧娟莫喻其故，只得怏怏对镜，绾发添妆以待。

延至五鼓，有美甫能起坐出声。彼此各述所见，互相慨叹。有美以为素待周生不薄，何竟如此恶作剧？继念虽劫去钗珥等物，犹幸慧娟不为所欺，又复转怒为喜。然变出意外，气血究难骤舒，竟体疼痛，未免良宵虚度矣。

是夜客散，周生以中酒酣卧斋中，韦生以周生既醉，遂独自归家。及周生酒醒，见韦生已归，趁月色甚明，亦踉跄归家。将出大门，会司阍者起溺，见周生暮夜短衣着靴，仓皇径去，形迹可疑。诘旦，举室喧传昨夜之事，证以司阍所见，佥谓必周生无疑。

杜固长者，以慧娟幸不受辱，又不欲暴人之过，遍戒家人，秘勿播扬。不图卢某闻之，勃然大怒。特造杜，面数其讳盗之罪，且言周系名士，所行如此，是诚衣冠禽兽。似此浇风不整，转相效尤，何以为训！乃具状诉诸邑宰。

邑宰素与周相契，见状大骇。招周至署，以状示之。周阅之，骇汗满面，谓与韦生曾有此说，后各归家，实无此事：「小生虽不肖，亦断不肯逢场作戏，戕人之生，以图苟合者，尚祈明公察之。」邑宰亦信周决无此事，慰令暂归。爰使人风示卢某，为周辨诬，欲寝其事。乃卢固执莫解，谓确有左证，复何诬枉？如邑宰左袒周生，便当赴诉大府，以求水落石出。展转牵缠，两年有馀，未敢定谳。

亡何，邑宰任满迁去。新令某公，素号健吏，阅及此牍，反复细意寻绎。越日，集两造会审，公一一研讯，拈髯寻思久之，忽有悟。曰：「无论是否周生所为，杜家钗饰等物，固明明有人劫去，且据若曹言，有美赤身卧楼上，短褐帓靴被其人着去，其人自着衣履必脱藏楼上。搜得衣履，便可昭晰。」乃自率吏役，亲往楼上穷搜，果于书箱下索得破衣帓鞋袜数事，并腰橐内有信一函。阅之，固某某与阿笨招赌书也。公笑曰：「得之矣！」付两造观之，始各恍然。亟命拘阿笨来，一讯尽吐其实，周冤以白，遐迩颂神明焉。

里乘子曰：谚云好事多磨折，观此而益信其言不谬也。夫有美慧娟，天生嘉耦，其为婚配，宜也。不谓卢某固执拒婚，业许婚矣，又必俟成名方准亲迎。向使有美遇同梁灏，将奈之何？不遇如罗隐，又将奈之何？所幸一战而捷，公然准其亲迎矣。乃侦听之谋，胠箧之举，突而凑合，致使变生意外，虚度良宵。所谓好事多磨折者，竟如是乎？邑宰为周辨诬，第欲颟顸了事，愦愦可笑。一经健吏听断，是非立见。要之读律无异读书，苟能得间，自无不析之义，特患粗心人不肯反复细意寻绎耳。彼颂神明者，岂有异术哉？

守贞

中州某甲，少失怙恃。弱冠娶妻某氏，伉俪甚敦。甲有族叔在京贸易，因挟薄资往依之。颇有营获，十年始归。夫妻久别重逢，情倍亲切。晚间灭烛登床，甲纵体入怀，忽狂叫一声顿绝。某氏大惊，急起火而烛之，则见血流殷席，甲势已阉割不留馀蒂，竟不能再苏矣。某氏抱尸大哭，骇惧悲恸，莫测所以。

诘旦，亲党邻舍毕集，互相猜疑，以某氏帷薄素谨，何忽罹此惨变？乃共商议，不得不具状诉官。官咨诸幕友，谓必因奸谋杀无疑，官然其说。穷诘某氏，备受搒虐，卒不肯承。展转年馀，不能定谳，而某氏奄奄一息，寻将瘐死狱中矣。

勾越有商先生者，年逾七十，精申韩家言。老游中州，善断疑狱。官厚聘延至，与议此狱。商阅爰书，再四思忖，固疑某氏冤枉。爰招某氏至，审其举止温存，语言和婉，毫无凶悍之态，益疑之。乃屏去左右，谕令某氏毋羞毋恐，可将当日床笫情形，从直缕述，我当设法为汝雪冤。某氏见商皤然老者，温霁和蔼，知非轻薄者。闻言，感激垂涕，稽颡有声，历将当日床笫情形，一一从直缕述。

商拈髯谛听，忽然思得一法。谕令某氏归房，赤体偃卧，毋容覼觍；乃索猪肉少许，切作人势状，以铁钩贯其中，命接生某媪将肉塞入某氏阴道中，以觇其变。某媪如言试之，阴道中果有一物，力衔其肉，如鱼吞饵然。急拔出视之，其物长七寸许，竟体黄毛，四足修尾，酷类鼯鼪。始悟某甲变生意外，固是物作祟也。见者无不咋舌称异，佥曰：「非商先生高见，而某氏之冤终难暴白矣。」

或谓此物名守贞，亦名血鳖。孀妇暮年多有之。他如老处子、比丘尼亦间有之，大率多因旷怨郁结而成。然究不知出何书，当俟质之博雅者。

褪壳龟

扬州某甲，家颇小康。所蓄鸡鸭犬豕等物，无故多亡去，举家窃窃称怪，亦姑听之。忽有游方丐者过其门，默相其室，卒然问曰：「君家蓄物，颇多亡去不？」甲曰：「然。汝何由知之？」丐冷笑曰：「君祸不远矣。不亟亟预防之，人且难保，何况物乎？」甲骇问：「汝有术可解不？」丐曰：「此妖物作祟，不知伎俩何若，试可乃已。功成，当以钱十千缗犒我作沽酒资；不则勿怨也。」甲曰：「诺。」

丐命导其遍相宅中，至厨，见水瓮一具，瞪视良久，曰：「殆在是矣。」乃命市猪肉一方，煮半熟，以铁钩贯其中，绳系其端，缳柱上。将熟肉置水瓮畔，人遥从壁隙窥之。果见瓮下一物，闻肉香，探首出，张血口遽衔其肉。钩挂喉际，痛甚，急缩首欲遁，缘绳缳柱，猝不能脱。丐急出，将物缚住，令甲视之。状如守宫，长尺有半。

丐曰：「此褪壳龟也。厥名曰蜥。」因贺甲曰：「君幸遇我，此物化尚未久，易制；再过年馀，便能变化食人，即非人力所能制，君家将无噍类矣。」甲大惊。因忆家固蓄一大龟，亡去年馀，意即是物所化，试以叩丐。丐曰：「是也。」乃共觅其壳，果于猫窦得之。盖窦狭壳宽，龟偶入窦，如瓶触藩，猛力向前，遂褪壳化为此物。

丐谓：「此壳为化骨妙药，或去龋齿，或去痈疽腐骨，皆立效。可善藏之。」爰索利刃，将此物剁为肉泥，凡地上血迹划刮净尽，盛以瓦缶，坎埋深山之中。笑谓甲曰：「小人为君料理尽善，可以高枕无忧矣。」甲喜，款以酒饭，酬钱十千而去。

越岁，甲家客作暑天畏热，取门支床露宿。诘旦，竟体化为水，惟发独存。甲大惊，急诉于有司。验其形迹，茫无端绪，甲坐是系狱，而家业荡然矣。忽前丐又来，见甲家状甚萧条，怪问甲妻，妻告之故。丐自批其颊曰：「此小人之过也。」盖当日杀此物时，曾有点血溅门上，以不足为患，故未拭去，不谓竟波及客作。亟赴有司，为甲讼冤。试取鸡犬置门血迹处，俱化为水。官赏丐者，而出甲于狱。

里乘子曰：此扬州土人为予言之，凿凿可据。并谓其壳今尚存药肆中，惜未一见之也。褪壳龟厥名曰蜥，究不知所出何书。彼丐者不惟有术，且亦博雅，有司赏之，宜也。吾愧丐者矣！

某令

甘肃某令，精明干练，能伺长官喜怒。尝有剧盗多名，历久踩缉不得，檄某令往捕。乃与长官幕友谋，出资另购七人，申报塞责。长官听幕友言，遂将七人付诸大辟。

某令一日从外归，忽心如刀割，痛不可忍。俄顷，大叫一声而卒。某令素嗜饮茶，其鬼忽附妾身曰：『快烹好茶我饮。我近为七人所诉，受刑甚苦，尔曹速焚纸钱，以济我用，多多益善。』又嘱妻妾等应如何奉养老母，如何教育诸子，所遗官资应如何经营生活。一一处分毕，便以手拊胸叹曰：『我今日悔之晚矣！』众审其声音、言笑、举止，固宛然某令也。少选鬼去，妾苏，问之茫然。

后有扶鸾者降坛，系已故谢明府。谢固忠厚长者，沙书：『阴曹以我生前为人正直，命作此方土地。近为某令七人一案，日在城隍庙讯办，颇甚劳形。』人问：『公素与某令同寅，能赐袒护否？』曰：『阴律不比阳世，丝毫不敢徇情。不但某令，恐将来某幕友亦要到案对质也。』

此吾邑张德昭在甘肃所目见，为予言之，并云：『现某幕友已渐颓敝矣。』

里乘子曰：观某令之鬼以手拊胸叹曰：『我今日悔之晚矣！』嗟乎！千古权臣猾吏及一切小人，到撒手时，大都同不免有此一叹，惜乎当势焰炙手时，皆梦梦而不自觉耳。孽海茫茫，不早回头，虽悔何益？

孙明府

山右孙翘江明府，一字兰皋，以进士为直隶肃宁县令。元旦，各庙拈香回，道遇女鬼，从至署内，声言索命。且谓明府前世亦姓孙，宰肃宁，女为强暴所污，堂判和奸，致女羞忿投缳死。系某年月事，尚有旧牍可稽也。明府命吏稽旧牍，果有此案，官果姓孙。大骇，乃牒城隍，诘问：『既系前世冤，何以迟至今世甫报？』

越日，明府梦城隍传谕云：『汝前世甚孝，且居官甚好，再世故复以甲科来宰是邑，鬼何敢报？今汝政声顿杀，鬼得乘间而入，汝何尤焉？』明府知冤难解，不得已，向鬼乞怜。鬼不肯，再三哀之，鬼曰：『虽贷汝命，亦不容汝在此作宰！』明府无奈，乃上其事于大府。时沈阳琦侯为直隶总督，檄保定守熊公往询，鬼附明府身，历历诉冤。守复命，琦侯异之，为抗疏暴白其事，改孙校官回籍。

此道光十六年事。葛菊人、史仲皋皆能言之。

里乘子曰：后阅福建梁敬叔笔记亦载此，则旧案在乾隆五十一年。孙前世姓黄。保定守熊公名守谦，字虚谷。或曰河间守。

倪公春岩

倪公春岩廷谟，由进士出宰吾皖潜山县。廉明公正，四民爱戴，皆呼之曰『倪青天』。公尝于冬月有事至乡，忽有蝇成群飞缭舆前，左右挥之不去。意时方苦寒，哪得有此？得勿冤鬼作祟耶？因默祝如有冤屈，蝇当导我为之伸冤。祝毕，蝇果群飞前导，不里许，路过一山，旋风骤起，将群蝇卷入山中。公急命停舆，自徒行入山迹之。步上山凹，见一坟新筑，湿土未燥，群蝇栖集其上，心益惊异。

比呼亭长，问知为前村某甲新冢。问：『甲年几何？向作何生业？何疾而死？家中尚有何人？』亭长对谓：『甲年二十许，家颇小康，少失父母，并无兄弟，家止一妻，亦无子息，闻系病瘵而死。』又问：『甲妻年几何矣？』对曰：『小人不知，大约与甲齿相若耳。』公点首寻思，乃命舆径至甲家，直升其堂，召其妻出见问话。

甲妻某氏，闻公至，大惊，急毁妆斩齐出拜，伏地干泣。公见某氏态度妖荡，知非善类，乃厉声谓曰：『我至汝家非为别事，缘昨夜梦见汝夫，赤身喋血，跽我床前。诉称被汝所害，横遭惨死，哭求伸冤。汝知之乎？」某氏闻公言，急起趋入屏风后，与公抗辩，硬语抵牾。公见其暴悍，益信其必非良善。

即召其族长并左右邻至，一一研诘。所对大略与亭长相同，再四钩稽，茫无端绪。公心终不释，乃执意开墓启棺检验，以决其疑。佥谓关系甚重，倘检验无据，恐于公多有不利。公笑曰：「我以穷措大，徼幸弋获科第，忝膺民社。如遇冤狱，不为伸理，其何以为民父母乎？我意已决，如检验无据，甘心坐罪，虽粉身勿悔也。」

诘旦，乃率领族长，左右邻等，登山开墓启棺。甲尸以天寒，丝毫未曾腐坏。伍伯承公意旨，由首而足，由腹而背，细意检验，竟无微伤，惟骨瘦如柴，确系病瘵而死。公无奈何，只得仍命盖棺封墓。某氏大声诃曰：「公以莫须有之言，开人之墓，启人之棺，翻覆人之尸骨，死者何辜，遭此屠毒！既启棺而又欲盖之，既开墓而又欲封之，此非未亡人所敢从命也！」公笑谢曰：「汝言良是，吾已具文请命于大府，甘任其罪矣。死者无辜，而令其暴露，是益重吾之罪也。吾何忍焉！」卒命盖棺封墓而去。

公已具文上请，复自踵谒大府，面陈梗概。大府素重公之为人，此举殊怪公孟浪，例应登诸白简，难以袒救。公请展限三月，当密加访察，如真不得确耗，甘罪无悔。大府许之。

公旋任，路经城隍庙，式舆默祝，祈神示梦。夜果梦城隍神遣人赠万年青草一盆，惊寤，不解所谓。乃易服，貌为卜人，至乡访察。

日晡，见一渔人垂钓河滨，就而问路。渔人戏谓：『先生善卜，能卜小人今日钓得鱼若干，当作东道主。不则此处苦无逆旅，恐栖止无所也。』公信口戏答曰：『卜汝连得三鱼，计重五斤有馀。一尾烹以款客，两尾兑钱行沽。』果连得一鲤一鲂一鲫，鲜美可爱。渔人大喜，笑曰：『先生其神仙耶？何言之验也。寒舍不远，敢请税驾。』公笑从之。

不半里，至其家，茅屋数椽，一老妪当门而坐，笑问渔人：『归何早也？』渔人笑曰：『儿幸遇神仙，卜应连得三鱼，果然。』因将鲤付妪，请烹以待客。又笑谓公曰：『此老母也，幸尚强健。年八十有二矣，齿目俱幸无损，惟重听耳。』因请公少坐，自携两鱼，就邻翁兑秫酒一大瓶而归。老妪烹鱼已熟，渔人请公南向坐，老妪西向坐，自居主位北向坐。老妪不能饮酒，饭罢独自归卧。公与渔人酒量俱豪，荐鱼劝饮，意甚相得。

公问知渔人姓万，并问何以当此壮年，尚无妻室？渔人笑曰：『先生谓小人尚壮年耶？小人今年已六十有四矣。里党见小人生平不形老态，因共以「万年轻」呼之。自知命薄，不乐有家室，徒以有老母在，不然早已披发入山矣。』公闻『万年轻』三字，顿忆前梦，因笑以言餂之曰：『君何言之激也？我相汝大运将至，如娶妻，当连得二子，老福甚隆，慎毋自弃。』

时渔人酒已微醺，益复忘形。闻公言，急摇手曰：『天下最毒者莫如女子。娶妻一事，请勿再言。』公笑问何谓，渔人但摇首不语。公曰：『暮夜无人，汝有何意见，告我何害？』渔人叹曰：『先生长者，当不泄语。小人少酷嗜赌，负辄偶作穿窬，藉偿赌债。以惧罹法网，辍而改业。昨醉后，有友邀赌，大负，不得已，聊作冯妇。稔知前村某甲家颇小康，久病卧床，尚易为计。时夜漏三下，甲宅仆媪俱已睡熟，万籁寂然，予由屋一跃至地，见甲房灯尚未息，姑伏窗窥之。乃不窥则已，窥之真令人骇煞也！」公问：「如何？」渔人又摇首不语。

公曰：「言之矣，复何嗫嚅为也！」渔人复坚嘱曰：「先生必无泄语，乃敢毕其词。」公正色指天信誓：「必不泄语。」渔人乃谓：「小人伏窗潜窥，但听病者卧床呻吟，其妻侧坐床前，默默若有所思。忽起身挑灯燃烛，向床后招手，一男子轻步而出，两人附耳小语。其妻出绢一匹，登床将甲口缠闭。两人又将甲扛下缚伏行床，褫裈露尻。启奁出一小蛇，将蛇首纳入竹管，以竹管对尻，取香火炙蛇尾。蛇负痛由谷道窜入腹中，闻甲大喘一声，其气遂绝。两人相视而笑，复解甲缚，扛置床上。小人惨不忍睹，复一跃上屋，恨恨而返。至今思之，怒发犹为上指也。先生试思，娶妻如此，有何恩爱？岂非天下最毒者莫如女子耶！」

公曰：「甲如此惨死，其亲疏岂无一人肯为伸冤耶？」渔人叹曰：「甲虽惨死，身无微伤，何由伸冤？昨闻甲鬼托梦，求倪青天伸冤。倪公开墓启棺，检验无伤。将来不惟去官，并有馀罪，此真抱屈也！」公笑曰：「汝何不投官自首？当得重赏。」渔人摇手曰：「否否，倪青天最恶穿窬，如言不见信，不惟无赏，恐反受罚，不如安分缄口为妙。」公又笑曰：「我相汝晚福甚隆，即此未尝不是机缘，汝其图之。」渔人摇首不语。

诘旦，公与渔人作别。返署，急遣人拘万年轻至。公招至记室，渔人战兢伏地，不敢仰视。公拈髯笑曰：『汝第举首，尚识卜人否？』渔人仰视公，急叩首曰：『小人死罪，求公见恕。』公笑慰之曰：『我不汝罪，汝其毋恐。某甲之冤，汝肯为具控，不吝厚赏也。』渔人叩首答曰：『谨从尊命，谨从尊命！』乃具词控诉。

公立飞签拘某氏，并族长、左右邻至。令渔人与某氏对质，某氏犹强辩不已。公谓非再检验不可，比具文上达，并叙入万年轻之词。爰重率众登山，开墓启棺。时交仲春，甲尸已溃烂，脏腑毕见，肠中死蛇犹存。公令某氏观之，某氏犹不肯承。公怒甚，叱鞭其背，某氏娇不胜刑，乃吐其实。

初，某甲得疾，某氏有中表兄时来省视。甲疾日剧，某氏料不能起，遂与表兄有私，计甲死当据其产，永为夫妇。甲虽绵惙床蓐，一息猝难遽绝。适见丐者蓄有小蛇，二人有触于心，以百钱购得，而致甲命。死果无伤可验，智亦巧矣。

自是，甲冤既白，某氏凌迟处死，其中表兄亦立斩以殉。公又命族长择族中子侄，立为甲嗣，以延血食。遐迩闻之，无不称快。公感城隍示梦，刑牲致祭以酬之。又以此事非万年轻莫白，且嘉其孝，乃召母子至署，为万娶妻生子，给钱小作贸易，俾温饱以终身焉。

里乘子曰：公自筮仕吾皖，历宰剧邑，所断奇狱甚多，皖人至今犹津津乐道之。其最著者，莫如某甲之狱。好事者已谱入传奇，播之管弦矣。偶阅《蝶阶外史》，载黎襄勤公世序宰江西时，曾雪冤狱，与此相类。顾同一用蛇致命，此由谷道窜入腹中，彼由口窜入腹中，为小异耳。

张船山先生讯盗

遂宁张船山先生问陶，以翰林出守莱州，恃才傲上。上官以先生才望素著，皆优容之。会长白某公巡抚山东，先生来谒，公谓其无礼，心甚嗛之。语方伯曰：「莱州张守，书生结习未除。太守为一郡表率，渠能胜任耶？」方伯固与先生齐年契好，为之说曰：「张守虽系书生，闻尚不误民事。」时有剧盗桀骜狙诈，屡断屡翻，承讯官皆莫可如何。公冷笑谓方伯曰：「君谓张守不误民事，如某盗，渠能定谳，当即令其旋任；否则，予将登诸白简，莫怪老夫无情也。」方伯唯唯。

出语先生，问：「君能定此谳否？」先生笑曰：「有何不能。」方伯大喜。商诸廉访，即延先生至臬署讯盗。佥问：「先生计几日可以了结？」先生笑曰：「此细事耳，三日足矣。」又问：「需用何刑？」先生笑曰：「刑具俟用时再议。所最要者，金华极精干脯一大盘，绍兴佳酿一大瓮，藉此聊助舌锋，断不可少。」佥笑曰：「诺。」

翌辰，先生至臬署客厅，箕坐炕上。几置金华极精干脯一大盘，阶下置绍兴佳酿一大瓮，一僮扇炉暖酒，一僮执壶侍侧，一书吏在旁录供。呼盗跽膝前，先生左手把杯，右手翻阅案牍，而问盗曰：「汝郯城人耶？」盗对曰：「然。」「汝年几何矣？」曰：「三十有七矣。」「汝居乡乎？居城乎？」曰：「居城。」「汝有父母乎？」曰：「小人不幸，父母俱亡矣。」「汝有兄弟乎？」曰：「兄弟三人，小人其长也。」「汝有妻子乎？」曰：「小人有二子，长年十八，能猎兽矣；幼年十三，尚未能猎兽也。」「汝家何业也？」曰：「无所事事也。」斯时，方伯与廉访诸公俱在屏后窃听，以先生素工言语，必能摘奸发覆，不料所问皆琐琐细事，殊与原案无涉，佥相视匿笑。又恐不能了结，无以复某公之命，深以为虑。

越日，先生至臬署，又问盗曰：「汝郯城人耶？」盗对曰：「然。」「汝年几何矣？」曰：「小人三十有九，明年且四十矣。」「汝居乡乎？居城乎？」曰：「居乡。」「汝有父母乎？」曰：「小人父早亡，母已下堂矣。」「汝有兄弟乎？」曰：「兄弟三人，小人其次也。」「汝有妻子乎？」曰：「小人有一子一女，皆孩提也。」「汝家何业也？」曰：「薄田数亩，务农为业也。」诸公俱复窃听，以先生所问与昨无异，益复吃吃匿笑。

至第三日，先生至臬署，方伯与廉访问曰：「君言三日了结，今三日矣，果能了结耶？」先生笑曰：「下官向不打诳语。今日下午，当可了结，公等请无虑也。」因传谕皂隶人等，预备刑具，听候结案。

先生至客厅，依旧箕坐炕上，以干脯下酒，呼盗跽膝前。问曰：「汝郯城人耶？」盗对曰：「然。」「汝年几何矣？」曰：「去年四十，今又添一岁矣。」「汝居乡乎？居城乎？」曰：「时而居城，时而居乡也。」「汝有父母乎？」曰：「小人有母，年逾七十矣。」「汝有兄弟乎？」曰：「小人有两兄，皆亡故矣。」「汝有妻子乎？」曰：「小人有子，尚呱呱在抱也。」「汝家何业也？」曰：「无田可耕，或渔而或樵也。」诸公窃听，益复相视匿笑，谓先生所问，如老妪絮语，何能定谳？

至日晡后，先生乃命僮取巨觥来，连满饮三巨觥，命将酒脯撤去，传集皂隶，准备刑具听用。先生正色危坐而语盗曰：「今当问及正案矣。我观案牍，前承讯各官所谳一一属实，汝何屡断屡翻也？」盗叩首曰：「小人实系负冤，尚求矜察。」先生拍案叱曰：「汝休矣！人谓汝桀骜狙诈，实属不谬。我与汝絮语三日，皆家常琐事，汝三日所答，前后迥不相符，琐事尚如此反覆，况正案耶？汝果从直吐实，尚不愧为好汉，如再敢饰言强辩，我即将三日所答琐事，以证汝之反覆，虽严刑处死，亦不为过。汝须自忖，毋自讨苦吃也！」盗犹欲强辩，先生叱左右严为用刑，毙命勿论。盗急叩头乞命，情愿吐实，誓不再翻。先生大喜，立命画供，其案遂结。

方伯与廉访诸公在屏后闻之，叹服不置。比复命某公，公叹曰：「名下固无虚士，不谓张守有才如此。今而后不敢轻量天下士矣！」一时历下传为美谈云。

张静山观察折狱

滇南张公静山观察其仁，由进士为蜀中令。所至舆诵洋溢，计典屡膺上考。道光乙巳夏，以蓬州牧特擢新安太守。甫下车，有两姓争坟互控者，稽核旧牍，自嘉庆甲戌年兴讼，至是已三十馀年矣。公诧问书吏：「何迟久不能判断？」书吏对谓：「此案每新太守莅任，例来互控，缘两姓俱无契据，无从剖决，只合置之不理。」公叱曰：「天下岂有三十馀年不结之案！」立命传谕两姓，五日后登山验看，听候判断。

翌日，公沐浴斋戒，祈祷城隍，夜宿庙中，求神示梦。五日后，亲自登山讯断。两姓俱至，一姓系望族，其人纳资以郡丞候选，衣冠华美，容止甚都；一姓系老诸生，年已七十许，貌甚寒俭。公大声谕之曰：「汝两姓为祖兴讼，历久不懈，孝思可嘉。惟闻自经具控，彼此阻祭，为汝祖者，毋乃馁而实甚，汝心安乎？」两姓皆伏地稽颡，唯唯请罪。

公笑曰：「吾稽旧牍，见汝两姓名执一说，皆近情理，所恨两无契据耳。既思天下事，有一是必有一非，有一真必有一伪，非求神示梦，究不能决。昨特沐浴斋戒，祷宿城隍庙中，果见神传冢中人至，自称为某某之祖，被某某诬控，求我判断，我已许之矣。顾一经明白宣示，真伪既分，是非立决。此后，是其子孙方准登山展祭，非其子孙即不准过问。吾怜汝两姓皆系孝思，劳苦多年，孰真孰伪，孰是孰非，皆当别祖。过此以往，不能并至其垄矣。汝两人以为何如？」两人皆稽颡对曰：「谨从尊命。」

于是拈阄，老诸生居先，郡丞次之。老诸生乃勉整敝冠，次且走伏墓前，草草三叩首毕，起身干哭，颜色忸怩，口中喃喃，不解所谓。公笑谓郡丞曰：「渠已别墓，次当轮至汝矣。」郡丞闻言，涕泪泫然，乃侧身伏拜墓前，大声泣曰：「子孙为祖宗兴讼多年，不辞劳苦。今郡伯祷神得梦，一言判断，究不知真伪是非，可否不谬。倘所梦不实，为子孙者，此后不能与祭矣！兴念及此，能勿悲乎！」言毕，痛哭卧地，晕不能兴。斯时观者如堵，见之无不恻然太息。

公笑谓众曰：「观两人别墓情形，真伪是非，汝众人当其喻之，尚待吾明白宣示乎？」众人等罗拜对曰：「微公言，小人等皆喻之矣。」因共赞郡丞为真孝子，而不直老诸生。公命众扶郡丞起，拳拳奖慰。老诸生惶愧俯首，默无一语。

公谓老诸生：「汝别墓情形，众目共见，抚心自问，尚有何说？」老诸生汗流满面，自称知罪。公笑曰：「汝既知罪，吾亦不汝咎。但自今以后，凭众剖断，山归郡丞，毋得再讼，汝心甘乎？」老诸生唯唯听命，誓无反覆。公乃亲笔书判，令两姓画押。三十馀年难了葛藤，一旦斩绝，众口称快。

盖此山本郡丞祖墓，老诸生侦知其久失契据，意图骗占。初与郡丞之祖兴讼，至郡丞已历三世。历任太守皆意郡丞家为望族，未免欺老诸生式微，咸有矜怜左袒之心。而孰知腐儒叵测，以朴陋文其奸诈。向非公巧以神道设教，黑白何由昭晰耶？

是年秋，公举行郡试，延予襄校试卷。公固善饮，酒酣，尝为予述之，颇自得意。予叩公祈梦城隍，究竟果得梦兆否？公笑曰：「此姑妄言之耳。吾思两姓既无契据，只合令其别墓，以察其情形。果系真子孙，自有缠绵难舍之状；否则出于勉强，仓猝间难以掩著矣。大抵人即无良，于稠人广众之前，断未有甘心厚颜而真忍以他人之祖为祖者。天良未尽梏亡，只在此刻，人之所以异于禽兽也。吾悬揣此情，姑托言神梦以微察之，不谓果以此而竟决是非真伪也。」合座闻之，无不叹服。

予特笔而识之，凡留心折狱者，遇疑难事，亦可以此为法；而神而明之存乎其人，是又未可泥而不化也。

兰苕馆外史卷九

节录《土司婚礼记》

向阅昔人所纪滇黔瑶僮风俗，凡男女婚配，大都不外吹芦踏歌，插竹为标，先野合生子，而后成礼，以为陋习，殊不足取。顷阅江阴陈定九先生鼎所撰《滇黔土司婚礼记》，则甚堪艳羡。兹姑撷其大略云。

滇黔土司，其先本鸾氏，《左传》所载罗人，鸾人是也。楚灭宋、蔡、罗、鸾四国，俘其家室，放之南徼，遂成苗四家，各有后裔。冠、婚、丧、祭、衣食，一秉周礼，仍从周以建子之月为岁首。一秉周礼，仍从周以建子之月为岁首。后鸾氏伯仲佐武侯平蛮有功，兄王于滇东，去鸟为龙氏；弟王于滇南，加凡为凤氏，同受爵于蜀汉。今宅第仍王家规模，四家多为姻好。嫡长女为嫡，长妇必媵八人，犹古诸侯一娶九女遗意也。

定九先生十岁时，从季父宦滇中。逾年，季父殁，随其季庶母钱、并钱之兄伯可侨寓滇中，境甚窘。钱所存不上百金，交其兄伯可服贾，贩售建烟，藉得什一。伯可由是得与龙姓土司官交往。

定九幼慧，从季庶母受书，年十四通举业，兼攻诗古文词。会诏改八股为论策，滇人虽老生宿儒，多不知论策体裁。知陈孺子幼而能文，庞首皓发，皆愿执贽门下，岁可得脩脯数百金，用遂不乏。定九冒滇籍，十六岁举于乡。初名太夏，字禹鼎，因官瓯削藉，乃以一字行，而就军功。

初，伯可因贾识龙氏土官，遂罢贾而馆于其家。龙氏极爱才，以定九幼而能文，遂字以嫡长女。十七岁毕姻，嫁资足埒王侯。龙女少定九三岁，名继桓，字幼君，美而慧；幼通僰文，工僰书，兼工绘事。媵者八人，曰兰彷，曰甄姑，曰郑重，曰琬香，曰蕙雪，曰安节，曰蕊珠，曰琼钿，皆殊色。或养于同姓，或选于良家，或由于庶产。中国士大夫娶彼嫡长女，礼亦媵八人，以王臣加于诸侯也

龙土司以定九贫，为大治第，而后成礼。第凡十三层，极轮奂之美。中十层各五楹，有头门、仪门、大堂、二堂、三堂，皆平屋。其后即书楼、妆楼、藏楼、绣楼、护楼。层各有厢二楹。三堂后，左右各五层，皆楼，各三楹，厢各二楹。左右各分贮四媵，媵各侍女四人，老媪一人。器物多紫檀、花梨，最爱爇沉速、安息等香。

长官女有缠足者，民间多不然。而缠足极易，山有草曰『威灵仙』，煎其根，濯之数日，即纤如新月。女子尚短衣，长只齐腰；裙尚百折、或二百折，富者常穿五重，贫亦二三重。男亦然。其衷衣及裈，冬夏皆纻。处女夜卧，不脱不沐，临嫁方沐。嫁后，日一沐，沐毕必涂以苏合油，贫者以羊脂，故肤皆如凝脂。衷衣与裈相接，皆联金扣，扣以百数。裈口与罗袜接，亦密扣之。扣圆而

扁，贫家以铅锡为之。合卺定情始解，定情后，复着如故，生子始去。

亲迎之日，奏蛮乐，苗女数十辈衣绯，击诸葛铜鼓，盘旋环绕于庭中，歌声如莺啼芳树，笔难形状。以朱丝一缕系婿左臂，引丝入室；系女右臂，牵女出，以锦蒙头，傧相赞拜。如礼毕，傧相乃更锦衣舞蹈，击铜鼓，讴苗词，请新人登车，举家哭送，诸媵母亦拥女泣涕登车。

既至婿家，一媪着绯衣，持钥启舆门，引新妇臂上朱丝付新郎，牵妇下车；侍女扶诸媵出，共拥新妇入青庐；夫妇交拜，媵皆随新妇后行礼；席地坐饮交杯，诸媵亦雁行列坐。新郎新妇各一饮，挨递诸媵。饮毕，相者击铜鼓、歌喜词，撒红豆为祝多男。奏乐毕，相者引新郎安诸媵室，绯衣媪即阖房门，为新妇更衣履、进香汤，凡三沐焉。

相者引新郎从右安室，其俗尚右，故先右。侍者扶媵参新郎，郎坐受二拜，答二拜；老媪进媵者酒，手奉郎饮半，媵接跽饮毕，起鞠躬者四。侍女扶媵入帏。相者复引新郎安第二室，礼亦如之。左右八媵，次第安毕，相者引新郎还正室更衣。相者出，新妇出迎，鞠躬者四，新郎答以四揖，携手入帏。媵新沐毕，更衣，俱至帏中，亦鞠躬者四，新郎新妇答礼毕，告辞各归卧房。鸡鸣，诸媵栉沐，至新房递茶贺喜。候新妇妆毕，均随新郎新妇至姑寝门外递茶，姑受茶不接见，令婢辞焉，郎率妇及媵于寝门外再拜而退。

第六日，张乐设席后堂，郎与妇拜天地、祖先及灶，次拜姑，次女亲，次小姑；诸媵随妇后行礼。南向一席，坐新妇；东向八席，坐诸媵；西向四席，坐诸女亲；西北向一席，则姑与小姑主焉。姑递杯箸，妇跽辞，小姑代行礼毕，妇递姑杯箸，次女亲，次小姑。饮三爵，撤席更衣。再饮三爵，妇率诸媵下堂，拜讫，随姑入室，为姑进帏帐、衾枕、衣服、首饰，奉沃浣；候姑寝，乃率媵退。

自是，每鸡鸣必起栉沐，率诸媵至姑寝门，如未醒，即默候；既醒，则呼内侍女启门入，为姑着衣履，栉漱沐浣，进早膳讫，乃退。中午亦率媵奉饭。每日以一媵侍其役，旦暮为姑涤溺器、整衾枕，候寝然后退，日日如是。若有疾，则请假，俾诸媵奉事如前。

三月，请设三代祖先神主，夫妇率媵谒焉。肆筵设席，大堂会男，后堂会女。夫妇执贽遍拜长者，各受贻赠而成妇焉。每室除侍女外，另有室媪，一室均受约束。又总立一室老，室老者，宗人中年老嫠妇之有品德者也，聘请掌一家之事，皆听其指挥，不敢违命。其人能麤文，家中事事登簿，以报岳家；性极端严，妇及诸媵并侍女人等，稍不合则骂詈，轻则掴以掌，重则杖之，见之无不胆落。各媵女独处，卧则不许偃仰纵横，既覆以衾，外加绣袱，四角镇以铜兽，重或二三斤，若不令其转侧者；寝后即禁复起溲溺。帏外彻夜张灯，榻前每夕轮一婢伺值。室老时行潜察，一闻鼾声，即排闼入，捉其发而扑之。每二鼓即寝，鸡初鸣，室老即击铜版者七，各房室媪亦各击铜版以应之，促诸妇起。栉沐毕，俱集正室，为主妇治妆。妆毕，偕往候姑。凡有身者，立少不端，坐少不正，卧或偃仰纵横，及酣酒茹荤者，室老辄严诫之。

又妇凡为姑涤溺器、浣衣服、治裳履、整衾枕、进饮食，生子者连三日，生女者二日，未生者奉酒，又以为内家之人，敬我娇客耳，益不敢或犯。后见其同妇事姑，稍稍怪其为侍妾；又见其与不肯，闻之心益悚。方合卺后，安诸媵室，自以为皆送亲来之女，我有主道，礼当安其室。至诸媵

定九幼时，胆最弱怯。尝闻舅氏伯可言：龙凤四家在苗中风气颇正，亲子弟奸僮仆妇女，杀必也。

半载后，彼此渐通汉苗语言，定九私询妇，乃母向日垂涕顿足之故，妇一以告，果不出定九所揣句。初，陈母见龙媪与室老密语，不解所谓，心甚忧之。钱女以在苗中久，悉解其语，乃宽慰陈母曰：「毋忧也，无他事耳，我知之矣。」陈母叩之，又羞不能答，盖难于启口也。陈母忧疑益甚。

定九有表妹钱氏，名浩，字素瑜，少定九四岁，伯可女也。亦美而慧，工书能诗，尤善长短得已，密附母耳语数言，龙媪皤然大喜，起抚定九肩者再，欣然含笑而去。

嗟顿足而去。定九及其母均不解，惟纳闷吁叹而已。他日，又来密问女，见女不答，辄垂涕。女不年幼，尚未知与乃女定情也。又时时密问女，女辄醺然面赤，俯首不答；固问，固不答。龙媪辄咨或四五至。至则必熟视女眉目及婿眉目，时与室老作密语。定九不解所言何事，以意揣之，似以婿

其俗，岳父母极爱怜婿。龙媪故时至定九家，先是定九亲迎后，龙媪初月一至，后则月两三至

必勒其褫去下衣，当庭痛扑不肯。故举室媵婢，从无喧哗，其畏室老如三军之禀令大帅也。主人欲与诸媵坐，必其卧榻乃可；若于短足几等类，室老知之，必加挞责。媵或逢怒主人，室老亦一日，次第挨班，无或少紊，皆室老主之。虽主妇必身亲其役，不敢假手于人。有疾请假始免。至

妇同起居，若非卑贱之流，见婿辄侍立，不敢抗坐。夫妇彼此言语不通，无从问讯，竟不识其为何等人。盖诸媵半属宗人，半选良家，大都皆家臣之女。其齿以新娘居中，上而递长至四龄，下而递幼至四龄，是犹仿周制也。服饰器皿皆与主妇同，惟主妇多一金项环，耳钏则以金起花，他皆素金耳钏，此小异也。

一夕，龙媪携酒筵来，大张花烛，于下房盛设帏帐衾枕，令媵者兰彷严妆出拜陈母，次拜定九夫妇及室老诸人，后拜龙媪，各奉酒三爵毕，归下房。日昳，龙媪去，新妇携双烛，引定九寝下房。定九笑问：「何为？」妇曰：「寒门家法，凡女适人半载不孕，即令媵妾入值，期早生子。今妾空侍巾栉六阅月矣，兰姊长，当首入侍，家慈故特送花烛来耳。且男子结缡，敝乡风俗期一年举子，不则嗣续艰矣。家慈前所以皇皇者，为妾之不娠也。」

自是，间两日，兰必入值，鸡初鸣即去。《诗》所谓「戴星而往还」者非欤？两月，兰不孕，龙媪又如前携花烛酒肴来，送甄姑入值，一切如兰仪。月馀，大妇及两媵均有孕。孕者，室老即不令入值，且有厉禁。盖苗中婴儿，最忌出痘，百无一二生者。痘气又易沾染，即壮夫染之亦无不痘，痘无不死。常因一儿出痘，祸延一乡，竟绝噍类。惟一受孕，即禁与男子接，儿生即决不出痘。故大家皆设室老，专司其事；小户则其姑严察之。凡妇今夕受胎，翌晨眉间即有一缕红丝隐约现出。大家妇人每早必参见室老，室老一见即知，曰：「若有孕矣。」立为移榻独宿，夜必扃钥，室老日夜防闲，不少疏忽。至七月胎成，方敢解严，以关系非一人一家故也。

龙媪以三女皆孕，大悦，以次备花烛筵席，送媵者郑重、琬香、蕙雪、安节、蕊珠、琼钿六女入值乃已。八媵中惟琬香与妇面酷似，定九每误认为妇，辄拉手与语。琬香每诮让曰：『我非娘子，郎君幸尊重。』人皆怛以为笑。他日，妇故与定九戏，以环纳琬香项，令入寝室。定九方踞坐榻上，以为己也妇者，拉手与语。琬香翩若惊鸿，踉跄趋出，定九深讶之。少选妇入，项无环，则以为琬香也。急问娘子焉往，妇笑曰：『谁为娘子者？』辄与郎并坐于榻，定九又深讶之，以为媵向不敢与主人抗也。无何，琬香入，探环还纳妇项，顾而嗤曰：『还郎君娘子。』举室哄然大笑。大抵苗中山峰峦相同者多，故人之面目亦多相肖，不独妇与琬香为然也。惟惜龙女十七岁即罹产难而卒。

定九继娶者，即表妹钱洁也。初，洁与龙女最相亲爱，定九出游，洁即与龙女同起居。长枕大被，相拥而卧，不啻同怀姊妹。及龙女永诀时，告之父母，以服饰珍玩罄室与之，且曰：『愿二老视如己出，藉慰亲心，儿目亦瞑矣。』既殁，洁悲哀甚切。龙氏翁媪见待女真挚，爱喜而继为己女，以归定九，奁赠较倍于亲女。洁以媵中名蕊珠者，色尤艳丽，乃自教之书画，并谙九章算法，能推日月蚀，丝毫不爽。未几，定九北上，会吴藩叛滇，阻兵不能遽归。洁以忧思抑郁，寻卒。不逾年，蕊珠亦卒。

定九所记甚长，予撷其十之四五如此。

里乘子曰：往予观丛书所载，才人遇合之隆，或托之神仙，或托之龙宫，甚或托之鬼怪梦寐，大抵不过《庄》、《列》寓言，未必实有其事，所谓子虚乌有，姑存其说可也。今阅定九先生所记，虽出苗中，其妆奁富厚，礼节雍容，服食起居之安适，求之世家巨室，亦不可多得。况龙女与八媵，和悦不妒，闺中善戏谑兮，诚如张京兆所云「殆有甚于画眉者」。而继配又得钱女，遇合亦不可谓不隆，人生如此，南面不易也！惜定九不达，轻离远别，卒使冰弦再断，美簟同凋。岂艳福太稠，书生命薄，不足以消受耶？

撷录《海上纪略》

曩在都中，见达君经圃所刊郁君沧浪《裨海纪游》一书，系于役台湾，按日笔记。后附《海上纪略》数则，所志异闻异见，并滨海各国人情风俗甚详，意者亦有心人也，爰撷录以公同好。郁君名永河，武林人，官闽省牧令。达君名纶，襄平人，仕隐未详。

海吼

海吼，俗呼海叫。小吼如击花腔鼓，点点作撒豆声，乍远乍近，若断若连，临流听之，有成连鼓琴之致。大吼如万马奔腾，钲鼓响震，三峡崩流，万鼎共沸，惟钱塘八月怒潮差可彷佛，触耳骇愕。余常濡足海岸，俯瞰溟渤，而静渌渊渟，曾无波澜，不知声之何从出。然远海云气已渐兴，而风雨不旋踵至矣。海上人习闻不怪，曰是「雨征」也。若冬月吼，常不雨，多主风。

天妃神

海神，惟马祖最灵，即古天妃神也。凡海舶危难，有祷必应，多有目睹神兵维持、或神亲至救援者，灵异之迹，不可枚举。洋中风雨晦暝，夜黑如墨，每于樯端现神灯示祐。又有船中忽出爝火如灯光、升樯而灭者，舟师谓是马祖火，去必遭覆败，无不奇验。船中例设马祖棍，凡值大鱼水怪欲近船，则以马祖棍连击船舷，即遁去。

相传神为莆邑湄州东螺村林氏女，自童时已具神异。常于梦中飞越海上，拯人于溺，至长不嫁。没后屡昭灵显，人为立庙祀之。自前代已加封号。康熙二十三年六月，王师攻克澎湖，靖海侯施琅屯兵天妃澳，入庙拜谒。见神衣半身沾湿，自对敌时，恍见神兵导引，始悟战胜，实邀神助。又澳中水泉，仅供居民数百人饮，是日驻师数万，方以无水为忧，而甘泉沸涌，汲之不竭。表上其异，奉诏加封「天后」。

至今湄州林氏宗族妇人将赴田者，辄以其儿置庙中，曰：「姑好看儿。」遂去。去，常终日儿不啼不饥，亦不出阈。至暮妇归，各认己子携去。神犹亲其宗人之子云。

木龙

凡海舶中，必有一蛇，名曰「木龙」，自船成日即有之。平时曾不可见，亦不知所处。若有木龙去，则舟必败。

水仙王

水仙王者，洋中之神，莫详姓氏，或曰帝禹、伍相、三闾大夫，不一其说。帝禹平成水土，功在万世；伍相浮鸱夷；屈子怀石自沉，宜为水神，灵爽不泯。划水仙者，洋中危急，不得近岸之所为也。海舶在大洋中，不啻太虚一尘，渺无涯际，惟藉樯舵坚实，绳碇完固，庶几乘波御风，乃有依赖。每遇飓风忽至，骇浪如山，柁折樯倾，绳断底裂，技力不得施，智巧无所用。斯时惟有叩天求神，角崩稽首，以祈默宥而已。爰有水仙拯救之异。

余于台郡遣二舶赴鸡笼淡水，大风折舵，舶腹中裂。王君云森居舟中，自分必死，舟师告曰：「惟有划水仙可免。」遂披发与舟人共蹲舷间，以空手作拨棹势，而众口假为钲鼓声，如五日竞渡状。顷刻抵岸，众喜幸生，水仙之力也。余初不信，曰：『偶然耳，岂有徒手虚棹，而能抗海浪、逆飓风者乎？』顾君敷公曰：『有是哉！曩居台湾仕伪郑，从澎湖归，中流舟裂，业已半沉。众谋共划水仙，舟复浮出，直入鹿耳门，有红毛覆舟在焉，竟庋舟底。久之，有小舟来救，众已获拯，此舟乃沉，抑若有人暗中持之者，宁非鬼神之力乎？』迨八月初六日，有陈君一船自省中来，半渡遭风，舟底已裂，水入艎中，鹢首欲俯，而柁又中折。辗转巨浪中，死亡之势，不可顷刻待。有言划水仙者，徒手一拨，沉者忽浮，破浪穿风，疾飞如矢。顷刻抵南崁之白沙墩，众皆登岸，得饭一盂，稽颡沙岸，神未尝不歆也。陈君谓当时虽十帆并张，不足喻其疾。鬼神之灵，亦奇已哉！

糠洋　蕇洋

糠洋，水面积糠粃半尺，香。蕇洋，水面有物，形如蕇，亦积半尺许，皆水沫所成。风涛鼓荡，不淆不徙。自浙中往日本者必过之。

大昆仑

林道乾，明季海寇，啸聚在郑芝龙、刘香老前。图据闽粤，不遂。又遍历琉球、吕宋、暹罗、东京、交趾诸国，无隙可乘，因过大昆仑，山名，在东京正南三千里，与暹罗海港相近。见其风景特异，欲留居之。其山最高且广，四面平壤沃土，五谷俱备，不种自生；中国果木无不有，百卉烂漫，四时皆春。但苦空山无人。道乾率舟师登山结茅，自谓海外扶馀，足以据土立国。奈龙出无时，风雨倏至，屋宇人民多为摄去，海舟又倾荡不可泊。意其下必蛟龙窟宅，不可居，始弃去。复之大年，国名，在暹罗西南。攻得之，今大年王是其裔也。台湾有老人经随道乾至大昆仑者，尚得详言之。前郑成功以台湾小隘，有卜居大昆仑之志，咨访水程、风景甚悉，会病亡，不果行。

琉球

琉球国，在闽省正东。去中国最近，然最小弱，又最贫。商舶从无贸易琉球者，以其贫且陋也。其王于诸国悉朝贡，为通货贸易计。诸国鄙其贫弱，不萌侵夺之念，彼反得以贫弱自安。其于中国，率三岁一贡，所贡硫黄、皮纸而已。其所携财货，惟螺与蚌壳。螺可为觱篥吹，即城头晓角是；蚌壳断之，可以镶带。外此，则有纸扇、烟筒，其制陋劣，佣儿所不顾。忆吾乡俗语，谓厌憎之物，辄曰「流齿货」，陋劣不自今日始，古语已云然矣。

里乘子曰：唐末五代时，各国纷争，惟高氏窃据一隅，所向称臣，人呼为高赖子，获利甚溥。琉球朝贡诸国，殆亦袭其故智欤！孟子谓：「仁者乐天，以大事小。智者畏天，以小事大。乐天者保天下，畏天者保其国。」彼琉球者，亦可谓善于保国者矣。

日本

日本，即古倭夷，于海外为莫强之国。恃强不通朝贡，且目中华为小邦，彼则坐受诸国朝贡，夜郎自大，由来久矣。其国事一听将军主之，国君如赘疣，垂拱而已。故其国中构兵，惟将军是争，曾无有放弑其主者。以国柄非所操篡，弑无益，虚被恶名，用是得长守其国。余谓琉球贫弱，日本不闻国政，其开创之主，殆深得黄老之学者乎？

又治尚酷刑，小过辄死。死有三等：其一灌水，水满腹，则遍挞其身，令水散入肢体，又灌之。如此者三，如枵然大瓠，膨胀而死。其二悬肠，割人肛系巨竹梢，一纵而竹梢上腾，肢体倒悬，大肠尽出。甚者为活烧，以罪人锁系杙上，围绕干柴，四面举火，其人辗转良久而死。又进于此为倒悬，殊不即死，三数日后，头胀如斗，五脏从口中出。皆非刑，较地狱罗鬼之惨尤甚。故其民皆畏法，有道不拾遗风。

其先，大西洋人觊觎其国，以天主教之言惑之，事露，悉被夷戮。今商船至彼，必问有无天主教人，又铸天主像，令人足践而登。若误携一人往，则以其船牵置岸上，尽纳舟人于艎底焚之，自此西洋人无复敢至日本者。

其与诸国通贸易处曰长畸岛，男女肉色最白。中国人至彼，暴露风日中，犹能转黑为白。虽使桓宣武、黑王相公往，亦当改观。妇人妍美，白皙如玉人，中国人多流连不归者。今长畸有大唐街，皆中国人所居也。

里乘子曰：相传秦始皇使徐福浮海求仙，徐至日本，即自立国，以所携童男女三千人相为妃匹，滋生蕃衍。今其国王，仍徐苗裔。当秦焚书，惟徐所携至日本者独能幸免，故十三经完书皆在日本。向其国厉禁，不许将书盗卖出国。近闻其国已惑入天主教，遂目十三经为妖书，下令尽付诸火，凡臣民等，如敢私藏不火者，杀毋赦。丧心病狂，何其烈也！

夫中华之所以为大国者，自有天地以来，所行皆五帝、三王、周公、孔子之道。天不变，道亦不变。此中华之所以为中，所以为大也。乃日本夜郎自大，竟敢目中华为小邦，井蛙不知有天，殊属可笑。况十三经为五帝、三王、周公、孔子载道之书，自遭秦燔，远遗外域，已为不幸。果使彼国之人能始终宝重护惜，犹不幸中之幸；兹忽天夺其魄，尤效祖龙，绝灭遗编，务趋邪说，良可浩叹！然吾谓此或传闻之过，彼国崇正黜邪，素严号令，何忍一旦改辙耶？

红　夷

红毛，即荷兰国，又曰红夷，一名波斯胡，亦在西海外，实大西洋附庸也。性贪狡，能识宝气，善货殖，重利轻生，贸易无远不至。其船最大，用板两层，斫而不削，制极坚厚；中国人目为夹板船，其实圆木为之，非板也。又多巧思，为帆如蛛网盘旋，八面受风，无往不顺。较之中国帆樯，不遇顺风，则左右戗折，（戗读锵，去声。因逆风从对面来，故作斜行，左右拗折，以趁风力之谓也。）攲侧倾险，迂回不前之艰，不翅天壤。

其在大洋中，恃船大帆巧，常行劫盗。使数人坐樯巅，架千里镜四面审视，商舶虽在百里外，望见，即转柁逐之，无得脱者。常至日本贸易，日本倭知其为盗，必使中国商舶先归，计程已远，然后遣之。余友顾君敷公，能悉其理。谓彼帆虽巧，然巧于逆风，反拙于乘顺。凡物之巧者，不能兼擅，理固然也。若与中国舟航并驰顺风中，彼反后矣。故遇红毛追袭，即当转柁，随风顺行，可以脱祸；若仍行戗风，鲜不败者。况彼船大如山，小舟既畏其压，与战又仰攻不便，安能与抗？

彼既恃所长，于诸国舟航，一切易视。常屡侵交趾，交趾人创为小舟，名曰「轧」（音乞），船长仅三丈，舷出水面一尺，两头尖锐，仿佛端阳竞渡龙舟，以二十四人操楫，飞行水面；欲退则反其棹，变尾为首，进退惟意，俨然游龙。船中首尾各架红衣巨炮，附水施放，攻其船底，底破即沉。虽有技巧，无所施设，于是大败。至今红毛船过广南，见轧船出，即胆落而去。中国东南半壁皆大海，不无侵扰之虞，轧船之制，亦所宜讲。

往时，郑成功取台湾，与红毛陆战。彼所长惟火器，机发即燃，不劳点焠，尺寸小物，力侔巨炮。外此，则攻战之理皆谬。又足蹑高底，不便疾行，多被杀伤，卧不能起。将卒前取其首，辄为鸟炮所中，皆不敢近。复视其尸，盖两胫间皆缚小炮，以膝对人，其炮自发。犹以伤残之躯计毁人命，可谓至死不僵者矣。又凡所居处，下必藏火药，事急辄发其机，屋与人皆为飞灰，志不受戮辱。舟底亦然，急则自毁，帆樯之巧，终不示人，故诸国罕闻效其制者。

有红毛船遭风，误过半线洋，遇浅船胶。彼知无复去之理，乃以布帆围蔽其舟，即于舟中另造小船，三日而成。郑氏视为釜鱼，方集战舰攻之，彼悉登小船，扬帆而去。良久，机发，大船自毁，人服其机警。又舟中百物俱备，造作小船需用物料，不假外求，叹不可及。

里乘子曰：予曩游镇海，见海舶之大者，其高如山。若以轧船环而攻之，彼虽高大，必不能逞。方今寰海镜清，梯航靖谧，固无论矣；然未雨绸缪，《诗》有明训。鄙意海疆各要隘，不妨多制轧船。无事以之巡哨，有事即以之制敌。则灵利安稳，较之寻常炮船，似有过之而无不及也。

西洋国

西洋国在西海外，去中国极远。其人拗目隆准，状类红毛。然最多心计，又具坚忍之志。析理务极精微，推测象纬历数，下迨器用小物，莫不尽其奇奥。用心之深，将夺造化之秘，欲后天地而不朽。苟有所为，则静坐默想，父死不遂，子孙继之，一世不成，十世为之。既穷其妙，必使国人共习而守之，务为人所难为。

其先世多有慧人，入中国窃得六书之学。又有利马窦者，能过目成诵，终身不忘。明季来中国，三年遍交海内文士，于中国书无所不读；多市典籍归，教其国人悉通文义。创为《七克》等书，所言虽教悌慈让，其实似是而非；又杂载彼国事实，以济其天主教之邪说，诱人入其教中。中国人士被惑，多皈其教者。凡各省郡、县、卫、所，皆有天主堂，扃闭甚密，外人曾不得窥见所有。不耕不织，所用自饶，皆以诱人入教为务，谓之『化人』。

彼国多产白金。自明时已窃处粤之香山澳，虽纳贡赋，而丑类实据我边陲矣。又岁运白金巨万至香山澳，转送各省郡邑天主堂，资其所用。京师天主堂，屋宇宏丽，垣墙周复。又制为风琴、自鸣钟、刻漏、浑天仪诸器，皆神镂鬼斧，巧夺天工，为费不可量。穷年积岁，制造不辍，不藉中国一钱。

余谓红毛密迩西洋，自是同类，英圭黎、咬嚁巴皆西海小国，宜为并兼，不足深怪。独怪吕宋在东海外，远过中国万里，亦为所踞，此其心宁有厌足乎！闽人多有逐利吕宋者，谓红毛政令，一如西洋之法。分吕宋地为二十四郡，有西洋化人共操其柄。禁民不得昼作，必使昼寝夜兴。又寝室不容闭门，夫妇共寝榻上，逻者时时绕榻前侦视。有女及笄，父母不得主婚配，必候巴黎按选。称僧曰巴黎。其稍有姿者，率为巴黎所留。色衰放归，始令择配。父母死，人子不得殓埋，巴黎假度亡之说，舁置万人坑中。积久坑溢，扬灰弃之。民人有资，岁与中分，四岁之后，十不存一矣。其禁昼作者，防民之叛也。岁中分其资者，务贫其民，使不得为所欲为也。死者不令瘗埋，恐山川毓灵，欲无复生英杰与争国也。用意设想，皆在人情之外。夫秦皇焚书坑儒，禁偶语，徙豪杰，以弱天下之民，欲令子孙自一世、二世以至万世，长有天下，虽同此心，未至若是酷。假令此辈得志，其祸尚忍言哉！

人情莫不恋故乡而安本俗，若弃父母、捐家室，而反为利己者，已非人情矣！计中国郡、邑、卫、所，天主堂何止二千馀百区，而居堂中丑类不下三四万人，皆捐其父母妻子远来，必有所为矣！为名乎？为利乎？为游中华之名山大川、观中华之礼乐政教乎？其国君岁驱其民于中国，又岁捐金钱巨万资给之，曾无厌倦，果为朝会纳贡来乎？抑岁岁饥馑，移民以就食于中国乎？既无一于此，殆复何求？其有大欲存焉，不待智者然后知也！而堂堂天朝，曾无一人能破其奸，已为丑类齿冷。脱有不信余言者，试问日本何以禁绝丑类，不令蹈其境乎？今而后，尚有从其教而褒扬之者，请以巴黎选女之事告之。

里乘子曰：昔客宁波，有客告予言，凡入天主教者，至天主堂拜其酋长，给银三十两。比授红丸，趣吞之，自后，心日昏迷，久之，遂视祖孙父子皆为平等。除天主外，凡天地神祇祖先，一概不祀。天理人道，绝灭殆尽。

有诸生某甲，素恶此教。以贫难自存，欲骗其银，又虑其丸作祟，商之妻，使预浓煎下药以待。既拜其酋长，吞丸携银归，急索药服之，果将丸泄出。爰取刀斧劈之，不能开，怒甚，投诸炉火，亦竟不灰。方惊诧间，忽闻剥啄声，启户视之，乃其酋长使人来，责甲悖教，并索取银、丸，词色甚厉。甲强与辨，其人笑曰：『君休饶舌，顷丸神已归，诉汝投诸炉火。可速取还，免罹后患也。』甲无如何，遂并归之。初，甲颇能文，自后忽忽若失，文思顿踬矣。

又言凡入天主教者，其家人有病，必报知酋长为之医治。如不能起，当濒危时，酋长先入其房，闭门密幕窗棂，为之诵咒，度其生天。俟气绝乃开门，令所亲入房举哀殡殓。有某一家，素奉天主教甚虔。其母病革，酋长如例为之闭门诵咒。有戚某，不信其说，以房故有楼，悄伏其上，钻隙下窥。见酋长扶病者坐床上，以被靠其后，怀取一物塞其口；又出一针，长三寸许，刺其两目，血涔涔出；又取一小铜圆盒承其血；复袒其胸，以针刺其心，血又涔涔出，又取一小铜方盒承之。既拭去血迹，出膏药贴其两目并当胸小孔，口中喃喃诵咒，不知云何。乃开门大声呼曰：『病者已生天矣！』举家罗拜伏地称谢讫，然后入房举哀。戚某自上窥之最确。后以语人，闻者无不匿笑。然则由前而论，吞丸之作法甚诡；由后而论，取血之居心更毒。彼给银三十两者，固为欲买两盒血计耳。吾窃怪匹夫匹妇纷纷入教，一身受其害而不知，一家受其害而亦不知，趋之若狂，执迷不悟，不亦重可悲哉！

宇内形势

天宇外涵，大地虚悬于中，古以卵为喻，似近之矣。海水附隶于地，而包山川原隰者，又海也。其中四夷八荒，各占一区，如盆盎中贮水石然。驺衍论天地之大，如中国赤县神州，禹之所序者，才八十一分之一。外此尚有九州，凡一州，各有裨海环之，人民禽兽，莫能相通，如此者九。又有大瀛，海环其外。语近不经。夫吾人所居所谓中华大国者，以四天之下，惟中华恰居天地之中耳。不知天地之体既皆圆矣，人处宇内，头戴天而足履地，何莫非中？若必求天地之中，则惟北极天枢之下，此处如轮之毂，如磨之脐，如人身之心，庶几足以当之。然天枢之下，实在朔漠以北，去禹迹甚远。中国一区，道里虽广，若以天枢揆之，其实偏在东南，而东南半壁，又皆海也。

自辽阳为中国东北极际，缘海而南为天津；次山东之登、莱、青三郡，有沙门等五岛，与辽阳、朝鲜相望，一帆可即；次胶州；次江北安东县，黄河之水，由此入海；次狼山，扬子出焉；次崇明、上海，为吴淞、三泖、震泽诸水所归；次浙西之柘浦、海盐；次钱塘；次宁波府，有舟山，广八百里，今为定海县，又有普陀岩，观世音之香刹在焉；次台、温；次沙城，为浙、闽之交，过此为福宁州；次闽安镇，是闽省门户；次兴、泉、漳三郡，泉、漳间有金、厦门二山，各广数百里，商舶通外洋诸国者，悉由厦门出入，漳与粤邻，漳之南曰南澳，属粤潮郡；次惠州；次香山澳；次高、雷、廉；渡海港为琼，琼之南为崖、为岗，皆粤东地。

自辽阳至此，中国东面已尽，琼、崖之间，实为东南隅。缘海转西，则为中国之南面矣。尽粤东地而西为粤西，更西为贵州省，又更西为云南省，云南者，中国西南隅也。然云南尽处，不尽于海而尽于山，崇山复嶂，倮倮苗夷所居。又有缅甸国，皆瘴疠害人，人不能入。而海港亦仅止于粤西之某郡，未尝达云南也。

自琼、崖间渡海港而南，水程七更，抵东京，国名，本交趾也。明时黎氏为外家所据，遂另为一国。东京又渡海港，十二更抵安南，即古交趾国。东京、安南两海港，自港口横渡虽甚广，渐西渐隘，而海亦止，盖海之支汊也。故东京、交趾山川，实与贵州、云南连属不断。汉伏波将军征交趾，立铜柱，不以海为限，而以分茅岭为限，则接壤可知。交趾之南曰柬浦寨，曰暹罗，曰六昆，曰大年，曰柔佛，曰麻六甲，凡六国，皆与中国连。中国以其鄙远，弃而不收。麻六甲为西面尽处，惟北连中国，馀三面皆海。

凡海舶由厦门直指南，离至东京水程七十更，安南七十二更，暹罗一百八十更；渐偏而西，历六昆、大年，又转北过柔佛，始抵麻六甲，水程二百更。至此，约已转出云南、缅甸后矣。虽曰海道，皆依山而行，实未尝渡海也。自麻六甲斜指西北，四十更为咬嚁叭，音葛腊八。始渡西海。咬嚁叭西北为哑齐。产黄金。凿石取之，其形正方，不假熔炼。其主无嗣，以女继统，今犹是女主。哑齐之外，中国舟航不能往。相传尚有英圭黎，音英鸡立，产哆罗呢、毕吱、西洋布、嘉纹席、玻璃器皿，与咬嚁叭等，而皆优于咬嚁叭。

荷兰即红毛、大西洋等国，皆在西海外，其山最大又最远。自咬嚁叭绵亘而南，为万丹；又极南万里，为马神。皆产胡椒、苏木、沉速、珈楠诸香。自马神转东迤北，为文莱一无所产，极贫极陋。为苏禄产大珠，有重三五钱者，然少光泽，中国人名为浅水珠。为吕蒙山，至此，又在中国极东海外万里矣。又转北为文武楼山，以迄吕宋。

海船欲至马神者，仍行安南水道，即至咬嚁叭，依山而南，过万丹，达马神，水程四百六十更。非故迂其途也，以南海水道未谙，不敢渡耳。往吕宋者，由厦门渡澎湖，循台湾、南沙、马矶，斜指东南巽方，经谢昆尾山、大小覆釜山，绕出东北，计水程七十二更。往苏禄者，从覆釜直指正南，水程一百四十更。计自咬嚁叭，从西北海中至极南，又转极东，再回东北，迄于吕宋，连山不断，蜿蜒数万里，较中国辽阳至云南海道，远过倍蓰。惜其割裂分据，不能统一；而城郭人民又无几也。

日本者，古倭夷国，在中国正东。自其南言之，去中国甚远，由宁波渡海，水程三十五更。北接朝鲜，朝鲜与辽阳密迩，既渡鸭绿，便可驰驿而往，与中国在断续间，虽谓之连属亦可。台湾蕞尔拳石，南北三千里，东西三百里，去厦门水程十一更，中间又有澎湖为泊宿地。所处在东南五达之海，东西南北，惟意之适，实海上诸国必争之地也。

以上诸国，皆有商舶往来贸易，其山川道里、风景、人物、土产，皆得悉知之。惟荷兰、大西洋远在西海外，相传有黑洋，昼夜如墨，人不能往，商舶不过，至咬嚁叭而止。咬嚁叭本非荷兰，特为红毛所占，设官守土，不知者目为红毛，英圭黎亦然。荷兰人鸷悍狡狯，大西洋又甚焉。近岁吕宋亦为红毛所据，分土番为二十四郡，红毛与西洋人杂治之。故荷兰者，大西洋之附庸也。琉球在东海，日本之南，吕宋之北，去中国不远，以其贫甚，故商贾蹙额视之，相戒不往。

以余所知诸国绘为图，俾览者知其形势，以验盆中水石之喻而已。若夫驺子《终始》、《大圣》之篇所谓「大瀛海」者，渺不可稽，存而不论可也。

里乘子曰：观郁君笔记，自谓于全台山川夷险、形势扼塞、番俗民情，不啻户至而足履，用特笔之，俾留意斯世斯民者知之。其略曰：台湾县易藏奸宄，事较两邑为繁。诸罗凤山无民，所隶皆土著番人。番有土番、野番之别。野番在深山中，叠嶂如屏，连峰插汉，深林密箐，仰不见天，棘刺藤萝，举足触碍。盖自洪荒以来，斧斤所未入。野番生其中，巢居穴处，血饮毛茹者，种类实繁。其升高陟巅、越箐渡莽之捷，可以追惊猿、逐骇兽。平地诸番恒畏之，无敢入其境者。而野番恃其犷悍，时出剽掠，焚庐杀人已，复归其巢，莫能向迩。其杀人辄取首去，归而熟之，剔取髑髅，加以丹垩，置之当户，同类视其室髑髅多者推为雄。如梦如醉，不知向化，真禽兽耳。譬如虎豹遭之则噬，蛇虺撄之则啮，苟不近其穴，彼无肆毒之心，亦听其自生自槁于雨露中耳。

客冬有趋利赖科者，欲通山东。土番与七人为侣，昼伏夜行，从野番中越度万山，竟达东面。东番知其唐人，争款之。又导之游各番社，禾黍芃芃，比户殷富。谓苦野番间阻，不得与山西通，欲约西番夹击之。又曰：「寄语长官，若能以兵相助，则山东万人，凿山通道，东西一家，共输贡赋，为天朝民矣。」又以小舟从极南沙、马矶海道送之归。七人所得馈遗甚厚。谓番俗与山西大略相似，独平地至海较西为广。使当事者能持其议，与东番约期夹击，剿抚并施，烈泽焚山，夷其险阻。则数年之后，未必不变荆棘为坦途，而化盘瓠貘莋为良民也。若夫平地近番，冬夏一布，粗粝一饱，不识不知，无求无欲，自游于葛天无怀之世，有击壤鼓腹之遗风；亦恒往来市中，状貌无甚异，唯两目拗深瞪视似稍别。其语多作都庐啯辘声，呼酒曰「打剌酥」，呼烟曰「笃木固」。

相传台湾空山无人，自南宋时，元人灭金，金人有浮海避元者，为飓风飘至，各择所居，耕凿自赡。远者或不相往来，数世之后，忘其所自，而语则未尝改。男女夏则裸体，惟私处围三尺布，冬寒以番毯为单衣。毯缉树皮、杂犬毛为之，亦有用麻者，厚可一钱。两幅联缀，不开领脰，衣时以头贯之，仍露其背。又有袒挂一臂，及两幅左右互袒者。妇人衣，以一幅双叠，缝其两腋，仅蔽胸背；别以一幅缝其两端，以受臂而横担肩上。上衣覆乳露腹；中衣横裹，仅掩私，不及膝；足不如履。以乌布围股，一身凡三截，各不相属。老人头白，则不挂一缕，箕踞往来，邻妇不避也。发如乱蓬，以青蒿为香草，日取束发，虮虱绕走其上。间有少妇施膏沐者，分两绺盘之。或有至妍者，亦露倩盼之态，但以鹿脂为膏，膻不可近。男子竞尚大耳，于成童时，向耳垂间各穿一孔，和篠竹贯之，日以加大，有大如盘、至于垂肩撞胸者。项间螺贝累累，盘绕数匝，五色陆离，都成光怪。胸背文以雕青，为鸟翼、网罟、虎豹文，不可名状。人无老少，不留一髭，并五毛尽去之。有疾不知医药，唯饮溪水则愈。妇人无冬夏，日浴于溪，浴毕，汲上流之水而归。有病者浴益频。孕妇始娩，即携儿赴浴。儿患痘，尽出其浆，复浴之，曰：「不若是，不愈也。」

婚姻无媒妁。女已长，父母使居别室中，少年求偶者，皆来吹鼻箫、弹口琴，得女子和之，即入与乱，乱毕自去。久之，女择所爱者，乃与挽手。挽手者，以明私许之意也。明日，女告其父母，召挽手少年至，凿上腭门牙旁二齿授女，女亦凿二齿付男。期某日就妇室成婚，终身依妇以处。盖皆以门楣绍瓜瓞，父母不得有其子。故一再世，而孙且不识其祖矣。番人皆无姓氏，有以也。

番室仿龟壳为制，筑土基三五尺，立栋其上，覆以茅。茅檐深远垂地，过土基方丈，雨旸不得侵。其下可舂、可炊，可坐、可卧，以贮笨车网罟农具，鸡栖豚栅无不宜。室前后各为牖，在脊栋下，缘梯而登。室中空无所有，视有几犬，为置几榻，人唯藉鹿皮随处卧，夏并鹿皮去之，藉地而已。壁间悬葫芦，大如斗，旨蓄毯衣纳其中。竹筒数规，则新醅也。其酿法：聚男女老幼，共嚼米纳筒中，数日成酒。饮时，入清泉和之。

客至，番妇倾筒中酒，先尝，然后进客；客饮尽则喜，否则愠，愠客或憎之也。又呼其邻妇，各衣毯衣，为联袂之歌以侑觞。客或狎之，亦不怒；其夫见妇为客狎，喜甚，谓己妻实都，故唐人悦之。海外皆称中国为大唐，称中国人为唐人。若其同类为奸，则挟弓矢，侦奸人射杀之，而不怼其妇。

地产五谷，番人唯食稻黍与稷，都不食麦。其饔飧不宿舂，晓起待炊而舂。既熟，聚家人手抟食之。山中多麋鹿，射得辄饮其血，肉之生熟不甚较，果腹而已。出不虑风雨，行不计止宿，食云则食，坐云则坐；喜一笑，痛一颦；终岁不知春夏，老死不知年岁。寒然后求之衣，饥然后求之食，不预计也。村落庐舍，各为向背，无市肆贸易，有金钱无所用，故不知蓄积。虽有馀力，唯知计食而耕。秋成纳稼，计终岁所食有馀，则尽付曲蘖；来年新禾既值，又尽以所馀酿酒。

番人无男女皆嗜酒，酒熟，各携所酿，聚男妇酣饮，歌呼如沸，累三日夜不辍。馀粟既罄，虽饥不悔。屋必自构，衣需自织。耕田而后食，汲涧而后饮。绩麻为网，屈竹为弓，以猎以渔。盖毕世所需，罔非自为而后用之。腰间一刃，行卧与俱，凡所成造，皆出于此。唯陶冶不能自为，得铁，则取涧中两石夹捶之，久亦成器，未尝不利于用。剖匏截竹，用代陶瓦，可以挹酒浆，可以膷饼饎。我有之，我饮食之；乡党亲戚，缓急有无不相通。邻人米烂仓红，饥者不之贷也。

社有小大，户口有众寡，皆推一二人为土官。其居室、饮食、力作，皆与众等，无一毫加于众番，不似滇、广土官，征赋税、操杀夺、拥兵自卫者比。其先，不知有君长，自红毛始踞时，平地土番悉受约束，力役输赋，不敢违法。杀人者剿灭无孑遗。郑氏继至，立法尤严，诛夷不遗赤子，并田畴庐舍废之。其实土番杀人，非谋不轨也，曲蘖误之也。群饮之际，夸力争强，互不相下；杯斝未释手，白刃以陷其脰。间有平时睚眦，醉后修怨，旦日酒醒，曾不自知，而讨罪之师已蹑其门矣。至今大肚、牛骂、大甲、竹堑诸社，林莽荒秽，不见一人。诸番视此为戒，相率谓曰：「红毛强，犯之无噍类。郑氏来，红毛畏之逃去。今郑氏又为皇帝剿灭，尽为臣虏，皇帝真天威矣！」故其人既愚又甚畏法。

曩郑氏于诸番徭赋颇重，我朝因之。秋成输谷似易，而艰于输赋，彼终世不知白镪为何物，又安所得此以贡其上？于是仍沿包社之法，郡县有财力者，认办社课，名曰「社商」。社商又委通事伙长辈，使居社中，凡番人一粒一毫，皆有籍稽之。射得麋鹿，尽取其肉为脯，并收其皮。日本人甚需鹿皮，有贾舶收买，脯以鬻漳郡人，二者输赋有馀。然此辈欺番人愚，朘削无厌，视所有不异己物。平时事无巨细，悉呼番人男妇孩稚，供役其室无虚日，且皆纳番妇为妻妾。有求必与，有过必挞，而番人不甚怨之。

苟能化以礼义，风以诗书，教以蓄有备无之道，制以衣服、饮食、冠婚、丧祭之礼，使咸知爱亲敬长、尊君亲上，启发乐生之心，潜削顽愍之性，远则百年，近则三十年，将见风俗改观，率循礼教，宁与中国之民有以异乎？古称荆蛮断发文身之俗，乃在吴越近地，今且蔚为人文渊薮。至若闽地，叛服不常，汉世再弃而复收之。自道南先生出，而有宋理学，大儒竞起南中。人固不可以常俗限，是在上之人鼓舞而化导之耳。

今台郡百执事，朝廷以其海外劳吏，每三岁迁擢。政令初施，人心未洽，而转眄易之，安必萧规曹随，后至者一守前人绳尺，不事更张；况席不暇暖，视一官传舍，孰肯为远效难稽之治乎，余谓欲化番人，必如周之分封，同姓及世卿采地，子孙世守；或如唐韦皋、宋张咏之治蜀，久任数十年，不责旦暮之效，然后可，噫！盖亦难言矣！

然又有暗阻潜挠于中者，则社棍是也。此辈皆内地犯法奸民，逃死匿身于僻远无人之地，谋充伙长通事，为日既久，熟识番情，复解番语，父死子继，流毒无已。彼社商者，不过高卧郡邑，催饷纳课而已，社事任其播弄。故社商有亏折耗费，此辈坐享其利。社商率一二岁更易，而此辈虽死不移也。此辈正利番人之愚，又甚欲番人之贫：愚则不识不知，攫夺唯意；贫则易于迫挟，力不敢抗。匪特不教之，且时时诱陷之。即有以冤诉者，而番语侏离，不能达情，听讼者仍问之通事，通事颠倒是非以对，番人反受诃谴。通事又告之曰：「县官以尔违通事伙长言，故怒责尔。」于是番人益畏社棍，事之不啻帝天。

其情至于无告，而上之人无由知，是举世所当哀矜者，莫番人若矣。乃以其异类，且歧视之，见其无衣，曰「是不知寒」；见其雨行露宿，曰「彼不致疾」；见其负重驰远，曰「若本耐劳」。噫！若亦人也，其肢体皮骨，何莫非人！而云若是乎！马不宿驰，牛无偏驾，否且致疾。牛马且然，而况人乎！抑知彼苟多帛，亦重绨矣！寒胡为哉？彼苟无事，亦安居矣！暴露胡为哉？彼苟免力役，亦暇且逸矣！奔走负戴于社棍之室胡为哉？乐饱暖而苦饥寒，厌劳役而安逸豫，人之性也，异其人，何必异其性哉？郁君之言如此。

予昔闻闽人言，番民性直率，最易感化，大可为用。况番地极暖，岁谷可三熟，且土壤膏腴，旷地最多。前山东刘玉坡制军韵珂总督浙、闽时，番民叩辕，呈请发帑入境开垦，计岁入赋税甚巨。制军大悦，特疏入告，惜为长白某相国所持，其事遂寝。今证以郁君所记，果信。域中有此沃壤，摈弃诚属可惜，爰附识于此，以俟当道之采择焉。

附

海上占晴雨

天无时无云，虽浓云叆叇，但有云脚可见，必不雨。云脚者，如画家绘水口石，其下横染一笔，为水石之界者是也。无脚之云，如画远山，但见山头，不见所止。

日色被体如灼，三日内必雨。

日出时，有云蔽之，辰刻后云渐散，必大晴。日初出即开朗，是日必不晴。暑月久晴，则不拘。

日落时，西方有云气横亘天上，或作数十缕，各不相属，日从云隙中渡过，是谓「日穿经纬」，来日大晴。或云色一片相连，其中但有一二点空窦得现红色，是谓「金乌展晴」，亦主晴。

日落时，西方云色黯淡一片如墨，全无罅窦，又不见云脚者，主来日雨；如云色浓厚，当夜必雨。

日落时，西北方云起，如层峦复嶂，重叠数十层，各各矗起者，主大风雨，山崩水溢之征也，应在七日之内。余三睹此云，三遭大水矣。处近山及江浒水涯间，宜防之。

昧爽时雨，俗呼「开门雨」，是日主晴。昧爽，是初明时也。五更雨、鸡初鸣雨、天未明雨、天明已久雨，皆主是日苦雨不辍。晨起，雾遮山脚，主晴；云罩山头，主雨。

初雨如雾，虽沉晦，至午必晴。久雨后暂缀，犹见细雨如雾，纵令开朗，旋即雨至。谚曰：

『雨前蒙蒙终不雨，雨后蒙蒙终不晴。』

久雨，夜忽开霁，星月朗洁，主来日大雨。若近暮，经见红光，然后见月，则晴。

久雨后，近暮遍天红色，来日必晴。俗云：火烧薄暮天。雨天，辰刻看巽方东南隅也，申酉看乾方西北隅也，但有一线开朗，则主晴。

虹霓，朝见西方，辰巳必雨。《诗》曰：『朝跻于西，崇朝其雨。』古人已言之矣。朝霞亦然，谚云：『朝霞不出门，暮霞适千里。』暮霞必主晴也。虹霓，申酉见东方，必晴。又，断虹两端不连者，俗呼『破篷』，虽见东方，来日不免风雨。

月阑，一曰『月晕』，主风雨。谚云：『小晕风，大晕雨。』唯闽中人又以月阑为旱兆。

望山，色极清明，翠色欲滴，三日内必主雨。若山色如隔蒙雾者，久晴之征也。

柱础流汁，必雨。

凭几作书，笔燥欲裂，三日内必雨。

日入时，唯东西常有云气，南北必无；若北方有云，主明日风雨，甚者尤主暴风。试之，百不失一。

风暴日期

或先期即至，或逾期始作，总不出前三后三，七日之内也。

正月　初三日真人暴。　初九日玉皇暴。占风者以此暴为候。此暴有风，则遇暴期必不免，无则一岁皆免。　十三日刘将军暴。　十五日上元暴。　廿四日小妾暴。　廿八日洗炊笼暴。　廿九日乌狗暴。

二月　初二日土地暴。　初八日张大帝暴。　十九日观音暴。　廿五日龙神朝天暴。一曰是二十九日。

三月　初三日玄帝暴。　初七日阎王暴。　十五日雷霆暴。　十八日后土暴。　廿三日马祖暴。　廿八日东岳暴。又曰诸神朝天暴。

四月　初一日白龙暴。　初八日佛祖暴。又曰太子暴。　十四日纯阳暴。　廿三日太保暴。　廿五日龙神暴，太白暴。

五月　初一日南极暴。　初五日屈原暴。　初七日朱太尉暴。　十三日关帝暴。　十六日天地暴。　十八日天师暴。　廿九日威显王暴。

六月　初六日崔将军暴。　十二日彭祖暴。　十九日观音暴。　廿三日小姨暴。　廿四日雷公暴。此暴最狠。

　廿六日二郎神暴。　廿八日大姨暴。　廿九日文丞相暴。

七月　初七日乞巧暴。　十五日中元暴。　十八日王母暴。　廿一日普庵暴。

凡六七月多主台，海上人谓「六月防初，七月防半」，虽未必尽然，有时而验。

八月　初五日九皇暴。　十五日中秋暴。又曰伽蓝暴。　廿一日龙神大会暴。

九月　初九日重阳暴。　十七日金龙暴。　廿七日冷风暴。

九月，自寒露至立冬止，是九月节令也。常乍晴乍阴，风雨不时，谓之九降，又曰九月乌。

十月　初五日风信暴。　初六日天曹暴。　初十日水仙王暴。　十五日下元暴。　二十日东岳朝天暴。

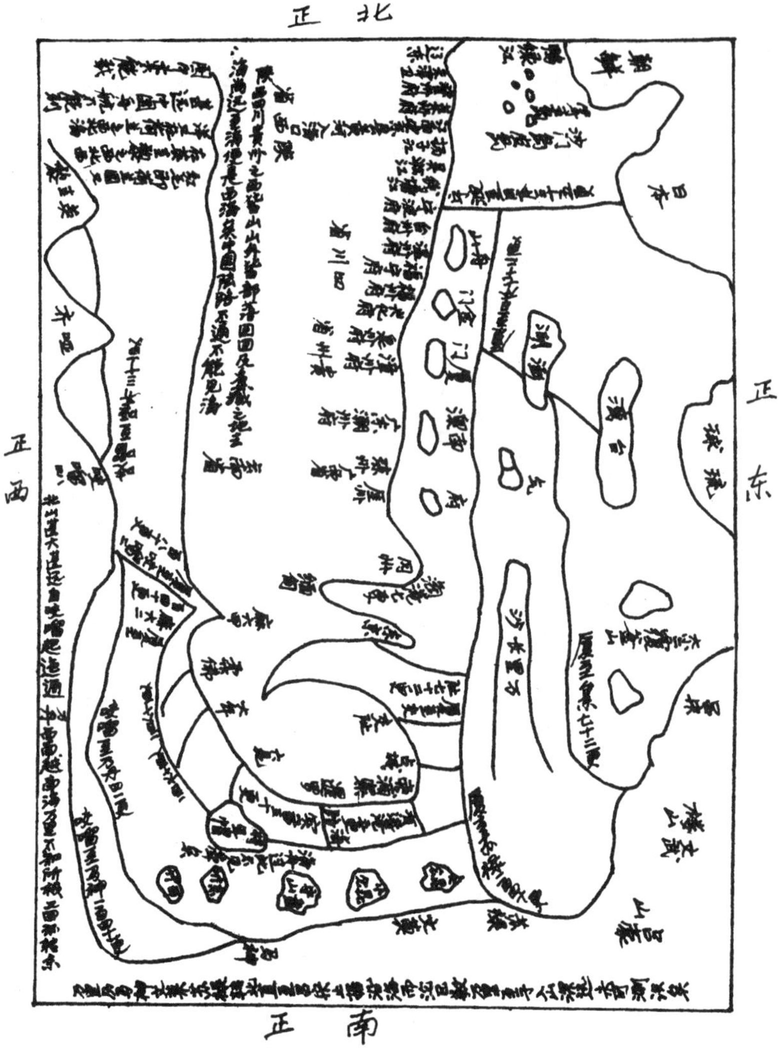
正北
正南
正东
正西
日本
朝鲜
琉球
台湾
澎湖

十一月　十四日水仙暴。　廿九日西岳朝天暴。

此时朔风司令，无日无风，然南风尽绝，凡背北处，皆可泊船。

十二月　廿四日扫尘暴。

又每月遇箕、壁、翼、轸四宿之日，必主风；又朔望皆必有风，舟人谣曰：「朔望无好天。」

又每旬之七、八、九三日多主风。

里乘子曰：「占晴雨」与「风暴日期」，亦郁君卷尾所载者。郁君久习海上，自谓屡试不爽。爰撷录以告海客，倘有事海疆，俾知防患未然，或亦不无少裨焉。

里乘子曰：右图固摹郁君原本所绘者，海内外各处，朗若列眉，梯航者观之，亦可知所考焉。

更谓分，昼夜为十更。

撷录《豁意轩录闻》

门人金仰之清美，吴门世家子也。高祖讳祖静，字安安，以进士官四川布政，少工书法，曾与张文敏公照同书《天台山赋》进呈，仰邀睿赏。曾祖讳宗楚，字小筠，官中书舍人，著作甚富，仰之尝出示所撰《豁意轩录闻》一帙。予爱其笔意颇类唐人说部，姑撷录数条以资谈柄。

城隍赴任

广西某郡太守，挈家赴任。甫入境，薄暮雾起，将系缆于山侧，忽见上流一官舫扬舟而来，旗上大书曰「某府正堂」，与己衔无二，疑是前官，急呼榜人移舟相傍，遽投刺请见。将命者入告，出致词曰：「各事所事，未敢谋面也。」某强之再四，乃延入。

主人峨冠博带，凛然有肃杀意。某具陈姓字官职，随问：「公是何官？今将焉往？」对曰：「余亦此间郡守，奉命而之新任。」某讶曰：「得毋有两刺史耶？」曰：「非也，子隶阳而我隶阴也。」某大惊曰：「公殆为城隍之神耶？」曰：「然。」某不禁股栗，久之，魂魄始定。遂长跪哀告曰：「某家有恒产，无藉俸钱，只以老母在堂，欲以官为荣养。第风烛可惧，未识算尽何日，且当以何疾殂，乞尊神稽籍明示。」神作色曰：「天机未可泄也。」某涕泣固请，神乃恻然曰：「我言之必遭天遣，顾怜子至孝，弗忍终讳。子母两年后，应遭雷殛，死于官舍。此是前生未报冤孽耳。」某放声大恸，更求禳解之法。神曰：「子之官后，当极人间之奉以奉之。」某曰：「若此可免于难乎？」曰：「若此可速其死，死既速，难斯免矣。」某仍拜求不止，神命左右掖之出。

甫登己舟，风雨骤至，一切所见，倏为乌有。自是嗒焉若丧。既抵任，饮泣承欢，凡所以奉母者靡弗至，不逾年，母以疾善终。某仓皇解绶，扶榇还里。

次岁仲夏，忽一日雷电大作，围绕府廨，霰击屋舍殆遍；至暮，势渐远。俄闻霹雳一声，将城隍庙神像碎为齑粉，天色旋霁。盖雷固遍觅某母不得，审知泄机之由，乃以诛母者诛神耳。救人而自罹于法，神亦恺悌也哉！

武昌徐商

武昌徐商者，少故无赖。性嗜博，博又辄负，以致衣食不给，贫无立锥。会隆冬大雪，寄宿古祠内，朔风刺骨，四肢冻欲僵，生计已穷，将投汉江死。天乍明，径出门去，行数武，至石桥上，足忽滑仆地，起而视之，则雪积成冰，冰上有钱一枚。徐念捐生而获青蚨，是意外事，姑以易饼饵，亦可延片刻喘，因拾取回步。

偶遇博徒某甲，询所自来，徐以实告。甲曰：「子何不以此钱博？苟胜则有二，庶可少疗枵腹。」徐从之，一博而胜。甲请再，又胜；转瞬间获钱数十。徐以其半易酒食，馀者更博。后盖无弗胜者。半年之内，积至五百缗。徐遂娶妇生子，弃博而贾。设肆通衢，制诸竹木器，日取其利以为常。

时有鹾商某，为群商领袖，强暴不法，肆作威福，楚中大吏尽与交，莫敢犯者。适部郎某公将出为楚运使，性刚正，疾恶如仇。奉诏后，即有锄某意。或遣急足驰告某，某大惧，寝食都废。客乃献计曰：「市中有徐姓者，故穷措大，貌酷肖君。曷不诱以利，俾代君，则君生矣。」某喜，遽命驾造徐。徐怪甚，伛偻以迎，而某亦谦抑尽礼。睹其貌与己无二，因邀徐至舍，水陆并陈，丝竹齐奏，宴罢下榻，精庐供帐，俱极华美。徐茫然不解其故，次日告归，某坚留弗许。如是者三日。

徐曰：「君之高谊，已切五中。顾必有以用仆者，乞明言，俾释疑虑。」某唯唯。徐固请，某始长跽陈状，且曰：「苟能相代，十万金亦易易事。即有死罪，我当竭力以营之。」徐闻言，面色如土。转念：己本馁生，既入犴狴，必难幸免。不若允其请，身纵杀，子孙弗失为富家儿，计亦良得。乃曰：「士为知己用。君诚践言，仆甘为君死。」某更喜，随集腹心数人，署券申誓，先以万金慰其家。徐亦召妻子与诀，某又以诸簿籍示徐，徐素黠，了如指掌。某自潜匿谨室，徐冒某名，出交宾客，乘坚策肥，恬不为怪，而宾客亦弗疑也。

未几，运使公至，甫下车，徐率群商进谒。公叱曰：「尔恶已极，擢发难数！今将穷治，可洗颈以俟耳！」徐顿首曰：「某罪固大，然所为皆有裨于国用，任劳任怨，久已负不白冤，兹幸福星照临，昭雪知有日矣。」公曰：「尔试言之。」徐乃强辩饰非，条晰往事，凡公之所谓罪者，徐悉不居罪而居功，有经有权，娓娓动听。公不觉转怒为喜，怃然曰：「人言未足信，有以夫！」自是视徐如左右手，事无巨细，咸委之。

明年，公内调，主人始出。徐别去，某感泣曰：「先生生死骨肉，恩莫大焉。十万金何足以涴长者，愿五倍以为寿。」徐力辞。某遽命辇金于其家，而以仆马送徐归。徐遂构甲第，置沃产，日益以富。后数岁，某死，子嗣弗振，徐竟代其职云。

厉鬼作祟

吴江乡民某甲，偶自田间归，遇少妇艳妆独行垄畔，疑是近村人家，尾其后，将瞷其所之。约半里，妇手解裙带，张皇四顾，似将如厕者。适道旁有废屋，妇推扉入，甲遥伺之，良久不出。忽闻号救声，乃蹑足往窥。但见屋内一棺，其盖大启，中有物曳妇入。甲大骇疾呼，棺遽阖，唯露衣裾一幅在外。

甲奔告村众，诉之官。官至其处，破棺验视，妇身已僵，一男子尸，面色如生，左手紧抱妇项，右手握人首一，鲜血淋漓。询诸父老，云：『滇贾客死江城，旅榇寄此地，几三十年矣。』官令焚尸，而以人首埋他处。移牒滇省，问境内有无怪异。

先是，大理府某县民，父死未殡。一日，闻棺内有格斗声，启而视之，则尸已失其首，亦诉之官。官正束手，得牒喜甚。遂令此人赴江省，掘取所葬之首，依稀可辨，果伊父也。迹其格斗之期，即村妇被难之日。案虽结，而疑终不可解。夫以鬼杀鬼，事已大奇；乃能取首于棺中，劫妇于白昼，万里之遥，一日而两逞其暴，斯盖厉气之所结欤？

金圣叹

吾宗圣叹先生，绝世聪明，过目成诵。然放诞不羁，视青紫如儿戏，入泮未几，旋以六等被黜。第二年，仍以冠军获隽，如是者非一度矣。

既而学使者法公海岁试苏郡，先生信笔直挥，顷刻脱稿，即以呈公。公展阅，见文体诡异，佶屈聱牙，微哂曰：『好秀才，姑退。』先生揖而进曰：『禀问大宗师，生员出署回寓道中，设遇美妇人，观者是乎？不观者是乎？』公亦不怒，徐应曰：『一看，君子；再看，小人。』先生又揖曰：『谨奉教。』乃昂然出，意中以为必又列六等也。

明日，公坐堂上，独判先生为四等，即日发落，将重施夏楚。广文以其名士，为之缓颊，公弗许；士子数十人亦同声吁请，公愈怒，立召先生至。先生始惧，惶悚伏地，众亦知其不免。公一见，颜色忽霁，命左右曳起，曰：「余在京师，慕子名久矣。昨见奇构，诚知天才。然国家名器，岂宜玩弄？牢骚之气，君子贵有以养之。子能痛改前辙，余之愿也。余岂真忍以子殿多士耶？」因于袖中出全榜，而弁冕实先生名。于是先生感悔，伏地大哭曰：「士得一知己，可以不恨。某虽不敏，请事斯语矣！」自此，公遂与先生为莫逆交。

后数岁，先生以哭庙被收。弃市之日，作家信托狱卒寄妻子。临刑，大呼曰：「杀头，至痛也！灭族，至惨也！圣叹无意得此，呜呼哀哉！然而快哉！」遂引颈受戮。狱卒以信呈官，官疑其必有谤语，启缄视之，上书曰：「字付大儿看，盐菜与黄豆同吃，大有胡桃滋味。此法一传，我无遗憾矣！」官大笑曰：「金先生死且侮人。」

玉兔

浙江衢州某村王老媪者，贫无所赖，临溪结草庐而居。日为人浣衣，藉以糊口。溪边有巨石一方，每捣衣于上。既历年岁，石遂光润可鉴。忽有江西大贾过其地，愿以千金购之。媪喜讶兼集，知必有异，因请益无厌。贾曰：「囊中资不敷，俟我至余杭更益千金，重来交易耳。」订期而别。媪思宝物而慢藏，未免诲盗，乃倩人运石于床下，守护惟谨。

至期，贾匆匆至村，急询石所在。媪告以故，贾顿足不已，连呼可惜，曰：『我前日在数里外望见村有宝气，踪迹至此，识石中有活兔一，能吸日精月华，系希世珍，是以不靳重值。今来此地，正怪宝气已散，孰意为尔闭置幽室，三光莫睹，兔必饿死矣！』媪犹未深信，贾立召石工剖之，果得小玉兔，大如鼠，洁白无比。媪始神丧色沮，自恨福薄。以兔赠贾，贾仍予百金，俾作终老之资焉。

继来禅师

康熙间，继来禅师卓锡灵岩山寺，能知过去未来事。一日升座说法，远近男女环听。师遍观大众，忽指某甲谓曰：『子神色不祥，报前世冤者至矣，其速治后事。』甲大惧，恳求禳解之方。师曰：『束草为人，遍体悉以面裹，着衣裳卧子床上，家人匿他室中，必有所睹。然此仅济一时厄耳。』甲辞归。

届期如言制备，日既午，瞥见巨犬来自门外，狰狞可畏，突入甲舍，登床啮草人为齑粉，咆哮而去。

次日，甲往谢师。师颦蹙曰：『一难虽过，第神色愈晦，仍不能免。』甲又长跪求救。师曰：『大数万难逃遁，我既心动，当全子尸。后月某日，子可同家众诣寺，并携二瓮来，我自有法。』甲又涕泣归。

届期，黎明即至。师以二瓮对合，置大殿之中，使甲趺坐于内，外用朱符封之。师自坐佛前蒲团上，而命众侍立身后。日既午，倏有长蛇丈余自屋而下，眼灼灼如电，先入殿内，张吻咋舌，若欲犯师，师以袖挥之。蛇遽出户，绕瓮盘旋，首触尾击，更向合口处喷以毒气。良久，蜿蜒而去。师乃命众启视，甲已气绝，身肿如炮，七窍尽流血。于是妻孥大哭，以棺殓之。

阎和尚

山东有阎和尚者，青州人。披缁后，云游四方，十年始返，至济南千佛山寺中栖身。主僧见其秽垢弗洁，令供水火之役。终日默无一语，即语，亦多诡异，人莫能解。身衣补衲，寒暑不更。

有时于灶下执爨，倦欲睡，即以两足伸置火中代薪，听其自爇，而竟曲肱为枕，安然入梦。汤既沸，爇犹不止。众怪而视之，见其状，惊甚，大声呼唤，阎乃徐徐起，拂去足上灶煤，皮肉毫无损坏。一夕，人静更深，阎忽于床上大哭。众问故，曰：「我母将死矣！」天明出门去。半月后即来，询其抵家之日，正伊母回首之时。自此，主僧免其役，稍加敬礼。

郡人闻名，亦渐诣寺瞻拜。阎唯闭目趺坐，不与酬答。或有病而向其乞药者，阎辄取地下黄土，和唾为丸，付其人服之，病必顿愈；苟无缘，则虽求弗与也。既而远近皆知寺有活佛，奔竞若狂。时先君知府事，指为妖僧，命驱逐出境。属吏同声谏阻，先君愈怒，且将重惩。阍闻之，曰：「金太爷是君子，我当避彼。」明日遂飘然远遁，绝不复至。

犬妖

嘉兴章某，访所亲于中州任所，因留官舍。所居屋宗厢，系主人收贮食物处，户常扃。一日，章独坐，闻厢房咋咋作声，试往窥视。见有大黑犬，以首顶木几置墙隅，更顶二小几垒其上，乃跃登至巅，恣啖梁上所悬熟肉。啖既尽，下，复顶木几置故处，穿败壁而出，章异之。次日，以告主人，适是犬在阶下，闻言，努目视章，似怀怒意。

至夕，章既寝，犬忽推扉潜入。口衔索丈许，至章卧榻前，以索约榻之长短广狭，量度再四，仍衔索去。章心悸，假寐以俟。未几，犬又如前状，章乃披衣起，尾其后踪迹之。至厩旁菜圃中，见犬于隙地上布索为围，四周方广与榻相若，以两足挖土成穴，深几二尺。盖欲致章殒命，且将拽其尸瘗于此也。章大骇，奔告主人，命缚犬而杀之。呜呼！犬尚若此，何况于人？怨毒之不可结也！甚矣夫！

里乘子曰：予闻小筠舍人生平酷嗜吟诗，笔意在白、陆之间。归田后，与沈归愚、彭芝庭两尚书结社酬唱。尝作《闺怨》诗，有「入梦幽情未明白，对花孤影又昏黄」之句，两公皆赏其裁对工巧，得未曾有。其全稿俱经两公评订，未付手民，遽煨兵燹，惜哉！

兰苕馆外史卷十

记粤寇倡乱之始

粤寇倡乱之始，传闻不一，今据近是者记之。初，粤西浔州府桂平县某乡有古刹芜废。无僧主持，乡人士遂设为公所，中旧供关圣、观音诸神塑像。因共佣一人居守，奉香火兼司启钥、扫除等役。

土豪韦镇，故虎而冠，素惑于天主教，崇奉甚严。其党三千馀人，议建天主堂，因嗾韦至刹，摈诸神像，改祀天主。佣者恐干众怒，拒不许。韦诃之曰：『尔敢抗吾耶！尔但听吾命，脱众有议之者，有吾在，不预尔事！』佣者惧其横暴，不得已从之。无何，众至刹，见之，果大哗；及诘佣者知其由，益怒，群掷天主于地，蹴毁之，仍供诸神如初。韦之党耳其事，报韦。韦怒往与众理，语多悖谬。众窃议曰：『察韦氏子所言所行，殆病狂，必及于祸。吾侪须早为之计，先发制之，庶免波及。』

乡镇固有巡检，才颇明干。众诣，备诉崖末，乞发弓弁往擒韦及其党之魁。巡检谓：『非细故，位卑恐干上官议「孟浪好事」，且韦党甚众，如不能就擒，更速激其变，必须计万全乃可行。」众曰：『公第声言奉郡密檄，访缉左道惑众者，不须公为力，吾侪自有计缚献麾下。然必公亲往，方能有济。否则姑息遗患，为虺不摧，为蛇奈何！异日事发，公亦不能辞咎。』巡检深然其言。爰率众往，乘其不备，遂擒韦并其党十馀人。星夜槛驰赴县，同谒县令，委曲白所事。令素选懦，闻众言，噤不敢声，意颇嫌众等多事。比谋诸幕宾，谓宜请郡守主裁。令如言谒守，守亦茫无灼见，唯命暂将韦等下于狱，待谳得左证，再如律处治。韦等既下狱，令殊不以为意。

既而韦在狱上书讼冤，毅然以崇奉天主教自任，不少讳，且言世上天地、君亲、祖宗、神祇皆听命于天主，可惜世人不察，吾将大倡其教，普救天下；并求释放出狱，宜反坐巡检等人结党畔道罪名云云。满纸邪说，令置不理。韦之党知令庸弱无能，将谋劫狱。乡人士侦知之，亟白令，乞为备。因谓韦所上书即可据为左证，速治其罪，无使滋蔓。令但笑谢之。韦之党闻乡人士所言，怒甚，遂劫韦等于狱。首报怨于乡人士，大肆屠掠，幸免者十之一二。此倡乱之始也。

记粤寇渠魁事迹

洪秀全，蜑魁也。藉名捕鱼，出没海中，专务劫掠。其党散布港汊，一遇商船经过，吹唇声号，各港闻之，顷刻蜂集。劫得货财，悉先上之洪，而后瓜分。贾客罹其害者，指不胜屈。

洪素与相者杨秀清善。杨先业儒，应童子试，屡黜于有司。穷乏不能自存，遂弃儒卖卜，以资糊口；性极狡黠，能察言辨色，臆断吉凶祸福，多奇中，人颇神之。缘嗜博，博又辄负，赖洪时济其急，心德之而欲有以报。爰时以非分谄之，谋不轨。尝与洪之党饮酣，谈天下形势及用兵之法，了如指掌，并谬称洪相贵不可言，然舍己不胜卧龙任。洪党信其言，欣述于洪，皆顿首称贺，洪益自负。

会韦逆劫狱倡乱，恐势孤不足抗大兵，知洪有异志，其党乃往说洪，奉为伪天王；以杨秀清为军师，称伪东王，韦自为大将军，僭称北王；又以萧朝贵为伪西王，冯云山为伪南王。萧、冯两贼事迹不得其详，或曰皆海洋剧盗耳。

石达开

石达开者，以财雄一方，素慕游侠，好结纳而不择其人。门下食客实繁有徒，类多无赖。石居恒，唯日与健儿驰马较射、击梃、舞槊以为乐。

先是，其乡有峻岭，为剧盗所据，劫取过往财物，无幸脱者。有闽客挟重资经此，闻而心悸，久耳石名，因投刺踵谒，备陈衷曲，乞庇护。石怜而许之，款留少住，将择健儿卫送过岭。盗闻之，怒甚，率其党百人径至石家，欲图攘夺。

石闻盗至，令开门召入，告之曰：『壮士之所欲者货财也。第念闽客挟重资抛离乡井，以谋得什一，意良苦。今壮士不谅其衷，将尽攘为己有，彼则本之不存，利将焉望？仆也滋不忍，敢为缓颊。』因准闽客资约计五千金，乃解囊如数列金于几，谓曰：『聊备不腆，敬献壮士，代客请命。倘壮士矜而宥之，即不啻身受其赐。』

群盗相顾叹曰：『人言石公重义轻财，信然！吾侪所为，殆非人类！今重违公命，但令闽客就道毋恐。然公所惠丰腆，受之有愧，敢辞。』石大悦，治席为闽客祖饯，兼酌群盗。酒酣，彼此倾吐肝胆，意气契洽，相见恨晚。席散，闽客拜谢而别，群盗兴辞，石仍出前金殷勤投赠，推让再三，始受其半。

群盗既归，感石，谋有以报之。值石初度，因备奇珍异宝、锦绣牲醴之属往为寿。石大合乐，宴客三日，盗亦在座。有与石挟嫌者，密报邑令，谓石时藏盗于家，恐不免为地方之害。令正患盗，闻言，亟督兵役驰往，围其宅，并石与盗尽擒之，禁于狱中。石与杨秀清故为莫逆交，尝贷杨金而不责偿。杨既为伪东王，欲报石德。会石下狱，遂劫出之，称为伪翼王云。

里乘子曰：粤寇之变，虽曰天运使然，而人事究亦难逃其责也。我闻金田啸聚，其初党羽不过三百馀人。向使地方有司果能设法化导，格其邪心，固善；万一若曹执迷不悟，即乘其势尚未张，一鼓歼之，消患未形，亦不为虐。所谓去莠安良，亦贤有司之责也。乃计不出此，卒使星星爝火，燎及昆冈；涓涓氿泉，荡成巨浸。迨顺流下窜，窃据金陵，十馀年来，沿江一带民无完居，屠毒生灵不可数计。试观其猖獗无忌，形同枭獍，不真令人发指哉！

有自粤西来者，言众贼实无伎俩。即违逆而论，以巡检下僚督众往捕，如缚鸡犬，其易可知。似此巡检胆识亦殊过人，而大吏闻之，不赏其功，反怪多事，时事如此，真可浩叹！故当其金田倡乱，都人士惧其被累，亦曾密白邑令，邑令亦曾密白郡守，郡守亦曾密白司道巡抚，皆一一瞪目相视，默无一语。大都意存讳盗，粉饰偷安；方且以持重自矜，决不肯轻举妄动，激生事端，致挂吏议。噫嘻！为虺不摧，为蛇奈何！忍之须臾，而孰知后日之祸如此之烈哉？予虎口馀生，备尝艰苦，间关万里，徼幸生还。回忆十馀年来目击流离琐尾情形，时复伤心酸鼻。而推原其始，当日之为封疆大吏者，虽百身亦岂能赎其罪哉！

书秦小罗

初粤寇陷金陵，伪东王杨贼秀清，就何绅宦住宅改造伪王府，穷极奢侈。又制广大榻，可容十人，每夕轮选所掠妇女九人伴寝，淫媟无度。妇女之含羞赍忿、抑郁以死者日踵相接也。一日，杨贼夜宴，庖人进面一簋。时贼已中酒，不能食；以食侍者，七窍濆血，立毙。贼惊且怒，以人之谋鸩己也。尽出所有妇女不下千人，发伪官研讯。伪官承贼意旨，将次第严加搒掠。忽一女年可十六七，柳眉蕴怒，杏靥含嗔，袅娜而前，娇声喝曰：『谋鸩杀杨贼者，我秦小罗也！不预他人事。』

伪官诘之，曰：『自贼陷城，不幸一门惨遭屠戮。我被掳在此，所以暂缓须臾无死者，原欲乘间手刃贼首，以泄家国恨。奈苦无兵械，又不得当。只藏有砒屑少许，为他日自尽地。适见面心动，因潜下之，将图一快意，虽粉骨亦甘心焉。今计不成，数也！然观贼所为必膺天诛，特时未至耳！我死固不足惜，独怪尔曹俨然须眉男子，孰非食毛践土，竟腆颜事贼，为之爪牙，受其豕畜而犬㖃之。一旦天兵云集，丑类尽歼，漏网难期，噬脐莫及！而尔曹误入迷途，不知早为自新，智反出我女子下矣！不亦羞乎？』

伪官闻言，俯首愧汗，箝口无语。会杨贼伪旨叠次敦逼问状，伪官不敢讳，遂以实告。贼怒，命寸磔以警众。小罗引颈受刃，全无惧色，贼党见者多窃窃称叹。越日，伪官竟惭悔自经以殉。小罗，名敷，金陵人。伪官姓名里居无可考。

里乘子曰：方粤寇蔓延，两江总督某以封疆大吏奉命九江防剿，迟迟其行，卒乃掩耳盗铃，开门揖盗。长江上下纵横衺亘千馀里，城郭闾阎悉罹烽燹，彼虽一死，不能蔽辜。试绳其初心，岂有涓埃计及于报国哉！小罗，一女子耳，犹知以泄家国恨为重。同一死也，小罗之死重如泰山矣！君子于是悲小罗有杀贼之心，无杀贼之力；而又叹两江总督有杀贼之力，无杀贼之心。天下事何其相左也！观小罗所言，能使伪官惭悔自经，而凡天下之为须眉男子者，能不闻风兴起乎！

书傅善祥

傅善祥者，亦金陵女子之授伪职为女丞相者也。容华媚冶，资性儇黠。幼读书，粗知大义，诗赋文词颇能畅晓。年十六，嫁同邑王生。

生故寒素，为人朴钝，齿逾弱冠，犹艰于一衿。傅自叹所适不淑，每庸奴其夫。生心虽慊之，而口不敢言。尝应童子试，被黜归。傅适在门，他顾若无睹，生恚诟之。傅诮让之曰：『困，休矣！为丈夫者，年二十许尚不能博一衿，犹负气吓婆子，复何为者？可惜妾非丈夫耳！假若妾易钗而冠，莫道一衿，即掇取科第亦易易也。困，休矣！作此丑态，谁耐看耶！』生闻言，益恨恨，由此，夫妻积不相能。

既而粤寇陷金陵，生亡去，不知所之。傅被掳在伪东王府。杨贼既悦其色，傅又自炫其才。贼大加宠任，官以女丞相，凡伪文往复，皆归司掌。

杨贼与傅尝同饮，酒酣，戏抚傅背作骄态曰：『孤以匹夫起市井中，提三尺剑从粤西顺流而下，所过郡县，闻风奔溃。今雄踞江南，贵为东王，偶一声呼，全军听命。后宫美人充下陈者以千计，大丈夫处世如斯，亦足矣！以卿视孤，亦可谓一世之雄也耶？』傅时亦微醺，恃宠忘形，不觉吃吃笑答曰：『囡，休矣！尔不过粤西一小贼，幸逢劫数，乘间窃发，才窜得江南一隅地。内受制于天王，外受困于官兵，而犹自足骄人，复何为者！可惜妾非丈夫耳！假使妾易钗而冠，莫道江南，即纵横天下亦易易也！囡，休矣！作此丑态，谁耐看耶！』贼初以傅必迎合其词而加谀焉，今闻所言，殊出意外，乃勃然变色，怒叱曰：『贱婢！安敢侮孤耶！』立命幽诸空室，迟明加诛不贷。

诘旦，伪执法者请行刑。杨贼悔之，而赧于反齿，漫应曰：『贱婢侮孤，罪固不赦。但系女官，不敢自专，是不得不请命于天王。』遂具状上于伪天王。洪贼秀全以事无大小，皆杨处分，此细故，何独请命？沉思良久，笑曰：『我知之矣。』爰降伪诏曰：『按状，女丞相傅醉侮东王，大不敬，罪应立决；但念其颇著微劳，且属酒后失言，姑恩从末减。着荷校，七次礼拜而宥释之，仍许复官办公自赎。』贼中故奉左道，七日礼拜一次，七次，盖四十有九日云。

杨贼接伪诏大喜，即命将傅荷校于中庭。傅亦深有怨悔，因取杨贼旧所贻金条脱一双，解自所首红罗诃黎子裹好，遣左右赍还杨贼，并附以书曰：

殿左女丞相臣妾傅善祥诚惶诚恐，死罪死罪，上书东王殿下。窃以臣妾遭逢高厚，福薄灾生，醉后失检，出言无状，冒犯于王。王赐臣妾死，臣妾何敢爱其生？今乃曲施矜全，不加诛戮，仅予荷检，聊示薄罚。臣妾再生，实王所赐，犬马有知，能无感激！惟是臣妾自获罪以来，五中忧惧，神思惝怳，如失魂魄；藐兹孱弱，断难久存。蒲柳之质，虽见宥于风霜；蝼蚁之命，究莫保于旦暮。在臣妾猥以女流，忝叨异数，平章巾帼，宅揆绮罗，荣幸已极，死复何憾？但念未列妃嫔之队，而宠逾粉黛三千；特膺宰辅之权，而报乏涓埃万一。怅对玉扆，难倚托于今世；愿求环草，当衔结于来生。金条脱一双，王所嘉赉，临死遣使赍缴，裹以自着红罗诃黎子，亵服不恭，藉寓亲爱。倘王异日垂念微劳，见物如见臣妾可也。伏惟起居万福，珍摄千金。不尽欲言，祈赐省览焉。

杨贼循诵来书，摩弄二物，心大不忍，急蹝屣出。见傅荷校垂泪，如虫网幽花，轻盈带雨，益觉楚楚可怜。遂不终日，命劈其校，遑待七次礼拜乎？傅既脱校，将屈膝谢，杨贼掖而止之，仍以金条脱为纳两腕，携手而归。自是宠爱较前有加。

里乘子曰：善祥始以恃才而反目于夫，继以炫才而辱身于贼。甚矣！女子之不可有才也！吾独怪与秦小罗生同里闬，乃一则以图贼而甘蹈于死，一则以媚贼而苦求其生。迹其两人行事，一薰一莸，真判若天渊矣！试为顾名思义，小罗固不难继美于罗敷；若善祥者，则无善可称，不祥莫大焉！

易容之

粤东有豪杰之士易容之者，少孤贫。十二岁时，为驻防汉军刘氏家牧马，性廉介，除岁入佣工钱三五千文，一介不取。刘家甚爱之。弱冠，忽不辞而去。刘使人踪迹之，竟不可得。

越年馀，刘仆过委巷，见易于此设地市，罗列无多长物，生涯亦殊冷落。仆笑问曰：「子胡为者？主人遇汝不薄，胡为不辞而去也？」易但笑而不答。仆又曰：「自汝去后，主人使人遍求之不得，思汝殊甚。我观汝生涯亦殊冷落，盍偕我归，以塞主人之思，可乎？」易摇首曰：「我志非人所能测也。」

仆请其说。易曰：「始吾在主人家，衣食温饱，非不安逸；即思人生在世，当自立门户，寄人宇下，究非长策。吾岁入佣工钱，历年积得四十馀千，小权子母，当不至冻饿。吾志既决，意辞主人，必慰留不令遽去，不如不辞之为得也。吾在此设地市一年有馀，日出而出，日入而入，优哉游哉，意甚适也，而谓我肯再偕汝归乎？主人遇我厚，我非恝然忘情者。烦君为我谢主人，图报有日，请勿以小人为念。」仆太息而别。归语主人，知易志已决，难以挽回，亦遂置之。刘仆去后，易虑刘自来相劝，迁避他巷，仍设地市如初。

忽有夷贾过此，相易良久，便拱手诘问氏族。易怪其唐突，姑曼应之。夷贾谓易曰：「予幼至中华，爱读麻衣相书，颇深窥其秘，相君之面，富不可言。乃局促作此生活，货与人殊不相称，奈何？」易益怪其言不伦，冷笑对曰：「我所有资本只可办此货，谚所谓「量布为衣，量米为炊」是也，何劳见笑！」夷贾曰：「我非敢笑君也。我在某处开张洋行，洋货颇多，君如不见弃，可在我行中拣选数种，置此出售，不亦可乎？」易谢曰：「承君盛意，非敢见拒。我就资办货，货虽贱，固是己物，出售与否，可以自便。尊货皆珍贵之品，如不能出售，徒骇人目，且万一误令损坏，何以偿君？君虽有盛意，不敢从命。」夷贾叹曰：「君真至诚大君子也！然观君相，断非长贫贱者，君好为之！」珍重叮咛而去。

易思夷贾所言，以为戏己，自念茕茕一身，并无戚党依傍提携，何由致富？亡何，夷贾又来，易厌其絮聒，不甚为礼。夷贾笑谓易曰：「君尚忆吾言否？」易冷笑颔之。夷贾径前执易袂曰：「君勿见哂，我相人穷通，百不失一。年来默相粤中可致巨富者，唯君一人。吾合与君有缘，他日别君归，胸中竟刻不能忘。今特来与君熟商，君肯从我言乎？」易怃然请闻。夷贾曰：「君不肯携吾行货物来，此足见君至诚，我亦不敢相强。但吾所开之行，门前隙地甚属宽敞，敢请君迁至行前开设地市，就近将吾行货物酌检代为出售。所售货物只归我资本，如有利息，一概归君，可乎？」易见其言谆恳，似非戏己者，沉思久之，乃拱手谢曰：「屡承下顾，深感垂爱。既辱相招，敢不如命。」夷贾大喜，订日使人为易迁至其地。

初，粤中洋行共十有三家，此行实居其首。易既迁其地，每代售货物，即归其资，不稍短少。夷贾喜其至诚，情日益亲。不五六年，易获利息已数十馀万金，即存寄行中。顾深藏若虚，虽获巨资，外人多不知者。

一日，夷贾忽具柬招饮，肆筵设席，并无别客。饮酣，夷贾笑谓易曰：「君知我招饮之意乎？」易笑谢曰：「窃深讶君客气，正欲请命。」夷贾叹曰：「以君至诚，故敢以心腹相告。我族祚薄丁单，自高曾而下，仅得四人。只我有二子，其馀三人为我伯叔行，齿皆逾六旬。景迫桑榆，各拥厚资，苦无嗣息。频年叠接家书，促我遄归，委以后事。自我至中国贸易，今将三十年，已一世矣。所获利约计三千万金有奇，屡欲赋归，以行务无人可托，故迟迟未决。今幸得君，敢烦作替，未知君能许我乎？」

易蹙然对曰：「年来谬承厚爱，视同骨肉，如能效力，断不敢辞。窃思行务非同细事，自顾年少材轻，深恐难肩重任。虽君有命，不敢与闻。」夷贾曰：「我筹之烂熟，目前克肩此任，舍君更无其人。且与君约：我此次归去，重来与否，不能预定。如三年不来，君即为此行主人，所有货物资本，概以相赠，一切君自主持，无庸迟回疑虑。」

命纪纲将各款底簿交易，并召各款司事人等齐至席前。夷贾大声谓众曰：「我已择日归去，行务已托易君料理。易君即汝曹之主，勤者赏，惰者罚，如敢慢侮，即行黜退，定不宽贷！」言毕，命众当筵拜易为主人，众果交口诺诺，罗拜在地。易仓卒不能置词，避席答拜，踧踖不安。夷贾遽牵易袂，按令就坐，笑曰：「君休矣。若曹礼所当拜，何多让也？」易见夷贾所言真实不虚，遂亦不复固辞。

夷贾归后，瞬逾三年。众料其不来，遂共奉易为行主人。先是，行中岁有十馀艘，各载重资，分至各国采买货物。历年以来，共计尚有二十馀艘，去无音耗。佥谓飓风漂没，不复为念。自易接事，三年内次第齐归。合计行中所存货物，通共不下二千万金，生业日益蕃茂。

易年已二十有六，尚矜居无耦。执柯者日趾相错，易概拒绝之。佥力劝当以似续为计，易笑曰：『诸君言皆珠玉，顾仆不娶则已，娶则以多为贵。仆自念出身微贱，大家世族难以系援，小家子又非仆所愿。就今别创一格，如合仆意，聘资虽万馀金不惜也。』佥问：『何如？』易曰：『所聘必须年甫及笄之处女，德言工貌俱备，然尤以能识字为要；如不识字，虽备四德，无取也。如诸君不以仆言为妄，即请代为物色，当图厚谢。』佥应曰：『诺。』

于是，三年之内，先后共聘及笄女郎四十人，齿序姊妹，不论嫡庶。女郎果皆识字，夜次各置字典一部，六部律例一部。易本不识多字，自是即以女郎为师。每日轮次当夕，必先令其教字若干，口诵律例一条，而后就寝。易年至四十，凡字典之字及各部律例，皆能畅晓大义。且喜诸女郎俱各生育，共举男子八十馀人，女子五十馀人。

览揆之日，易大合乐，召客为寿。席罢，易揖谓众客曰：『仆犬马齿甫及四十，何敢言寿？今不过特藉贱辰，招诸君痛饮，兼以话别耳。』佥问：『将何之？』易曰：『《礼》云：「四十曰强而仕。」仆俨然丈夫，正当强仕。况时方多事，倘但偷安，不力图报效，录录浮沉，是与草木何异？仆决意罢贾而仕，行将入都就铨矣。』四座闻之，无不唯唯称叹。

翌日，易果具牍上制军，告退行务。计所积尚千馀万金，乃卜筑四十所，分置诸姬，各领所生子女相依以居。子各给白金五万两，女半之。交其母置产生息，以为教养、婚嫁之资。馀尚有数百万金，概施作善事，并分赠友朋。自所存不上十万金，纳资郡守，子身入都，铨得楚南常德府太守，一麾之任。

会粤寇下窜，易战御有方，斩馘无算。卒以贼众我寡，咸丰七年，以粮尽援绝殉难毕命。督抚上其事，恤典甚厚，并予以云骑尉世袭罔替。呜呼！如易君者，真可谓豪杰之士矣。！

里乘子曰：易君自谓『我志非人所能测』，迹其生平行事，是真令人不测也。观其娶妻以多为贵，尤以识字为要，奁次置书两部，十馀年皆能畅晓大义，是以妻为师。娶妻别创一格，从师更别创一格，可谓妙人妙想。尤喜所娶之女，各有生育，即酌给教养、婚嫁之资，令子女依母而居，安排既定，丝毫无所系念。所馀巨资一旦挥霍尽净，子身入官，慨然不惜捐躯就义。光争日月，大节皭然，谓之豪杰之士，不亦宜乎！易君不忘故主之德，得志后，以女妻刘馨石观察之子小馨太守。小馨与吾友徐公可司马为儿女姻娅。公可尝道易君事甚详，且属为作传，姑笔其大略如此。

江西刘某

江西刘某，世家子也。家富饶而性刚直，喜蓄舞女歌童，豪放不检。壮岁以团练功荐擢监司，益盛气自负。遇里党是非曲直，片言立断，罔敢不遵。乡人以为武断，皆严惮侧目，而无可如何也。

里有甲与乙者，家皆素封。甲女端姑与乙子长郎同年生，襁褓中即缔婚好。长郎性极慧，十一二岁头角峥嵘，居然能文。以通家故时至甲家，甲夫妇绝爱怜之。端姑发才覆额，眉目如画，两小相值亦不回避。虽无所知识，而亲慕殊切，见者佥称佳耦焉。

无何，粤寇下窜。甲闻警，预挈家室辇资远避，乙一家被掳陷贼中。贼平，甲归，探乙无音耗，意已流亡。而于是端姑年且十七矣，貌益娟好，女红之暇且粗识字，晓大义。甲谓妻曰：「乙家殆填沟壑矣。端儿齿日长，死守非计，不如择人改字为善。」妻曰：「固然，长郎吾甚爱怜之，万一归来，奈何？请待三年，端儿年二十，如尚无音耗，改字未晚。」

先是，乙陷贼中，夫妇相继殁，唯长郎独存。贼爱其能文，而恐其逸，使多贼逻守之。我兵克复金陵，歼其魁，长郎乘间得脱。转徙乞食还乡里，以庐舍灰烬，怅无所归。闻甲乱后出资营良田腴产，较前倍殷富，念平日与父至契，且系妇翁，暂往相依，当无不纳。既如甲家，甲闻大惊，欲拒勿纳。妻让之曰：「君休矣。端儿字长郎，里党无不知者。不来则已，郎来欲与之绝，如人言何？」甲不得已，躧屣出。

长郎见甲，伏地而泣。甲佯喜，携长郎手起，谓曰：「始老夫遍探郎音耗不可得，夫妻望眼欲穿，虑郎不克生还矣。郎归大好，殊慰老夫望，顾汝父母何若也？」长郎又泣告所以。甲叹曰：「然则郎今无家可归矣！虽然，婿犹子也，即长居吾家，何害？但我女素爱好，业与汝为妇，汝若无长进，恐小妮子骄傲，不甘作窭人妻。闻汝幼慧能文，今与汝约，从此闭户理旧业，倘得上进，完姻不较光彩耶？」长郎起立对曰：「此儿志也。丈人教训甚善，敢不如命。」

由是，长郎遂在甲家读书，攻习勤苦。甲藉课读为名，相待极严，不少假以辞色；而心实憎恶，欲潜图之，别觅快婿，殊苦无当。会刘某丧偶，选择继配。甲素慕刘势，闻之大喜，爰自诣刘，谓有女端姑，年甫及笄，才貌双绝，愿为执箕帚。刘固素艳端姑名，侦知已字，不萌妄想。闻甲言，诧曰：「久耳令嫒名，已知幼字有人，何得相戏？」

甲正色曰：「焉敢相戏？小女固幼字某乙之子长郎，闻在贼中已曾娶妻。他日倘踪迹而至，焉置吾女？即不然，渠贫无立锥地，亦不愿眼见爱女终从乞丐。今与渠熟商，已写有退婚书。以渠先人交情，暂且留住，翁婿之义则已绝矣！君请勿虑。」刘大喜，乃欢笑订盟而别。翌日，刘遣冰纳采委禽，备极丰腆，涓吉亲迎，为期甚速。

甲固有河东之惧，欲藉刘横暴以制服其妻。既订盟，归以告妻，妻怒不答。及将届吉期，又与妻谋曰：「端儿于归在迩，留长郎在，终是未断葛藤。吾今夜决意手刃之，以杜后患。」妻闻言，戟手唾面骂曰：「以若所为，天良丧尽，狗彘不食其馀。皇天有知，决不汝宥！」甲曰：「古称六州铁不能铸一大错，我今未尝不悔。刘某横暴，卿所知也，倘有反覆，彼甘心耶？今我所谓势同骑虎，卿纵不忍故婿，独不为夫计乎？」妻长叹，以袖掩面，恨恨而卧。

初，端姑以父憎婿贫，心常不快。适窃闻父言，始知将己改字刘某，又将不利于长郎。大骇，亟怀钗钏珠宝数事，趁漏初下，掩至书斋。长郎正挑灯观书，蓦举首见之，大惊，叱曰：「暮夜卿何至此？与卿名为夫妇，尚未成礼。卿父视我犹子，我若无礼，是禽兽也！瓜李之嫌，不可不慎，卿宜速退！」端姑叹曰：「噫！妾岂淫奔者耶！君祸且不测，宜速为计，勿迂守头巾气也。」乃以顷所闻备告之。

长郎闻之失色，长跪求救。端姑曰：「事急矣！计唯从郎偕亡。由后门出，再作别议。」长郎曰：「善。」如言相将扶持而出。筹商所往，端姑沉吟曰：「妾父有妹早寡，与妾姑侄之义颇相得。往投之，无不纳。」长郎叩其居址，端姑约略记其大概，揣度形势，彳亍前行。

昧爽，见前树林中有村庄，端姑喜曰：「是矣。」径往投之。乃村庄非他，即所改字刘某家也。时刘喜聘端姑，平生愿足。是日早起，正督工匠垩壁涂墙，准备亲迎，以壮观瞻。忽见少男弱女，踉跄犯露晓行，形迹可疑。要至室中，研悉颠末，大惊。见二人暮夜奔驰，气急败坏。以袖拂面谛视之，女固娟好，男亦婉娈。大喜，慰令毋恐，遂并纳而藏之。遍戒众人，秘勿妄语。

众窥刘意，誓不敢泄。又窃叹二人何其命蹇，虎口方离，旋投陷阱，自贻伊戚，夫复何尤？盖甲妹与刘某家同在甲家东偏，相距各十馀里。出门即是歧路，本应下达，反趋上游，以致舛错。

其夜，甲见责于妻，自知理绌。以妻恨恨而卧，伺其熟睡，漏已三下，乃袖刃疾至书斋。索长郎不得，大惊；反至女室，亦阒无人，大怒。计女与长郎偕亡，必投妹家。急呼客作七八人起，同至妹家叩门。妹问：「何人？」甲曰：「兄音妹不知也耶？」妹曰：「夜阑，孀妇独处，即兄来亦不纳。」彼此硬语抵牾，甲益信逋逃所在，命众破扉入。

妹怒问：『兄欲何为？』甲曰：『汝藏人在室，谓兄不知也耶？盍自献出，免我搜索。』妹力辨其无，而色殊沮丧。甲察其状益信，率众遍搜不得。既见妹房一柜甚大，命妹启钥。妹遽以身横眠其上，执不肯启。甲谓众曰：『必在内无疑矣。』自力挽妹起，叱众舁柜。妹无奈何，且泣且咒，瞪目干怒，坐视舁柜而去。

比至家，天甫平明。急斧柜钥验之，则一僧踡卧其中，死焉。大惊，踌躅良久，乃市棺殓好。使人讣报刘某，谓端姑福薄，不幸猝病以夭。刘故错愕，对使叹曰：『寒家方拟亲迎，姑何疾之暴也？烦归报而主人，吾义当临吊。』使者唯唯以退。

越日，刘果备礼往吊，哀悼不胜。甲叹曰：『小女无福奉事君子，亦寒家之不幸也！』刘太息曰：『自是鄙人福薄，殃及令嫒。然义重夫妇，未视含殓，心实欲然。敢请开棺，一觌其面，以慰素愿。』甲曰：『已经盖棺，君之高义，敬闻命矣，敢辞。』刘坚执其说，甲辞益力，且愿尽返聘物。刘怒曰：『汝语言颟顸，其中显有别情。得勿将女改适他人，故以空棺塞责耶！』甲以刘言直抉其隐，倍觉惶惧，只好再三哀告。刘作色曰：『是儿殊狡狯，不屑与辨，是非赴诉有司不可！』拂袖径去。

越日，具词控官。官素耳刘名，遂拘甲舁棺，当堂启验，乃是一僧。大惊，命伍伯验之，谓系惊恐气促自毙。官叱搒甲讯究，甲称得之孀妹柜中。又命拘其妹，已羞忿雉经以殉矣。其事可知，姑置勿论。然刘终求官讯甲，其女究竟何在。甲没奈何，谓偕人逃亡。官饬限严捕，逾限，刘具词敦促。甲自涉讼事，家业已耗去大半，乃托人关说，愿贿刘三千金，求罢讼。刘故不许，再益二千金，始勉首肯。而甲已荡然无馀矣。

刘乃具词诉官，历陈甲之所为，且谓长郎、端姑现均收留在家，怜其遇蹇无依，已除室备奁，择日为合卺。又怜无以自存，即以甲所贿五千金助妆，俾资食用，云云。官阅词，不禁肃然起敬，击节称赞。谓：「向闻刘横暴武断一乡，似此处分，斟酌尽善，是侠而近于道者也，岂横暴武断者所能为耶！即方古之义士，何多让焉！」长郎、端姑感刘恩，以父事之。刘亦视如骨肉，两家往来无间。后甲夫妻穷无所之，长郎、端姑迎归同居，不念旧恶矣。

里乘子曰：长郎、端姑天生嘉耦，迹其所历之境，多出人意料之外。当夫仓皇出奔，离虎口而投陷阱，刘拂面谛视，喜其娟好婉娈，纳而藏之。似此居心叵测，不唯当日见者叹其命蹇，即后世闻者亦无不同有此叹也。乃诸事昭晰，刘具诉始末，至此水落石出。始知刘平日刚直，非同横暴，又不唯当日阅词之官起敬称叹，即后世闻者亦无不起敬称叹也。而其中甲妹一节尤奇。向使二人径投甲妹，必难免于祸；幸误投刘，蹈凶反吉，足见天道之巧，不可思议也。夫刚直，美德也；横暴，戾气也，相类而实相反。大抵刘遇是非曲直，片言立断，正其刚直之性，不稍假借，岂横暴乎？乡人严惮，罔敢不遵，遂谓为武断，为之侧目，过矣！吾以为刘之刚直如张僧繇所画之龙，而官之一言之褒，谓侠而近于道者，是为龙点睛也。斯人而在，执鞭所欣慕焉。谈者传其姓而忘其名，惜哉！

富贾某

楚南某甲，懋迁汉口。粤寇猝至，携妻遁匿乡村。妻某氏有殊色，逑好甚笃。以匆遽出走，未带多资，寇退，甲无以为生，遂投缳焉。妻闻，趋往解救，扶卧榻上，逾时始苏。

妻泣问：「君何为者！倘万一不救，将焉置妾！」甲叹曰：「我此举正为卿也。男子不能自立，饿死，分也。累卿同苦，心殊不安。况卿尚少艾，可作他图，但愿异日不忘故人，岁时以一盂麦饭临风遥为招魂，感且不朽矣！区区之私，实系如此，不则厮守俱死，无益也！」

妻曰：「君何计之左也！与其君弃妾而逝，曷若少缓须臾，将妾鬻去？妾身得所，君亦可藉微资以营生计。若此，不较两全耶？」甲曰：「固然，我一息尚存，实不忍出此。」妻曰：「妾自欲之，于君何尤！」展转议定，倩媒将某氏改嫁汉口富贾某。

初，某贾世贩煤炭，家拥巨资。母、妻、幼子俱被贼掳。楚境肃清，复发窖金，重理旧业。嘱媒为觅继配，适娶某氏。入门后，微睨新人年貌，意颇慊。比将就寝，见某氏背烛而坐，啜泣甚哀。贾窃异之，因问曰：「娘子何哀之深？得弗憎我蠢耶？」

某氏哽咽起立对曰：「妾自伤命薄，焉敢憎君？顾妾自事旧夫，结缡以来，未尝反目。今忽舍而他适，数年举案，一旦分钗，未审旧夫此时何以为情？妾对新特而思旧姻，哀从中来，实有出于不能已者，惟君怜而恕之，幸甚！」贾惊曰：「娘子固自有夫耶？」曰：「然。」曰：「媒人误我！媒人误我！微娘子言，几陷我于不义矣！」遂慰令勿哀，诘朝仍送归旧夫，价值百缗并以奉觃。

某氏闻之，收泪叩谢。贾召厨媪来伴某氏，自秉烛独宿外室。天明，令媒召某甲至，告以意，嘱携妻归。甲感泣投地。贾询知甲向善贸易，又赠钱二百千缗，使权子母，以资食用。甲夫妻喜出非望，再三拜谢而归。

某氏谓甲曰：「妾闻受恩必报。难得某贾如此高义，君当努力，必谋有以酬之。」甲点首曰：「卿言是也。」终岁，小有经营，获利倍蓰。某氏谓当分半利往酬贾，甲如言往。贾喜曰：「子真可谓善生财者也。惜资本太少，愿再益，假子二千缗，庶稍足以展子之志。此戋戋半利，请仍携归，子好为之。俟岁星一周，当听君好音也。」

甲拜别贾，遂挈资如长沙。以米价廉可获重息，爰买巨舟载米。将行，会楚兵援皖，甲舟遂为群卒所据。比至武昌，甲哀求偏将，愿出资买舟易换。偏将见甲舟宽大，叱去群卒，自为坐船。甲无如何，只合听之。偏将甚喜甲之为人，抵皖，寻拔皖城。各营需粮甚殷，偏将代甲分售，获利无算。贼所掳两湖妇女甚多，甲求偏将，以百馀缗谋得一妇人，年可三十许，且有一媪一童为伴，将归以报贾。

既旋汉口，备奁择日，使妻送妇至贾家。方下舆，妇与贾觌面，不禁相持恸哭失声。妇人非他，即贾被掳之妻也。甲妻闻之，大喜称贺。贾问妻，知老母、幼子俱无恙，益喜。其母与子非他，即妇人为伴之一媪一童也。贾亟命舆迎母与子归，一家团聚，悲喜并集，乃刑牲演剧，以报天佑。自是贾与甲缔交，竟成通家，往来无间焉。

里乘子曰：贾还甲之妻，甲亦还贾之妻，不唯还其妻，且还其母、其子，贾之所获利益多矣。盖贾不忍使人骨肉分离。天亦断不忍使贾骨肉分离。此中因缘凑合，造物煞费安排，倘有毫厘之失，即不堪设想矣！凡百君子，可不勉哉！

中州某生

中州某生，年少，美俊而才，精音律，兼娴武艺。弱冠游蜀，有戚某官重庆司马，招生为司书记。蜀俗：春日乡村报赛，类精选梨园演《三国》、《水浒》、《西游》等小说全部，累月笙歌不绝。士女云集，举国若狂。

生尝于剧场见一女郎，年才及笄，淡妆靓服，不假修饰，而风神楚楚，诚绝色也。生意夺神驰，几难自主。每日演剧，必预使仆侦探。女郎到场，自即驰往，遥而觑之，立不移步。久之，女郎意似有所觉。生间以目相挑，女郎或亦以目相答，生益惑之。浃旬以后，两情益亲。

生密访之，知女名蕊霞，父曾官游击。仅此一女，钟爱特甚。幼延师课读，诗词歌赋，粗能脱稿。游击固嗜音律，亦使女习之，筝琶尤所擅长。游击殁后，宦橐萧条，蕊霞随母乡居。屡有人问名，母选择多不遂意。生访之既确，演剧既毕，犹恋不忍舍。日必一过女郎之门，无论见与不见，其心始慊；否则，忽忽若有所失。

他日又过其门，门外固有蔷薇一架，蕊霞适撷花簪髻，骤见生，嫣然含睇，红涨于颊。生睊无人，托言行路苦渴，长揖求饮。蕊霞颔之，便呼婢取茶。生称婬向前，径诘氏族。女郎含笑具告之，亦转诘生氏族。彼此酬对，殷如熟识。须臾，婢捧茶至。生饮毕兴辞。蕊霞笑曰：「母往省舅氏，家无人，不敢久留。妾知君为风雅士，母归，妾当相告。君得暇第至此，母爱才，必不见拒也。」生闻之喜出望外，诺诺而别。既归，忆女所言，以为有情，辗转沉思，彻夜不能交睫。

翌日饭后，具冠服，执贽往拜其母。母果出见，年四十以来，不失大家风范。生谓：「昨路过贵宅，蒙女公子赐饮解渴，感且不朽。」母言：「老妇昨适外出，致多简亵。归闻小女道及郎君风雅，如不嫌蜗居湫隘，得暇第过我少坐，亦可藉辉蓬荜。」生唯唯谦让。自是靡日不往。

蕊霞有舅，为邑诸生，时来省妹。他日适与生遇，彼此倾谈，殊属投契。尝密告其母曰：「妹日为甥择配，某生尚无偶，眼见佳婿，何可错过？」母谓：「妹非无此意。以生为异乡人，不肯令女远嫁，故迟疑不决也。」舅谓：「择婿但求快意，何必以远嫁为嫌。」母曰：「儿女大事，何可草草！兄言固是，容徐商之。」

亡何，粤寇下窜，各道征兵孔急。蜀中某提督奉调援楚，生有志投笔，慨然投营，愿为效命。提督许之，行有日矣。舅又促其母曰：「闻生戒涂有日，甥婚如不早订，后悔无及。」母沉思久之，乃令风示生，倩冰委禽。生闻狂喜，既委禽，即择吉毕姻。两情孅婉，唯就道伊迩，未免眷恋难别。

启行前一日，母设筵祖饯。席罢，蕊霞呼婢将秦筝至，叹谓生曰：「君久欲闻妾歌，非吝不肯，缘优伶伎俩，究非闺媛所宜习。今君将远别，旧作有《闺中五更词》，强为一奏，即当赠行。何如？」生笑曰：「久愿闻佳奏，赐教幸甚！」蕊霞乃卷袖掐弦，曼声歌曰：

一更房栊黯夕阴，双飞倦鸟归投林。罗衣斜亸翠袖薄，灯开红豆明照心。鼓沸沸，一更既，我所思兮远莫致。颦眉默卷水晶帘，帘波浸透珍珠泪。吁嗟一更兮更鼓敲，蝴蝶同梦鸳鸯交。

二更嫦娥扶影立，窃药缘何背后羿？天上人间一片心，细语花阴绣鞋湿。柝琅琅，二更长，我所思兮渺难望。辛夷开尽芙蓉落，孤负流苏白玉床。吁嗟二更兮更柝缓，柔肠九曲铁石软。

三更睡鸭嘘龙涎，情如望岁夜如年。薰笼斜倚裙带结，侍儿熏被催早眠。漏浙浙，三更疾，我所思兮不可必。屡卜金钱占绣鞋，慈悲烂诵波罗蜜。吁嗟三更兮更漏深，愁城压破芙蓉衾。

四更梦君远迎接，霞帔珠冠五云叠。见说贵为执金吾，黄金缠腰不买妾。筹绵绵，四更连，我所思兮各一天。南山木石有时尽，恨海波澜何日填？吁嗟四更兮更筹快，铜山难了相思债。

五更更筹如水流，罗袜纤瘦冰双钩。惺忪薄息鬟堕枕，金鸡唤人起梳头。香冉冉，五更转，我所思兮行当返。富贵归来鬓尚青，愿花长寿月常满。吁嗟五更兮更香灰，合欢预錾黄金杯。

歌毕，生赞曰：「促弦曼歌，疾徐中节，不同俗韵。而词旨哀感顽艳，直合文姬《十八拍》、平子《四愁》、子美《七哀》为一手，可称绝唱。小生方寸已乱，容有日凯旋，定当勉效郢和。」

既生从征，屡年无耗。蜀有虎而冠者，素艳蕊霞名，欲谋夺之。乃造蜚语，谓生久没于阵，兼以重金啖母，愿娶蕊霞为继室。母试商之，蕊霞笑答曰：「儿幼从父读相人书，稔知生无凶折相，母请毋虑。」未几金陵克复，江路无梗。蜀中从征归者纷纷，或谓生已得官另娶。母闻，又以告，蕊霞亦斥其妄。乃决意自往寻生，央母与舅相送。

沿流而下，舟次鸠江。邻舟有官舫，月夜张宴，饮酣，忽闻琵琶之声，有客大声高歌。蕊霞顿触夙好，倾耳侧听。歌毕，蕊霞笑谓母与舅曰：「邻舟歌者，必是某生。」母与舅殊不深信。诘旦，使人探之。果然。盖生已屡膺保荐，荐擢总戎，气象赫赫。闻蕊霞至，亟来拜母与舅。夫妻相见，悲喜交集。即请过舟，置酒为贺。

蕊霞诘责生何频年杳无信息，生笑曰：「弃文就武，殊乖初志。恐不满卿意，故屡欲发书，辄赧然搁笔。」蕊霞笑曰：「男儿当为雄飞，与其从毛锥子老死牖下，曷若持长枪大戟，取斗大黄金印耶？君言强作解嘲，然心亦何忍也！」因历诉其蜚语。生揖谢曰：「是皆小生之罪也。然卿何以闻歌即知为小生耶？」蕊霞笑曰：「聪非师旷，侧听歌词，确有师承，故敢决其不谬。」生笑曰：

「卿真小生之钟子期也。容解柄归田，具贽拜师，从事翰墨，以期偕老，可乎？」相与一笑。

盖生所歌者，乃《塞上五更词》，固袭蕊霞前调，故闻之而即确信为生也。予爱两词俱妙，爰倩人抄稿而并录之。其《塞上五更词》曰：

一更笳吹白日落，东营吹笳西吹角。交头耳语口号传，霹雳炮鸣严锁钥。鼓冬冬，一更逢，我所思兮愿早从。举头忽见初生月，默庆天山早挂弓。吁嗟一更兮更鼓捷，梅花桩杂蒺藜铁。

二更赌酒欢笑言，蜂房出入门间门。约束酣嬉禁博塞，连营灯火星点繁。柝阁阁，二更作，我所思兮毋自薄。领队银刀仗将才，要敦诗书说礼乐。吁嗟二更兮更柝催，占星倚剑登碉台。

三更欹枕念乡井，金闺人孤铁衾冷。刀头悬知忆藁砧，飞身上天占破镜。漏徐徐，三更馀，我所思兮休踟蹰。笑脱章缝换铠甲，投殳效命拚前驱。吁嗟三更兮更漏滴，手摸创瘢数战绩。

四更擐甲枕戈眠，故乡入梦衣锦旋。鼾声雷动震四壁，旗影在地月在天。筹属属，四更速，我所思兮心暗卜。封侯有命数不奇，纵非虎头亦食肉。吁嗟四更兮更筹清，海查夜巡叱小兵。每队派一人稽察勤惰，谓之「海查」。又合营共派一人稽察各队，谓之「总海查」。

五更矛头争淅米，宰夫霍霍弄刀匕。约束千营共一呼，将军传令众士起。香漫漫，五更浅，我所思兮志莫殚。此生未系楼兰颈，叱咤风云誓不还。吁嗟五更兮更香灺，争刲生刍喂战马。

里乘子曰：曩在蜀中，每听人谈某生与蕊霞一段因缘，无不交口艳羡。予曾赋《新婚别》七古一首，云：

左弧右帨双结束，夫婿封侯妾愿足。东劳西燕双别离，夫婿从军妾心悲。
嫁时线压五色丝，穿针为君缀征衣。牵衣赠语君识之，别离最苦新婚时。
烟尘作恶遮花烛，昨日欢笑今日哭。一朝镜合缺月圆，检点画眉螺黛绿。

陈氏女

咸丰丁巳春，金陵蔡小石廉访宗茂陈臬秦中，夫人由苏携眷赴任。舟舣虎丘，见岸上一乞丐女郎，年才及笄，临流掩袂而泣。颜色虽极蕉萃，而举止态度不失大家风范，似欲投河而趦趄不决者。

夫人意甚矜怜，姑遣纪纲周钱五百，并询邦族。女郎言为江苏陈姓，父官皖江，遭粤寇之变，举家离散，身被掳至扬州，后只身遁出。今求举家音耗不得，苦无所依，行将问诸水滨矣。纪纲返命，夫人又命询女郎曾字人也未，女郎面赪不答。夫人乃自登岸询之曰：「吾金陵人，与汝为江苏同乡。脱已字人，告我何害？既不得举家音耗，如夫家尚在，我亦可代汝侦访，资送汝往。」女郎察夫人意善，低声答曰：「幼字金陵蔡氏，今亦不知何若矣。」夫人因细审其祖父并舅名字，女郎一一称述。夫人研究良确，乃瞪目谛视，亟把女郎臂，大恸失声，曰：「然则汝是吾儿妇也。噫嘻！苦煞汝矣！」盖女郎实夫人所聘子妇。亟携登舟，沐浴更衣，容光媖焕。

先是，粤寇犯皖，所掠妇女，择其尤者汇送至维扬，将备伪王妃嫔之选。贼党奉为禁脔，懔不敢犯。故女郎虽陷贼窟，幸免于辱。时公子适侍母赴任，为涓吉成礼，逑好甚敦。合卺之日，吴下荐绅先生、文人学士耳其事者，无不啧啧称美，不期而衣冠来贺者数百人。

里乘子曰：是年春，予适游吴。有友人招饮，席间皆津津乐道此事，以为美谈。座中一客忽冷笑曰：「此女久陷贼窟，只身远遁，而诸君犹谓为全璧，吾不信也。」予正色叱曰：「恶是何言也！此女九死一生，卒能遂其旧姻，是必天鉴其苦节之贞，而后得占夫甘临之吉。此中非有鬼神呵护，乌能遇合如此之巧耶？况合卺之后，公子逑好甚敦，大璞能完，不言可喻。君谬持无稽之论，污蔑贤媛，其存心刻薄，殊伤忠厚，吾不忍闻也！」合座称善。

山东某县幕友

溧阳史仲皋言，山东某明府履任，其幕友某素吸阿芙蓉膏。初进署斋，薄暮见一衣冠人来，略与拱手，遂分榻而卧，焚膏互吸。某以为官亲，不甚研究。如是月馀，彼此均未问讯名姓。一日，吸膏甫毕，衣冠人忽谓某曰：『一言颇骇君听，君愿闻乎？』某曰：『请试言之。』衣冠人曰：『我非人，乃鬼也。尚有苦衷，奉求援救，君其勿恐。』某曰：『相处月馀，已称熟识，虽鬼何畏？倘可以效力，断不敢辞。但言无妨。』

其人乃细告以名姓里居。因言：『前任有某官者抵任，聘予为司会计。寇犯是邑，某官殉难，予亦被害。寇退，邑人以予向不作威福，醵资为具衣衾棺椁，寄停某寺。初，贼未到时，予预藏衣箱数个于此屋地砖之下，并银数千两，黄金数百两。又藏洋土、洋膏于四壁。壁系㮑砖，而外糊以纸，君第以竹管叩之，其声中空者是也。可将所藏物尽行掘取，银数千两当以奉赠。乞载予棺并衣箱、黄金送归予家，免使少妇孤儿空劳盼望，则受仁人之赐多矣。』某一一诺之。其人感谢叮咛而去，自是遂不复来。

试以竹管叩壁，有数处声果中空，次第发之，果如所言。乃夤夜掘地，出所藏衣物，一一不谬，唯衣已糜烂，着手成灰。某如鬼所言，留银数千两，而载棺与烂衣与金送还其家。

林明府

吾友瑞安林若衣明府用光，吏治精练，所在有声。令蒙城时，苗逆新伏诛，邑甫克复，百事废弛，急须整顿措置，较常烦剧。会典学使者将次按临，趣各邑举行季考。君悬牌，届期猝病，寒热暴作，头涔涔然如戴山，畏风，当暑覆重衾卧斗帐中，犹苦不汗。幕友见病状绵惙，请改试期，君漫应之。

以厌闻人语，屏去侮甬，蒙头欲睡。倏见耆民无数，芒鞋布衣，纷沓入室，罗拜床下。君叱曰：『我方厌见宾客，谁令若曹来者？宜速退，毋聒我！』耆民拜且泣曰：『使君请毋怒。吾侪小人荷使君再造恩，分别等差，子孙不至饿殍，吾侪血食幸得不斩，悉受使君之赐。特来拜德，并无他意。顷入室时，见厉鬼立左右，吾侪业为驱去，疾当已。』并揽君袂曰：『使君可起视事，保无他虑。』君以手麾之，欻不见。顿惊寤，觉汗下如雨，竟体清爽，若释重负。亟起坐，召左右进汤粥。少许，病良瘥。

先是，僧邸既歼苗逆，恶从逆党羽，檄郡县稽察逆产，概籍没入官。君商之幕友，谓逆党宜分别等差，如胁从出于不得已者，当典宥勿论。甫有是说，而溟漠中竟已知之，殊可骇异。翌日扃试，竟无改期，人诧为神。试竣，君将为蒙民请命僧邸，会僧邸薨，遂寝。

赵孝廉

合肥赵梧冈孝廉凤举，住西乡大潜山，与吾友王谦斋善。谦斋尝过访，适赵小极见之，喜曰：

「君来大好，我正有要言相告。」谦斋叩之。曰：「昨在阴曹，至一公廨，一吏捧册请画诺，谓目下公务旁午，冥王已派予司事。恐不能久与诸君相聚矣！」

谦斋慰之曰：「小极何遽若是，君毋呓语。」曰：「非呓语也。并见公廨东西各列公案数十，每案皆有一官稽册，册堆积如山。尊公东序西向坐，见予略一点首。予就问起居，尊公举足示予，谓靴敝，烦寄语家人，急为更制。且谓事太烦剧，须某来为我分劳。予叩某是何人，尊公笑曰：「此五儿乳名，君不知耶？五儿乃谦斋也。」予惊曰：「自公去世，谦斋仔肩綦重，何能至此？」尊公沉吟久之曰：「无已，着七儿来亦可。」恐君之七弟亦不能久存矣。」时谦斋之尊甫育泉征君下世已二年，谦斋乳名固无人知，闻之毛发森立。又强慰赵曰：「君言固尔，安知非妖梦之幻，何遽认真？」赵笑曰：「我亦岂愿认真？如五日内胡二水无恙，便是幻梦。君试识之。」

胡二水与赵同里，相距里许，五日内忽无疾而逝，众益称异。谦斋乃谋于众曰：「据此，赵君之禄已尽。我辈不忍坐视，试联名具疏，焚诸司命，各请减寿以延其算，或可禳解。」佥曰：「诺。」联名具疏者凡十人，谦斋之七弟预焉。就灶焚之，不以告赵。

越日，赵谓谦斋曰：「诸君雅谊假年，情殊可感。如能过某日某时，或无可虑。然七弟大名固可不列，尊公相需甚殷，已定命其某日前往，断不能少缓须臾矣。」众闻之益惊。姑留心待至某日某时，同往视赵。

赵晨兴，谈笑自若，及至其时，忽起立别众曰：「时已至矣，请与诸君永诀。」便命家人为其冠服，拜别太夫人，谓：「儿不孝，不能事奉以终天年。幸自颐养，毋以儿为念。」又谓其继室曰：「结缡多年，尚称静好，惟未得子女，未免抱歉。此后尚烦为我奉母课子，吾目瞑矣。」母与妻相持恸哭，赵强笑而慰劝之。又命其子当善事大母，无违母教。又遍拜诸人，言讫，一拱手，端坐榻上。众试探其鼻，已无息矣。迨至某日，谦斋之七弟果卒。此谦斋为予言者。

里乘子曰：咸丰纪元，吾皖合肥王丈育泉、赵君云持，庐江吴丈兰轩，举孝廉方正，赴省，同寓馆舍。赵系故人，时相过从，因识王、吴两征君。既粤寇起，吴以团练殉节，功在桑梓；王、赵亦相继徂谢。今王丈已膺冥秩，吴丈与赵君当俱执事天曹，聪明正直谓之神，亶其然乎！

方复庵封翁

吾邑方复庵封翁，孝友刚直，疾恶乐善。四十无子，父命助篚。秋试金陵，在媒媪家见一妇人，举止娴静，频蹙而泪。异之，研诘媒媪，乃知此妇质身殓姑，无资赎身，又不肯别嫁，故时陨泪。封翁嘉其志，为出资赎归其夫。越岁，生麟轩太守，梦神告曰：「汝救江宁孝妇，今赐汝子。他日当为江宁宰。」道光己酉，太守果宰江宁。

封翁年八十，家居，寇至，以刃胁从。厉声叱曰：「我家世受国恩，岂降贼耶！」以杖击贼首出血。贼怒，虐报之，骂益烈。贼魁叹为强项，义而释之。太守时擢太仓牧，迎养任所，以寿终。初，太守宰江宁时，会封翁病剧，祷以身代。梦神赏其赈灾有功，增父寿一纪，恰符其数。生平忠义大节，为里党所称。大府上于朝，建坊旌之。太守名锡庆，曾知松江府事。

汪熊臣

杭州汪渭，字熊臣。幼跛一足，非杖不行。粤寇围杭，奉母避难绍兴。苦无肉食，家蓄四鸡，欲烹之。母素奉佛，戒勿杀，不听。适逢母斋期，以离乱尚何斋戒，窃笑母愚。背母啖鸡，意甚自得。四鸡尚未飧尽，贼猝至，被执，刃伤其颈者四，恰符鸡数。贼以为已死，委之而去。瞰贼去远，乃匍匐归。取帛裹创处，以避乱无处觅医药，检所携抄方，谓龙眼核去外黑衣，研极细末，敷刀伤立可止血止痛。试之果然，诚仙方也。

又言方被执时，心甚了了。贼所斫四刀，唯先一刀砉然有声，力最猛，后三刀较轻，亦不甚痛楚。素诵《高王经》，创时尝梦一老妪谓之曰：「汝欲创愈，必虔诵《太上感应篇》方可，徒诵《高王经》无益也。」爰加诵《感应篇》，创果渐愈。遂自号曰「再生子」。后逢母斋期，一遵母教惟谨。予游燕台，与熊臣订交于滦州署中，亲为予历历言之如此。

徽州某甲

徽州某甲，避粤寇之乱，转徙浙东。尝同二人暮行，无地栖止，遂伏身死人丛中。半夜，忽见灯火辉煌，卤簿拥一金甲神至，稽在劫死人名目。鬼吏持册唱名，众尸起立，一一声应讫。既见甲等三人，详问姓名、里居，神命稽册，三人可否在劫。鬼吏遍稽，谓甲合于三日内在太末为赖麻子所杀，神颔之。须臾，卤簿拥神去。

东方渐白，三人起行，在路互相嗟叹，以为怪事。三日，恰过太末，贼麇至，二人趣甲疾行，甲谓：「劫数难逃，今届三日，适到太末，宁非数乎？君等请速前往，免使波及。我将延颈待贼，了此劫数。」二人再三趣之，卒不肯行。以贼踵至，不得已，挥泪而别。

甲独憩古刹。午刻，贼大至。见一人着黄袍坐俊马，貌甚魁伟，所统贼兵甚众，知是伪官。自拚一死，即亦不畏。马上人瞥见甲，命拘至马前，究问邦族。甲举首见其人满面痘瘢，心益异之，乃大声叱曰：「尔是赖麻子非耶？我命应了尔手。杀便杀却，夫复何问！」其人大惊，问：「缘何知我姓赖？」甲备告所见，并求速杀。

赖笑曰：「我不信果有劫数，我不杀尔，何如？」甲谓：「资斧已绝，即蒙不杀，亦无生理。」赖赏给番镪五饼，麾令速行。甲感激拜谢而去。不图路遇他贼，搜掠一空。正窘迫时，又遇赖麻子，问：「何不归？」甲具告之，赖复赏给番饿十饼。不几日，又被搜掠，较前倍苦。而赖麻子大队又至，见甲问：「何又须捷若此？」甲泣对曰：「小人屡荷不杀之恩，奈命蹇途穷，屡遭攘劫，可知劫数难逃，不如早死为幸！」赖笑曰：「我不信果有劫数！」命从者解衣衣之，复厚给番饿五十饼，并给印牒。谓：「前途倘遇他队，以牒示之，保无他虑。」甲犹豫曰：「屡蒙恩贷再生，但册既有名，恐终不免。如赐曲全，请以刀薄画项肉，以释其疑，可乎？」赖笑而许之。遂拔佩刀在甲项微抹如爪痕，薄示其意，甲乃叩谢而去。

既抵家，向人备述赖德，皆叹为奇遇。居无何，刀抹微痕渐觉痒痛，创日增剧。延医调治，迄无少效。所得番饿五十饼耗尽，而项创暴裂，头堕落，如刀新劙而死。或谓甲虽死，究为归正首丘，几疑劫册不尽可信。然遇贼于太末，死机已伏；即谓死于太末，亦可。信乎！劫数难逃，非人力所可争也。如求免劫，或者恐惧修省，防祸于未然，其庶几乎？

皖南粤东两奇女（二）

初，粤寇蔓延时，淫掠妇女不可胜计。唯皖南、粤东两奇女，不唯免辱，且能杀贼，仓卒应变，可谓急智。闻者无不拊掌称快，吾特为连类书之。

先是，贼窜江南，至桐、舒界，乡村男妇皇皇窜避。有女年十七八，以足纤不良于行，为贼所掠，搂坐马上。既至一山谷，贼晌无人，抱女下马求欢。女笑曰：「固所愿也。然必须将马系住，否则奔逸奈何？」贼以为然。唯苦童山，无树木可以维絷。贼欲焰正炽，踌躇无计。女笑曰：「君何愚也！以马绳系君踝，复何虑耶？」贼大喜，如言缠绳于踝，摩挲妥帖。女急取贼所佩刀，力斫马尻，马负痛，曳贼足怒奔。贼猝不能脱，任其所之，竟不知胡所底止。女掩袂吃吃匿笑，以里党路熟，由儳道急遁，幸免于难。或谓贼为马所曳，脑裂肢解，身无完肤而毙。

又，贼犯粤东，掠一处女，劫与俱行。适有涧前阻，贼临流踌躇，无所为计。女笑曰：「水深不及骭，赤足可济。汝脱袜履，妾为携之，负妾而行，顷刻不并达彼岸耶？」贼如言负女，至中流深处，女弃袜履，急以两手抵死紧扼贼喉，贼力解女手不得，气闭遽踣。女与俱死水中。寇退，其父兄觅收女尸，水浸浃旬，面目如生，两手犹抱贼颈，十指入肉半寸许。贼尸伏女下，已腐烂，皮骨不属矣。其乡冯子良太守询，有诗以纪其事。

里乘子曰：粤寇之难，妇女罹劫尤惨。闻贼恶纤足，以其不便骑马，每掠得纤足者，必褫其行缠，剖羊腹，纳足热血中，足指暴伸，顷刻新月即变莲船。唯血热于沸汤，痛彻骨髓，惨莫惨于此矣。如此二女，真可为闺阁吐气。皖南者智而黠，粤东者智而烈，谓之奇女，不亦宜乎！

〔一〕「皖南」原作「皖北」，据正文改。

陈祥浦

陈祥浦，浙江诸暨县农家子也。力耕养母，族党称孝焉。娶妻某氏，有殊色，同床数年，未尝人道之乐，而情好甚敦。他日，辍耕垄畔，忽来一叟，自称罗真人，传授敕勒之术，嘱为国效命。又赠石子五枚，使食之。祥浦畏难不敢嚼，真人白眼怒视，夺去以手出火煅之，再授，使试嚼之，香软如芋。食其三，窃怀二枚，将以遗母与妻。乃归探怀，则不可得矣。

后母与妻皆死于难。祥浦食石后，仰观俯察，能测天地之秘。粤寇犯越，佐同邑包立身团练乡勇，捍卫乡里。包亦农人，曾遇白老人，即越女论剑之白猿也，授指环一枚，佩之可号召鬼神，呼唤风雨。戒令剿寇销劫，勿生贰心。后屡击贼有功，其志日骄，隐萌异念。老人怒夺指环去，遂为贼所杀。祥浦势孤，遁至北直。

年馀，罗真人遣二仙童来为服役，戒茹荤酒，每闭目枯坐，可神游八表。二童尝领其魂至四川峨眉山谒罗真人。山中有洞，白石为门，二童以手叩之，门遂开。洞中别有天地，无寒暑昼夜。有男有女，女皆二八丽姝，坐机织锦，脉脉不语；男皆赳赳健儿，镇日演武。五兵俱备，鞍马极多。罗真人年五十馀，须髯半白，坐殿中。左右二仙，闭目静坐，不知名氏。祥浦参拜罗真人，两傍设短足榻，俱挂帐幔，令趺坐其上，不饥不倦，寝食顿忘。真人谓祥浦终非仙材，命仍返世间，修身立德，终当娶妻生子，以延宗嗣。倘功行不懈，死后可成鬼仙。

初，罗真人曾授祥浦一白绡帕，方五尺许，叠折至小，可纳耳内。有急时出之，则云雾四合，对面人不见，名曰「帕云」。包败时，祥浦独以身免者，帕云之力也。真人送祥浦出洞，索还帕云，谓：「承平无需此物，藏汝处复何用耶？」祥浦初名肖云，改名朝云。归越，隐会稽山中，后不知所终。此其宗人陈西堂为予言者。

小喜子

予庚午秋试，闱中遇崇川某生，谈其乡方伯某公事甚详。初，粤寇蔓延时，某公藉团练名，勒捐敛财，鱼肉乡里，道路侧目。会制军某移节总督两江，某固某公门下士，每有所求，无不阿唯曲从。某公势益张，无恶不作。城有大佛寺，气象庄严，某公居然于此设立公廨。号令所出，顺之者吉，逆之者凶，生杀予夺，气焰逼人，真炙手可热也。尤溺于色，每日到寺中，必召妓者二十人伺应服役。

有小喜子者，色尤艳。闻富翁子宗某素与小喜子善，怒甚，立拘宗某至。命跪墀下，厉声叱曰：「当此军务孔急，汝家有财，但狎妓而不助饷，何耶？」宗股栗唯唯，不敢置辩。某公叱令速捐万金赎罪。宗求少减，某公怒叱，笞四十。众荐绅佥为缓颊，卒捐如数乃已。又风人言小喜子家窝藏奸宄，乃籍没其家，将小喜子交官遣配，人知为某公所眷，无敢问名。既某公召其父母至，勒令署券，为己篷室，并声叙得身价千两，其实不名一钱也。

制军某既伏诛，某公亦寻为当道所劾，谓「声名狼藉，众怨沸腾」，洵实录也。某公失势闲居，姬媵甚多，争妍斗宠。小喜子独擅专房，嗾其挟重资与居别院。某公时年已逾八十，乃进春药，朝夕媚之。某公一夜忽头晕苦渴，小喜子拂褥展衾，慰令假寐。自托烹茗以进，某公儡然睡熟。味爽，呼小喜子，不答。自力疾起察之，已席卷重资，与所狎娈童从后门趁海艘遁矣。某公搔首仰屋长叹，复以手捶胸自责曰：「何苦！何苦！」卧床郁郁，咯血数斗而卒。诸姬媵亦各挟所蓄，风流云散矣。

里乘子曰：某公逐逐一生，无恶不作。所敛积之财，尽为小喜子席卷而去。当嗾其与居别院时，固已早具深心，惜老奴愦愦，为色所迷，堕其术中而不察耳。临卒捶胸自责「何苦何苦」，千古小人撒手时，大抵如是。闻其子孙今已式微，里人多揶揄之，良可浩叹！货悖而入者，亦悖而出，其某公之谓欤？

某甲

某生又云，方伯有犹子某甲，素无赖，为乡党所不齿。方伯既办团练，乃倚之为左右手，相助为虐。麾下爪牙鹰犬，推巨擘焉。方伯渔于色，甲尤而效之。尝染恶创，竟体溃烂，剜劓其鼻。有某道士者走无常，见甲在阴司碓磨刀锯鼎镬，叠受惨刑，目不忍睹。或闻以告甲，乃不自悛悔，而反大怒，谓道士捏言咒己，将援妖言惑众律，斩道士以警其馀。晨起，舌忽腐断堕地，口喑不能传令，道士幸免于难。甲越日寻卒，身无完肤，臭不可迩。家不能停其柩，急舁出葬，臭血溢出棺缝，沿途滴沥，路人皆为掩鼻。或谓甲虽死，在阴司犹不免叠受惨刑，足见道士之言之不诬也。

里乘子曰：粤寇之乱，予间关转徙数万里，其历十三行省。所过郡邑，凡绅董之办团练捍卫乡里者，固不乏忠义之士；而藉团练名以鱼肉乡里者，亦往往有之。尝自楚入蜀，闻某县有某绅者，以挂吏议削职家居。其子甲乙等素倚父势，武断乡曲。会粤寇起，甲乙等乃藉名团练，科敛各乡输资募勇，为守城计。自将眷属并辎重细软等物预迁出城，远避僻壤，以为可万全无害矣。然后下令：合城老少妇孺人等，如敢私避出城者，杀无赦；如敢将食用等物悄运一针一芥出城者，杀无赦。先是，明季献贼出入楚、蜀，某邑弹丸，幸免失守。甲乙等窃计献贼强暴尚不足虑，粤寇复何能为？又以自己眷属已俱出城远避，更可无虞。故敛重资而不肯募勇。

亡何，谍者叠报贼至，甲乙等斥其造言惑众，杖之。贼至愈近，后谍者闻前谍者均受杖，遂箝口而遁。贼至，甲乙等弃城而逃。城陷，屠戮殆尽。贼诇知甲乙等眷属辇重资远避僻壤，穷搜得之，杀劫淫虏，受祸尤惨，一家靡有孑遗矣！嗟乎！如方伯某公叔侄，报应显然，固见天道之不爽。然闻其尚能不惜出资募勇自卫，及身幸免于难；若某绅之子甲乙等，但敛资而不募勇，贻害桑梓，并灾及身家，弃城而逃，受祸尤惨。以某公较之，不犹彼胜于此欤！

朱封翁

朱莲塘封翁，讳宗潘，吾皖泾县人，世居东乡黄田村。少业儒，以家中落，改而服贾，累资百万，好行其德。生平所作善事，更仆难数。性至孝，居父丧，恸几绝。咸丰六年，粤寇犯泾县，村人纷纷窜避。翁时奉母家居，母年九十有六，艰于步履。翁闻警，恐母惊悸，秘不敢告，吁天而泣，泪皆成血。贼竟他去，母得无恙，寻以无病而卒。翁年已七十，擗踊号恸，如孺子然。越岁，贼再至，村中劫掠一空。佥谓前次幸免于难，实翁孝心所感也。

翁卒之前夕，村人夜行，见舆马羽葆，灯火纷繁，驰拥卤簿往村中去。试叩从役，谓：「特来迎朱封翁者。」讶之。诘朝往探翁，适于平明考终。始悟为阴曹仪仗也。翁享寿八十有一，以季子子典观察守谟贵，累膺一品封典，诚异数也。

里乘子曰：咸丰癸丑，粤寇下窜时，予本生先妣史太恭人卧病在床。村中警报一日数至，不孝兄弟相对皇皇，无所为计。而贼竟未至。及先妣见背后，贼始至村。老屋新居，悉成灰烬。既贼蚁聚吾皖，四乡枯柩，贼或舁以筑营，或劈以为薪，白骨狼藉于道。先妣殡后卜兆，以无吉壤，暂为权厝。癸亥冬，有数贼窜至厝室，将燃棺木为御寒计，甫欲举火，而大兵猝至，贼弃而逃。而棺之前和燃灼之迹尚存，睹之不胜悚恸，谓非先妣灵爽所自为呵护耶？观封翁之孝之善，足征天道之可凭。谁非人子，能无对而生愧乎！至先妣生平懿行，前于《滦州夜话》时已略述之，兹不再赘。

附录

序

方濬颐

太上立德，次立功，次立言。言之不朽，与德、功并，抑奚分乎穷达显晦哉！达而在上，名显，则言因之而显；穷而在下，名晦，则言亦因之而晦。顾显于今者，未必其显于后也；晦于始者，未必其晦于终也。古今来大手笔，一代不过数人，人不必皆登廊庙，而骛名之士沉埋簿书，荒废笔墨，役役于富贵之场，问其何德？何功？人皆匿笑之，而恬不为怪。夫岂若趾伏里巷者之犹得以言警世也耶！

吾友叔平，固长于立言者也。兰苕馆撰述宏富，堪继龙眠诸先辈之后。乃侘傺无聊，抱璞屡刖，佣书至老，捧檄未能，因慨然举平日所记载以备劝惩者，汇为一编，署曰《里乘》，丐序于予，将付之梓。予维叔平才优学博，不独工有韵之文，其帖括力宗先正，尤足挽回风气，为士林模范。脱令致身通显，达而在上，度必大有所建白，为桑梓光。何天厄其遇，而使之偃蹇半生，俾以著书立说消磨岁月焉！将见此编出，而人之流览者，懔然于福善祸淫之理，晓然于惠迪从逆之机；以口舌代木铎，世道人心，关系实非浅鲜，则虽小说家言，作董狐观可也。呜呼！叔平传已。

同治十有三年九月既望，定远子箴方濬颐撰。

序

刘毓楠

桐城许君叔平，予耳其名久矣。戊辰权臬皖垣，适君归自京师，一见倾谈，真率无饰，恂恂然书生本色，可亲可敬，望而知为有道士也。既罄读兰苕馆所著十馀种，中有《里乘》十卷，劝善书也。

予尝谓：劝人为善，如尝人以异味，必调剂五味，烹饪得法，使人食而甘之，欲辍箸而不舍。又如导人以佳境，必道路幽折，疆界明厂，数武而亭，数武而榭，又数武而楼、而台、而轩、而阁、而洞房、而精舍，而豆篱、瓜圃、菜畦、禾亩，萦络错杂，妥贴玲珑，相地设施，各极其妙；其中奇峰曲沼、流水小桥、花草竹木、禽兽虫鱼之属，靡不毕备，所在引人入胜，乐而忘疲。劝人为善，如斯二者而已。且夫善书至今亦甚夥矣，或尚典奥，村氓懵然不知；或尚鄙俚，学士哑然不屑。君有鉴于其失，扫去陈言，搜辑新事，信手拈来，雅俗共喻，正如生公说法，必使人人点头而后已，此其所以可贵也。顾君博览群书，著作等身，壹皆可传于世，犹欿然不敢自信。间与论政治得失，多精创不敷；而久困名场，仅以从征功荐擢邑令，谒选绌资，天亦何靳其言，不使及身一试之耶！予尝撰楹联赠之云：「于此间得真名士，愿他日为贤有司。」知君者，当不以予言为阿好也。即不知君者，见君此集，可想见其为人，亦当不以予言为阿好也哉！

大梁南卿刘毓楠拜撰。

序

许星翼

《里乘》十卷，吾宗桐城叔平先生所为劝惩而作也。明镜烛景，妍媸毕呈；灵犀劈流，清浊攸判。言者无罪，臧否罔敢。或诬闻之动心，从改惟其所择。和风煦物，见恺泽之襟怀；庆云缦霄，真吉祥之文字。名山不朽，寿世无疑矣。

先生尝谓小说家言，厥弊有四：其或刻划怨旷，组织因缘，东墙窥臣，西厢背母；盟要啮臂，叙闺阁之幽情；事胜画眉，绘床帏之媟态，狂荡鲜耻，其弊也亵。其或屈指英雄，倾心任侠，把臂伏莽，吹唇揭竿；智远韬名，牛角挂书之辈；扶馀创业，虬髯得意之秋，犷悍藐法，其弊也横。至若设森罗之恶狱，造纣绝之幽宫，袭左氏之豕人，述阿尼之猫鬼；野狐拜月，影幢幢而悸心；山魈吟风，声飀飀而竖发，离奇变怪，其弊也诞。他如拈花呈佛，采药求仙，宝筏回头，金丹换骨；五百道小夫人之乳，何等神通；四百门大昆仑之城，尽堪游戏，渺茫恍惚，其弊也荒。先生净祓四弊，兼具三长，根柢六经，炉冶百子。实事求是，祖麟经之义严；修辞立诚，效狐史之笔直，侯其炜而蔑以加矣。

夫以先生居龙眠人文之薮，擅马迁叙述之才，脱使策名秘苑，傫直清班，花砖昼趋，莲烛宵跋，制作必空馀子，声誉迥轶恒流。而乃传食公卿，廑怀民物，慈悲说法，寓草野之褒讥；穷愁著书，操稗官之笔削，不亦重可慨哉！星翼系同太岳，迹并邗沟，朗月照帷，近挹颜色，清风款户，幸惠笑言；时叨促膝之谈，获窥等身之制。以兹编足资掌故，爰敦趣先付手民，免使传抄，腾贵洛阳之纸；互相告戒，请聆汝南之评。君其托义阳秋，独有千古；我敢藉言游夏，莫赞一词！勉弁简端，用志忻佩。后之览者，谓词达理明，妇孺皆解，第作小说观，可也；谓言近旨远，衮钺交施，不第作小说观，亦可也。

同治甲戌秋，楚南宗小弟星翼秋槎甫撰。

跋

方锡庆

吾邑许君叔平，世守书香。幼湔庭诰，肆力于诗古文词。少应童子试，邑侯江夏王廉普方伯、郡伯仪征卞竹辰中丞、学使嘉兴沈鼎甫宗伯皆目为奇才。既列邑黉，声华藉甚，试辄高等。新建程憩棠中丞抚吾皖，延为上宾。后吾皖望江倪莲舫方伯开藩金阊，招致幕府，待以国士。会予筮仕吴会，因得时相过从。君齿当绮岁，偶与辨论古今，商榷得失，词锋霅霅，英光逼人。每秋试闱艺，群相许可，屡荐未售，殊堪太息。迨遭离乱，间关转徙，益增蕉萃。忆己未重晤苏台，君方为学使盐山孙莲塘少宰襄校试卷，少年豪隽之气，已消除殆尽矣。

今四表又安，君以从征功得官邑令。虽不无出山之心，而谒选绌资，奈何徒唤。癸酉，予游广陵，君适客都转家子箴方伯幕中，意外把晤，款接甚欢。急询君平日所著作十馀种，稿本幸未尽散佚，愿助薄资，趣为陆续付梓。佥谓《兰苕馆外史（里乘）》十卷义关劝惩，宜先锲版。兹将竣工，爰为跋其缘起。倘全集次第一律刊行，即以此为嚆矢焉可也。

同治甲戌小春，同里麟轩方锡庆跋。

跋

金安清

我朝小说轶乎历代，脍炙人口者四：曰《聊斋志异》，曰《阅微草堂笔记》，曰《红楼梦》，曰《儒林外史》。《红楼梦》与《外史》以俗言道文情，究其指归，与施耐庵、王弇州诸作等耳；虽寓劝惩之旨，观者懵焉。《志异》乃悲愤之书，文笔直参《左》、《国》，遒峭冷隽，前此未有；特流于尖刻，无风人敦厚之思。《笔记》持论允矣，鬼狐太多，且皆短篇，说理有馀，行文不足，是皆有所憾焉。外此如《谐铎》、《六合内外琐言》、《耳食录》、《夜谈随录》、《品花宝鉴》，则更自郐以下矣。

许叔平先生《里乘》一书最后出，以汉魏古艳之笔，写昊苍祸福之原，身际乱离，目击因果，所记皆信而有征，不托之玄虚缥缈。文心结构如剥蕉抽茧，绘声绘影，无不毕现纸上。使阅者欣然喜，憬然悟，终之以凛然惧。先生教世之心若是，其明且切也。可谓尽有小说家之长而祛其短，足与正史相表里者矣。余识先生于题襟馆中数年。今夏再游邗江，出以见示，盖已付剞劂，公诸同好矣。亟跋数语，使海内有心人读之，勿徒为《搜神》、《齐谐》观也。先生年已六十，叠举二雄，天之报施，于此可见。视汤若士地下之《牡丹亭》，其用心不大判乎？

浙西金安清跋。

见闻随笔·许叔平

齐学裘

安徽许叔平明府，名奉恩，余故人也。诗古文词之外，又著《里乘》一书，八册。余劝其蚤刊行世。与余言，乱后在安庆，曾见班超手书真迹一巨卷，钟太傅、王右军以及明季董宗伯皆有题跋。时为汪氏所藏，刘晓松观察借观不还，许以三千金易之，汪氏不许，亦一佳话也。叔平与余，时为方子箴都转诗友，三人倡和联吟，殊无虚日。天涯同客，亦是前缘。

菽园赘谈·续小说闲谈

丘炜萲

《兰苕馆外史》，许氏著；《夜雨秋灯录》，梅氏著。许之笔墨，颇近《夜谭随录》，惟事多征实，野史自尊，其用心视「随录」更进矣。梅之笔墨，颇近《谐铎》，意翻空而易奇，纤新隽永，有清谈之风，观者善之。梅氏原著《夜雨秋灯录》印于沪上，用铅字粒仿聚珍版式。近日书坊别印石版，并续之以二集、三集，杂凑浅率，非梅氏原作也。他如许氏《外史》，亦尝被别书偷窃。

安徽通志稿·艺文考·子部小说家类·里乘

《里乘》，十卷，清·许奉恩撰。奉恩字叔平，桐城人，同、光间诸生。有隽才，诗文皆知名。一生沉沦不遇，为幕僚以终。是书又名《兰苕馆外史》，为小说家体裁。盖奉恩本其平日之所见闻，笔之成书，以寓劝惩之意。其言世家大族，祖宗「类皆积有厚德」，如卷首所载张相国祖、方老宫保二事，用意尤深。使览之者凛然于福善祸淫之理，晓然于惠迪从逆之机。以口舌代木铎，于世道人心之关系实非浅鲜，虽曰本于虞初九百，作董狐之良史观可也。

笔记小说大观·里乘提要

有清一代，笔记小说夥矣。要以蒲、纪二氏为最擅场：《聊斋志异》以文词胜，《阅微草堂》以论断胜——皆千古不磨之作。此书独兼有其长，谈狐说鬼，无殊淄水之洸洋；劝善惩恶，犹是河间之宗旨。纸贵已久，鼎峙何疑。

(皖)新登字 05 号

责任编辑·艾禾草　项纯文
装帧设计·王国亮　古　众
责任校对·班　古　张曦仲

安　徽　古　籍　丛　书(第二十四辑)
安徽省古籍整理出版规划委员会
安徽古籍丛书编审委员会　编纂

兰苕馆外史

清·许奉恩 撰　诸伟奇 校点　陆　林 审订
黄山书社出版(合肥市金寨路 381 号)　新华书店经销
合肥劲松照排社排版　安徽杏花印务股份有限公司印刷
开本:850×1168 1/32　印张:13.5　插页:2　字数:290,000
1998 年 12 月第 1 版　1998 年 12 月第 1 次印刷
印数:0001—3,000

ISBN7—80535—994—6/I·172　定价:18.90 元

《安徽古籍叢書萃編》書目

定本莊子故
康輶紀行　東槎紀略
北山樓集
疑庵詩
方望溪遺集
識小録　寸陰叢録
東萊詩詞集
明太祖集
王侍郎奏議
朱楓林集
敬孚類稿
施愚山集（全四册）
吴敬梓吴烺詩文合集
張孝祥詞箋校
竇山公家議校注
翠微南征録北征録合集
阮大鋮戲曲四種
老子注三種

杜詩説
朱書集
論語解注合編
郭祥正集
皖人詩話八種
績學堂詩文鈔
唐詩評三種（上下）
鈍齋詩選
老子注譯
莊子詮詁
説文假借義證（全五册）
劉銘傳文集
包世臣全集（全三册）
田間易學
莊屈合詁
田間詩集
田間文集
古事比（上下）
安徽出土金文訂補

道聽途説
蘭茗館外史
青泥蓮花記
秋崖詩詞校注
舌華録
明語林
夜雨秋燈録（上下）
包拯集校注
毛詩後箋（上中下）
壹齋集（上下）
孟子講義
楊仁山全集
不得已（附二種）
歙事閒譚（上下）
惜抱軒詩集訓纂
張孝祥詩文集
吴汝綸全集（全六册）
青溪集
藏山閣集

田間詩學（上下）
俞正燮全集（全三册）
皖人戲曲選刊　鄭之珍卷
詠懷堂詩集
所知録
文選箋證（上下）
七頌堂集
程瑶田全集（全四册）